영계론
사후세계를 말한다

영계론
사후세계를 말한다

권오문 지음

올림과세움

| 책머리에 |

영계를 알면 바른 삶이 보인다

인간은 누구나 한평생을 살아가면서 수많은 고민에 빠지게 됩니다. 그중 가장 큰 고민은 '생로병사(生老病死)'라고 하는 인생의 근본 문제입니다. 특히 죽음의 문제는 우리가 반드시 풀고 넘어가야 할 과제이고, 인생행로의 결승점이라는 점에서 심각히 성찰할 필요가 있습니다.

죽음은 홀로 맞이해야 하는 실존적 사건입니다. 사랑하는 자식이나 남편, 아내라 할지라도 대신 죽을 수 없고 함께 죽을 수도 없습니다. 죽음은 예고 없이 찾아옵니다. 사랑하는 사람들과의 이별에서 오는 슬픔, 혼신의 힘을 다해 쌓아온 삶의 업적으로부터 분리되는 아픔, 그리고 그 모든 것의 상실에서 오는 고통을 겪게 됩니다.

중국 고대 유가(儒家)의 경전인 예기(禮記) 단궁상편(檀弓上篇)에 "여우가 죽을 때 머리를 자기가 살던 굴 쪽으로 둔다."(首丘初心)라는 말이 나옵니다. 마찬가지로, 우리가 살아가면서 인간은 어디서 왔으며 어디로 가는가 하는 의문에 빠지는 것은 이 땅에서 한평생을 살다가 가야 할 곳이 있기 때문입니다. 우리 마음은 늘 본연의 세계를 지향하기에 그런 의문에 휩싸이게 된다고 봅니다. 그렇지만 이 궁극적 질문에 대해 어느 누구도 분명한 해답을 주지 못하고 있습니다. 대부분의 종교가 신앙 차원에서 이 문제에 접근하고 막연하게 사후(死後)세계, 이른바 영계(靈界)를 다루고 있을 뿐입니다.

그러나 여러 종교에서 주장하는 내용과 영통인의 증언, 영계 관련 서적들을 종합적으로 연구할 때 공통점이 없는 것은 아닙니다. 최근에는 임사(臨死)체험에 대한 연구가 쏟아지고 '죽음학'이 등장하는 등 학문적으로도 상당한 성과가 축적되고 있습니다. 따라서 그간의 성과물을 정리한다면 훌륭한 결론에 도달할 수 있다는 것이 저자의 판단입니다. 이 책은 이러한 주장들을 일목요연하게 정리함으로써 독자들에게 해답의 실마리를 주고자 했다는 점에서 의미를 찾을 수 있겠습니다.

인류 문화사는 사자(死者)의 역사라고 해도 과언이 아닙니다. 아프리카 사막 한가운데 높이 솟은 피라미드를 보세요. 그리고 유명 박물관에 전시된 유물들을 보십시오. 상당 부분이 죽음과 관련된 것이자 영생에 대한 인간 욕망의 표징이기도 합니다. 인간은 그만큼 죽음의 문제를 중요하게 다뤄왔고, 그것이 우리에게 던져주는 메시지는 매우 강렬합니다. 죽음이 모든 종교의 궁극적 관심사인 이유도 여기에 있습니다.

그리고 철학을 아예 죽음의 훈련, 또는 준비 과정으로 본 철학자들도 있습니다. 최초의 철학적 순교자의 길을 간 소크라테스는 철학을 죽음의 훈련으로 보았습니다. 쇼펜하우어는 죽음은 삶의 대화 과정이며 삶의 목적이라고 말했고, 니체는 죽음에는 삶을 완성하는 힘이 있다고 주장했습니다. 이처럼 철학사들도 죽음을 삶의 조건이자 동반자로 받아들이면서 죽음을 결코 남의 일처럼 외면하지 않았습니다.

사후세계, 즉 영계는 살아 있다는 것이 수많은 사람의 증언입니다. 그동안 영계와 지상세계의 교류에 대한 수많은 증거가 있었지만, 인간은 그것을 외면했습니다. 이제 영계와 지상세계가 본격적으로 교류하는 시대에 접어들고 있습니다. 사후세계를 외면하고서는 인생의 근본 문제를 해결할 수 없다는 점에서도 우리는 영계에 대해 더욱 관심을 가질 필요가 있습니다.

그리고 우리는 아름다운 죽음, 아름다운 영혼을 위해 남은 인생을 살아야 합니다. 중국 속담에 "호랑이는 죽어서 가죽을 남기고, 사람은 죽어서 이름을 남긴다(虎死留皮 人死留名)."라는 말이 있습니다. 그런 만큼 아름다운 죽음은 우리에게 큰 감동을 줍니다.

여러 종교가 주장하듯이, 사후세계가 분명 존재하는데도 아무런 준비 없이 죽음을 맞게 된다면 얼마나 당황하겠습니까? 죽음 이후의 세계가 있다면 그곳이 어떤 곳이라는 정보는 어느 정도 가지고 가는 것이 좋지 않겠습니까? 프랑스의 수학자 파스칼도 "우리가 직면한 가장 중요한 문제는 죽음 뒤에 우리 삶이 어떻게 되는가 하는 것이다. 죽음 뒤에 영원한 삶이 있다고 믿으라. 그래야 참된 삶을 살 것이다."라고 말했습니다.

죽음과 영계 문제는 우리에게 새로운 삶의 패러다임을 요구하고 있습니다. 잘 죽는다는 것은 잘 산다는 것이나 다름없습니다. 죽음과 사후의 삶에 대해 진지하게 생각한다면 더욱 희망이 넘치고 가치 있는 삶을 살아갈 수 있을 것입니다.

이 책은 그동안의 영계에 관한 연구 성과뿐만 아니라 지상인들의 영적 체험, 영인들의 영계 생활에 대한 증언 등을 자세히 소개하고 있습니다. 물론 이러한 내용은 그동안 발간된 책자를 토대로 집대성한 것이지만, 영계에 문외한인 우리에게는 너무나 실감 나는 이야기가 아닐 수 없습니다. 그 가운데 가장 주목해야 할 것은 영인들이 지상인들의 영계에 대한 무지를 안타깝게 생각하고 있다는 점입니다. 특히 영계에 관해 앞장서 소개해야 할 교회가 영계에 대해 제대로 가르치지 못하고 오히려 영적 현상들을 왜곡하고 있다는 점을 들고 있습니다. 그래서 지상인들이 영계와 아무런 관계없는 삶을 살게 되고, 영계에 와서도 당황하게 된다는 것을 지적하고 있습니다. 그런 점에서 이 책은 이 땅에서 살면서 누구나 챙겨야 할 영계에 대한 기본 상식을 자세히 밝히고자 노력했습니다. 아울러 이 책에는 기독교와 불교, 이슬람교, 유교, 통일교회 등 각 종교와 무속신앙에서 내세우는 영계 관련 내용을 구체적으로 소개했음을 밝힙니다.

이 책은 2009년 4월 《한순간을 영원처럼》이라는 제목으로 발간됐습니다. 이번에 미비한 점을 상당 부분 보완하고 재구성하여 《영계론, 사후세계를 말한다》라는 제목으로 다시 펴내게 됐습니다. 앞으로도 죽음의 문제와 영계에 대한 연구는 계속 진척될 것이므로 그 실상이 밝혀지는 대로 보완해 나가겠습니다. 독자 여러분의 많은 조언을 부탁드립니다. 이 책을 읽으시는 모든 분이 인생문제를 진지하게 사색하는 귀중한 계기가 되기를 기원합니다.

2024년 10월 15일
권 오 문

차례

책머리에 / 영계를 알면 바른 삶이 보인다 ·5
프롤로그 / 또 다른 삶, 영계 생활을 위한 준비 ·13

제1부 영계는 어떻게 존재하는가?

제1장 죽음과 사후세계
1. 누구도 피할 수 없는 죽음 ·24
2. 죽음에 대한 새로운 시각 ·29
3. 가까이 온 죽음, '죽음학'의 등장 ·35
4. 죽음에 대한 한국인의 상념 ·40
5. 자살 증후군 앓는 한국 사회 ·44
6. 안락사 논쟁, 어디까지 죽음인가? ·50

제2장 각 종교에서 말하는 죽음과 영계
1. 기독교에서 보는 죽음과 영계 ·58
2. 불교에서 보는 죽음, 그리고 열반 ·63
3. 죽음 앞에서 노래한 공자 ·69
4. 무슬림이 생각하는 영계 ·74
5. 한국 무속신앙과 제의 ·78
6. 저승 길소리, 티베트 《사자의 서》 ·82
7. 저승 길잡이, 이집트 《사자의 서》 ·86

제3장 철학자들이 말하는 죽음과 영계
1. 죽음에 대한 철학적 성찰 ·92
2. 무지의 자각, 지혜로운 순간의 죽음 – 소크라테스 ·96
3. 영혼의 육체로부터 해방 – 플라톤 ·101
4. 죽음은 삶의 목적 – 쇼펜하우어 ·105
5. 죽음은 삶의 완성 – 니체 ·109

제2부 영계의 구조를 말한다

제1장 하나님의 창조원리와 영계
   1. 육신의 삶과 영계의 삶 ·118
   2. 영계 삶의 절대기준과 영계 해방 ·122
   3. 인간의 위상과 부활섭리 ·126
   4. 천사와 영계 ·130

제2장 영계와 영적 현상들
   1. 영매와 초능력 ·140
   2. 기적의 영적 치료 ·144
   3. 무속을 알면 영계가 보인다 ·149
   4. 부활과 환생 ·159
   5. 죽은 이의 초상 그려 걸작 남기고 ·165

제3장 임사체험자들이 겪은 영계
   1. 임사체험자들의 사후세계 증언 ·170
   2. 하나님은 빛이다? ·175
   3. 극한상황과 해탈 ·180
   4. 고차원적 의식세계인 영계 ·184
   5. 신은 한 분, 진리도 하나 ·189

제4장 사후세계의 여행
   1. 임종과 영계 여행 준비 ·196
   2. 임종의 잠에서 깨어나다 ·201

3. 경이로운 실체세계 ·206
  4. 어둠에서 부활한 사람들 ·210
  5. 영급의 상승과 고급 영계 ·215
  6. 영계에서 본 종교의 문제점 ·219
  7. 영적 무지와 영계 교회 ·224

제3부 실체를 드러내는 영계

제1장 스스로 찾아가는 천국과 지옥
  1. 천국과 지옥, 그리고 중간영계 ·232
  2. 사랑으로 결정되는 천국과 지옥 ·242
  3. 영계와는 어떻게 소통하나? ·250
  4. 죽음, 그리고 영원히 산다는 것 ·259
  5. 선다 싱, 헬렌 켈러, 카를 융이 말하는 영계 ·265

제2장 영계의 일상생활 모습
  1. 생각대로 움직이는 영계 ·274
  2. 질병 치료법 개발자 ·279
  3. 나이는 의미 없고, 통치는 자율로 ·283
  4. 예술의 향유와 연구 개발 ·287
  5. 집을 만들고, 꽃도 만들고 ·291

제3장 영계, 그것은 현실이다
  1. '영계론' 집필, 영계 메시지로 대신하다 ·296
  2. 분석할 수 없는 하나님 ·301

3. 하나님과 성인, 세계 지도자들의 증언 ·308
  4. 지상인에 대한 당부 ·314
  5. 영인과 지상인은 어떻게 다른가? ·319
  6. 성인들의 하나님 증거 ·323

제4장 아우구스티누스가 만난 하나님
  1. 이곳이 지상세계일까, 영계일까? ·330
  2. 황홀하고 평화로운 경지를 맛보다 ·334
  3. 하나님이 함께할 심전을 계발하라 ·339
  4. 아우구스티누스가 만난 성현들 ·343

에필로그 / 아름다운 삶, 아름다운 영혼을 위해 ·348

| 프롤로그 |

또 다른 삶, 영계 생활을 위한 준비

우리 인간에게 죽음의 문제만큼 절실한 주제도 없습니다. 그러나 언제부턴가 죽음은 살아 있는 우리와는 별 상관이 없는 일로 여겨지기 시작했습니다. 특히 젊은이들은 죽음에 대한 생각은 궁상맞고 소모적인 일로 여기거나 아예 사유 대상조차 되지 않는 것으로 받아들이고 있습니다.

우선 인간의 평균 수명이 늘어나고, 영·유아 사망률이 현격히 감소했다는 단순한 통계만 보더라도 우리가 죽음과는 먼 거리에 있는 것처럼 생각하기 쉽습니다. 그래서 갑작스러운 죽음이 옛날보다 절대적으로 감소했다고는 할 수 없으나, 죽음을 마치 노인들만의 문제인 것처럼 여기는 경향이 커지고 있습니다. 그러다 보니 죽음이라는 실존적 과제가 더 이상 중요한 사회화 대상으로 여겨지지 않고 삶의 의미구조 밖으로 밀려나고 있습니다. 여기다가 현대인들은 병원이라는 격리된 환경에서 태어나고 그곳에서 죽어갑니다. 생존의 논리만을 따라 휘돌리는 거대한 도시에서는 더 이상 아무도 죽지 않는 것처럼 보이는 것입니다.

그런데 과학과 의학 기술도 죽음의 문제를 근원적으로 해결해주지 못한다는 점입니다. 그동안 의식적으로 외면하고, 의료기술과 의사들에게만 맡겨버렸기 때문에 죽음의 문제를 진지하게 생각할 여유를 갖지 못했습니다. 어느 날 불쑥 죽음이 다가왔을 때, 우리는 이 실존의 문제를 이해하고 설명할 수 있는 어떤 사회적 기제도 갖고 있지 못합니다. 죽음은 우리에게 너무 낯설게 다가오는 것입니다. 그래서 사람들은 생물학적으로 죽어갈 뿐 어떤 사람으로부터도 아무런 위로나 도움도 받지 못합니다. 죽음의 문제와 대면할 힘과 방법을 찾을 수 없는 것입니다.

독수리 밥이 되길 원했던 장자

인간이 죽음을 대하는 태도는 각양각색입니다. 문화적 배경과 종교적 신념에 따라 달리 나타나고 있습니다. 미국의 정신과 의사 엘리자베스 퀴블러 로스(Elisabeth Kubler Ross 1926~2004년)는 인간이 죽음을 맞이하기까지 대체로 다섯 단계, 즉 부정의 단계, 분노의 단계, 타협의 단계, 우울의 단계, 수용의 단계를 거친다고 합니다. 이를 말기암 환자에게 적용해 볼 때, 다섯째 단계인 죽음을 수용하는 체념의 상태가 나타나지 않을 수도 있습니다. 끝까지 삶에 집착하다가 속절없이 떠나버린다고 보는 것입니다.

중세 서양에서는 '좋은 죽음', 즉 선종(善終)을 위해 죽음을 연습하고 준비하는 '죽음의 기술'을 가르쳤습니다. 그들은 아침에 일어나 '나쁜 죽음', 즉 성사도 받지 못한 채 갑자기 죽는 일이 없도록 기도했습니다. 객사나 횡사를 피하고 친지들 곁에서 맞이하는 평온한 죽음을 소망했습니다.

죽음은 누구에게나 찾아오는 자연섭리인 만큼 죽음과 친숙해지고 기꺼이 받아들이는 자세가 중요합니다. 죽음을 멀리하면 멀리할수록 위협적이고 공포스러운 모습으로 다가오기 때문입니다. 그래서 스토아 철학자들은 사람이 태어나 죽는 것을 자연의 이법(理法)으로 보았습니다. 그래서 저항하지 말고 자연의 부름에 순응해야 한다고 가르쳤습니다.

장자(莊子)도 마찬가지입니다. 장자의 아내가 죽자 혜자(惠子)가 문상을 갔습니다. 장자는 마침 두 다리를 뻗고 앉아 노래를 부르고 있었습니다. 자연의 이치를 아니 슬퍼할 까닭이 없다는 것입니다. 장자에게 죽음이 다가오자 제자들이 성대한 장례 준비에 들어갔습니다. 그러나 장자는 나장(裸葬·시신을 관에 넣지 않고 그대로 땅에 묻는 일)을 고집했습니다.

"나는 땅을 관으로 삼고, 하늘을 그 뚜껑으로 삼으련다. 해와 달과 별들이 내 무덤의 장식이 되리라."

이에 제자들이 말했습니다.

"짐승들이 선생님의 시신을 파먹을까 걱정됩니다."

장자가 대답했습니다.

"땅 위에서는 독수리와 까마귀의 밥이 되고 땅 아래선 귀뚜라미와 개미의 밥이 된다면 어떤 한쪽에게 먹히는 것보다 낫지 않겠느냐?"

인간은 홀연히 자연으로 돌아가야 한다는 것을 보여주고 있습니다.
많은 철학자들은 죽음을 삶의 완성으로 보았습니다. 특히 실존철학자 니체는 죽음을 삶의 완성으로 받아들여야 한다고 주장합니다. 생리학적 사실인 죽음을 도덕적 필연성으로 전환시켜야 한다는 것입니다. 삶의 의미를 터득해 삶의 과제에 충실함으로써 그것을 축제로까지 드높여야 한다고 설파했습니다.

그는 《차라투스트라는 이렇게 말했다》에서 자신의 죽음 방식, 즉 '자유로운 죽음'을 말합니다. 예수 그리스도가 죽음의 순간 "모든 것을 다 이루었다."라고 한 것처럼 삶의 완성이 죽음의 순간에 성취될 수 있어야 한다는 것입니다.

죽음은 이중적인 모습을 보입니다. 하나는 상실과 고통입니다. 다른 하나는 새로운 희망으로 다가옵니다. 그러나 나이가 들수록 죽음이 인생의 변화 가운데 하나이니 속절없이 고통 속에 맞이할 필요는 없다고 생각하게 됩니다.

우리 주변에는 죽음의 문턱에까지 갔다가 온 사람들이 있습니다. 죽음의 위기를 극복하고 나서 그들이 세상을 바라보는 눈이 완전히 바뀌는 것을 봅니다. 지금은 덤으로 사는 인생이라면서 언제, 어디서든 죽을 수 있다는 생각으로 삽니다. 그런가 하면 현재의 삶이 너무 소중해서 분초도 헛되이 보내서는 안 된다는 생각을 합니다. 죽음을 알고 나서야 비로소 삶의 소중함을 진정으로 느끼게 되는 것입니다.

죽음, 그것은 바로 삶의 문제입니다. 죽음을 생각하는 것은 지금 이 자리에서 삶을 성찰하는 일이요, 그 의미와 방향을 되새기는 일입니다. 죽음의 문제를 마주 대하는 것은 동시에 삶의 문제를 탐구하는 일이기도 합니다. 죽음의 철학이란 삶의 철학이라고 달리 말할 수 있습니다.

여기서 죽음에 대한 교육의 필요성이 제기됩니다. 죽는 법을 배우는 것은 곧 사는 법을 배우는 것입니다. 죽음을 준비하는 교육에서 삶의 기쁨과 감사하는 마음, 생명을 소중히 여기는 참된 지혜가 길러질 수 있습니다. 죽음에 대해 성찰하는 사람이 한층 더 충실한 삶을 살고, 죽음을 생각하는 사회가 한층 더 건강한 사회가 될 수 있기 때문입니다.

영계를 아는 것이 왜 중요한가

인간은 어디서 와서 어디로 가는 것일까요? 유사 이래 이러한 인생의 근본 문제에 대해 수없이 고민해왔지만, 석연한 해답을 주는 사람은 없었습니다. 지금까지 종교와 철학, 의학, 과학 등 모든 것을 동원해 생로병사(生老病死)의 문제를 풀고자 했지만, 그 해답을 찾는 데 실패했습니다. 이는 죽음의 문제와 인간이 죽으면 가게 되는 사후세계, 즉 영계(靈界)에 대한 문제를 제대로 풀지 못했기 때문입니다.

최근 들어 오랫동안 터부시했던 죽음에 대한 관심이 증폭되고 있습니다. 그동안 종교에서만 논의됐던 죽음의 문제에 대한 학문적 연구가 활발해지고, 임사(臨死)체험자들을 통한 사후세계의 탐구도 상당히 진척되고 있습니다.

여기다가 요즘 영화와 드라마 등을 통해 간접적으로나마 죽음을 대해 오면서 젊은 시절부터 '아름다운 죽음'을 준비하려는 사람들도 늘어나고 있습니다. '아름다운 죽음'을 위한 각종 프로그램이 등장하고, 사후세계에 대한 기본 지식 정도는 알고 가야 하지 않느냐는 사회 분위기도 확산되고 있습니다.

영계가 실재한다는 사실을 확실하게 안다면 인간의 삶은 어떻게 될까요? 지상생활은 영계의 삶을 준비하는 기간이라는 사실이 밝혀진다면 우리 삶에서 이보다 큰 구속력은 없을 것입니다.

영계 존재의 인지 여부에 따라 지상에서의 삶이 달라질 수 있다는 점에서 영계에 대한 연구는 시급한 과제입니다. 죽음 이후 세계에 관심을 가지고 세상을 살면서 아름다운 죽음, 아름다운 영혼을 위해 준비한다면 죽음의 순간에 처절한 공포와 고독에 휩싸이지 않을 뿐만 아니라 삶 또한 더욱 보람되고 행복해질 것입니다.

따라서 우리는 영계에 대해 확실하게 알아야 합니다. 그 이유는 우리가 죽어서 가야 할 곳이기 때문입니다. 영계를 정확히 알지 못하면 사후에 그곳에 갔을 때 당황하지 않을 수 없을 것입니다. 지금 지상에 살고 있는 사람들은 상당수가 영계의 존재를 인정하지 않거나 반신반의하고 있습니다. 그들이 죽고 난 뒤에 영계가 있음을 알게 되면 엄청난 후회를 하게 될 것입니다.

영계 체험자나 연구자들에 따르면, 영계는 시공을 초월한 곳이어서 지상에서 어떻게 살아왔는지 투명하게 공개됩니다. 그리고 영계의 삶은 지상에서의 삶을 그대로 반영합니다. 따라서 세상을 사는 동안 그 세계를 정확히 알고 그 영원한 삶을 위해 만반의 준비를 해야 합니다.

영계에 대해 제대로 알게 되면 죽음에 대한 시각도 달라질 것입니다. 그동안 많은 사람이 죽으면 끝이라고 생각해왔습니다. 그러나 인간이 육신을 쓰고 사는 동안은 한순간이지만 사후세계에서 영원한 삶이 지속된다는 것을 알게 된다면 지상생활을 함부로 보낼 수 없습니다. 더구나 지상생활의 목적이 영혼을 올바로 가꾸는 데 있다는 것을 확인하게 된다면 인간의 삶은 전적으로 달라질 수밖에 없을 것입니다.

인간은 지상에서 한정된 삶을 살아갑니다. 누구나 죽음에 직면할 수밖에 없습니다. 그 순간은 자신이 어떻게 살아왔는가를 보여주는 마지막 기회입니다. 요즘 의술이 발달하고 말기환자를 위한 호스피스 활동이 활발해지면서 좀 더 편안하게 죽음의 강을 건널 수 있는 여러 방안이 등장하고 있지만,

중요한 것은 자신에게 주어진 삶을 어떻게 살아가느냐 하는 것입니다.

30대 젊은 나이에 죽어가면서도 남들보다도 세 배나 열심히 살았으니 백 살 넘게 살았다는 사람도 있습니다. 사경을 헤매면서도 가족 가운데 다른 사람이 아닌 자신이 아파서 다행이라고 하는 이들도 있습니다. 이 땅에서 어떻게 후회 없이, 그리고 미련 없이 주어진 삶을 영위하느냐가 중요한 것입니다.

영계의 삶은 지상에서 어떻게 살았느냐 하는 것이 가장 중요한 잣대가 됩니다. 그런데 안타깝게도 사람들은 아무런 준비도 없이 영계에 가고 있습니다. 그래서 영계에서 전개되는 모든 생활이 생소할 수밖에 없습니다. 이제는 세상의 온갖 타락성을 벗어버리는 교육, 영혼을 올바로 성장시키는 교육을 시행해야 합니다. 인간은 어디서 왔고, 어떻게 살아야 하며, 어디로 가는가 하는 근원적 질문에 대한 분명한 입장을 정리해야 합니다. 그리하여 아름다운 영혼을 위해 남은 생애를 아무런 후회 없이 마무리해야 할 것입니다.

| 제1부 |

영계는 어떻게 존재하는가?

| 제1장 |

죽음과 사후세계

◆◆◆

죽음은 인간이 풀어야 할 가장 중요한 숙제입니다. 철학과 종교, 과학 등 모든 분야가 총동원됐지만 아직 확연한 해답을 얻지 못했습니다. 단순히 현세의 삶을 중심으로 해법을 찾으려 했기 때문입니다. 이제 사후세계에 관한 연구가 활발해지면서 그 해결의 실마리를 찾아가고 있습니다. 아름다운 삶과 죽음, 아름다운 영혼을 위해 우리는 죽음과 그 이후의 세계에 관심을 갖지 않으면 안 됩니다. 죽음과 사후세계를 탐구해온 여러 성과를 통해 영계에 대한 시각을 재정립할 때가 됐다고 봅니다.

1. 누구도 피할 수 없는 죽음

우리는 '산다는 게 무엇인가?'라는 것 못지않게 '죽으면 어떻게 되는가?'라는 질문을 자주 던지면서 살아갑니다. 이는 인간에게 가장 중요한 화두인 '생로병사(生老病死)' 가운데 하나이기 때문입니다. 그동안 생로병사, 즉 탄생(生), 노화(老), 질병(病), 죽음(死)의 비밀을 캐기 위해 종교와 과학, 철학, 의학 등 모든 방법이 동원됐지만 아직도 이 문제에 대한 명쾌한 해답을 주지 못하고 있습니다.

종교만 하더라도 그렇습니다. 종교의 창시자들, 이를테면 예수, 석가모니, 공자, 무함마드 같은 성인들도 이 문제에 대해 각자 견해를 달리하거나 명확하게 밝히지 않았음을 발견하게 됩니다. 그렇다고 해서 이들이 이 문제를 소홀히 했다거나 사후세계를 부정했다고 하는 것은 아닙니다.

이제 죽음의 문제는 현대의학이 그 비밀을 밝혀내고 있고, 사후세계의 실상 또한 여러 가지 실증적 방법으로 증명되고 있습니다. 죽음을 맞이하면 모든 생명이 끝난다고 믿었다가 사후에 새로운 세계가 전개된다면 누구나 당황할 것입니다. 그리고 수많은 사람이 사후세계가 있다고 믿는데 그것을 부정하는 것 자체에도 문제가 있는 게 아닐까요? 이제 우리는 생로병사 가운데 죽음의 문제, 즉 사후세계의 비밀을 캐기 위한 긴 여행을 떠나기로 하겠습니다.

생로병사의 미스터리, '죽음'의 문제

죽음은 인간의 마지막 한계상황으로서 반드시 풀고 넘어가야 할 매듭이자 인간이 쌓아 올린 종교와 학문, 의학 등의 총체적 과제이기도 합니다. 죽음이 절박한 과제인 이유는, 죽음은 홀로 맞이해야 하는 실존적 사건으로서 누구에게나 예고 없이 찾아오는 것은 물론, 한평생 쌓은 모든 인연과 단절되고, 육신이 흙과 물로 해체된 이후의 세계에 대한 무지에서 두려움이 엄습하기 때문입니다.

죽음은 엄연한 현실이자 최대의 관심거리로서 철학과 문학, 예술의 가장 심오한 대상이었지만 현대인은 죽음을 터부시해왔습니다. 죽음은 본래 삶의 일부이기 때문에 인간이 도외시하여 삶의 변두리로 몰아내면, 삶 그 자체도 비인간화하고 소외될 뿐만 아니라 죽음의 문제도 풀리지 않습니다. 따라서 죽음에 대한 두려움과 편견을 극복하고 이 세상에서 삶을 보다 건강하고 의미 있게 살아가는 것만큼 중요한 일은 없습니다.

인간은 그동안 생로병사의 문제를 해결하는 데 온 정열을 쏟아왔습니다. 인간 유전자의 염기서열을 밝힌 게놈 지도가 완성되고, 복제인간의 탄생이 눈앞에 다가오면서 문제가 풀릴 것이란 기대도 했습니다. 그러면 이것으로 인간의 오랜 열망인 생명 연장의 꿈은 실현되는 것일까요?

생명공학의 발달로 복제인간 탄생은 가능한 상황입니다. 그렇지만 아직 생로병사의 고통을 초탈하는 것은 과학의 힘만으로는 어렵습니다. 그리고 인간의 육체는 복제가 가능할지 모르지만, 정신 복제는 아직 논의조차 되지 않고 있기 때문입니다. 인간의 사고는 다양한 경험과 문화적 배경에서 형성되기 때문에 유전자가 똑같다고 해서 분신이 될 수는 없습니다. 노화의 비밀을 밝혀 생명 연장의 꿈은 실현할 수 있을지 모르지만, 오래 살고자 하는 욕망이 오히려 사후에 대한 불안의 큰 원인이라고 할 수 있습니다.

영생은 인간의 오랜 꿈이지만 자연의 섭리는 이를 용납하지 않고 있습니다. 생명 있는 모든 것은 생로병사의 과정을 거치게 되어 있고, 땅 위의 모든 것은 성주개공(成住改空)의 섭리를 따르고 있습니다. 그것은 죽음이 단순히 생명의 소멸이 아니라는 역설적인 의미를 보여주고 있습니다.

다시 말하면 생성과 소멸, 즉 삶과 죽음이 결코 독립적으로 일어나는 현상이 아니라는 사실입니다. 마치 땅에 떨어진 낙엽이 그냥 사라지는 것이 아니라 썩어서 다른 존재의 자양분이 되는 것처럼, 한 생명체의 소멸은 다른 생명의 생성으로 이어지는 것입니다. 삶이 있으므로 죽음이 있는 것이고, 그 죽음이 있으므로 다음 삶이 있을 수 있다는 것입니다.

죽음은 생명의 끝인가?

사람은 누구나 죽음을 맞습니다. 이 세상에서 영원히 살 것처럼 욕심을 부리던 사람도 함께해온 주위 사람들이 하나둘 세상을 등지면 그것이 자신에게도 현실로 다가옴을 깨닫게 됩니다. 그래서 사람들은 죽음에 대해 알고 싶어 했습니다. '죽음이 한 생명의 영원한 종말일까? 죽음 이후의 삶은 없는 것일까? 그렇다면 그 삶의 모습은 어떤 것일까?' 수많은 종교인과 구도자, 학자들이 이 문제를 놓고 고민해왔습니다. 그러나 각기 주장하는 바가 다르니 도대체 어느 것을 취해야 할지 혼란스럽기만 합니다.

누구나 한 번쯤 이곳저곳을 기웃거려 보지만, 종국에는 자신의 미래에 대한 근원적인 의문마저 슬그머니 덮어버립니다. 이제 이러한 혼란과 방황에

종지부를 찍을 때가 됐습니다. 모호한 말이나 막연한 주장에 자신을 맡길 것이 아니라, 죽음과 그 이후의 삶에 대한 확실한 이해를 바탕으로 자신의 미래를 준비하고 결정해야 합니다.

죽음으로 모든 것이 끝나는가? 누구나 가져 보았을 법한 의문입니다. 그럼에도 죽음은 끝이 아니라 죽음 이후에도 모습은 달리하지만 또 다른 삶이 계속 이어진다고 많은 사람이 믿고 있습니다. 육신은 사용기한이 다 차면 땅으로 되돌아가지만, 영혼은 그대로 남는다는 것입니다. 인간에게 정신이 주체이고 육신이 객체이듯이 정신은 육체와 상관없이 무형세계를 형성할 수 있다는 것입니다.

그러면 또 다른 삶은 어떻게 전개될까요? 사실 죽음 이후의 삶을 올바로 아는 것만큼 중요한 것은 없습니다. 누구도 피해 갈 수 없는 각자의 미래이며, 각종 교리나 주장 이전에 누구나 경험하게 되는 실제 상황이기 때문입니다. 사후의 삶을 올바로 알지 못해 지금껏 구구한 억측이나 주장들에 막연한 기대를 가져왔지만, 여러 사람의 증언을 통해 그 세계의 실상이 속속 밝혀지고 있습니다.

죽음 그 자체 못지않게 중요한 것이 '어떻게 죽느냐?' 입니다. '죽으면 어떻게 될까?' 보다 '어떻게 살아야 하나?' 라는 문제에 큰 관심을 갖는다는 것입니다. 불행하게도 많은 사람은 실제로 죽어가고 있을 때에야 비로소 자신의 삶을 후회합니다. 죽음이 자신을 가장 극명하게 독대할 수 있는 순간이기 때문입니다. 죽어 후회하기보다는 죽음이 찾아오기 전에 일상 속에서 죽음의 임박성을 새기며 현재의 삶을 충실하게 살아야 합니다.

삶에서 죽음에 대한 준비만큼 중요한 것은 없습니다. 죽음은 삶의 일부이며, 죽음의 순간은 삶의 단절이 아니라 새로운 삶의 연속이기 때문입니다.

만일 사후세계를 어느 정도 인지한 뒤 죽음에 임한다면 공포나 분노, 집착 없이 가벼운 마음으로 죽을 수 있을 것입니다. 죽음이 끝이 아니라 사후세계를 향한 새로운 출발이라고 한다면, 아무런 준비도 없이 죽음을 맞는 사람은 얼마나 당황할까요? 아름다운 죽음은 미리 준비한 사람에게만 찾아오는 것입니다.

2. 죽음에 대한 새로운 시각

인간이 태어나고 늙고 병들고 죽는 문제, 즉 생로병사 가운데 가장 풀기 어려운 것이 죽음의 문제입니다. 이집트의 피라미드나 경주의 '왕릉'에서 보듯이 최고 권력자들은 하늘을 찌를 듯한 무덤을 만들고 그 안에 수많은 부장품을 넣어 환생을 염원했지만, 아직 그들이 살아 돌아왔다는 이야기는 듣지 못했습니다.

인류 역사는 죽음의 문제를 풀기 위한 노력의 발자취라고 해도 과언이 아니지만, 아직도 명쾌한 해답은 나오지 않고 있습니다. 인간은 죽으면 끝이라는 생각, 다시 살아 돌아올 것이라는 믿음, 그리고 죽음 이후에 아름다운 세계가 기다리고 있다는 희망 등 여러 상상을 해왔으나 어느 하나 만족스러운 해답은 아니었습니다.

이처럼 성현들과 수많은 학자가 죽음의 문제를 풀고자 노력했지만 믿음이나 추상적 논리로 접근했을 뿐입니다. 심지어 공자는 "산다는 것도 아직 다 모르면서 어찌 죽음을 안단 말이냐."라고까지 말했습니다. 코앞에 닥친 현실적 삶의 문제도 해결하기 어려운 상황에서 죽음의 문제를 푼다는 것은 어느 시대나 마찬가지로 쉬운 일이 아니었으며, 더구나 죽음 이후의 세계를 논한다는 것은 가당치 않은 일로 생각됐습니다.

죽음은 생명체라면 예외 없이 겪어야 하는 보편적 현실입니다. 그러나 삶과 죽음은 아무런 관계가 없는 것처럼 보이고 때로는 상반된 현상으로 인식되기도 하지만, 삶과 죽음 혹은 생성과 소멸은 서로 밀접한 관계를 가지고 있습니다. 인간의 삶과 죽음도 서로 분리된 현상이 아니라는 것입니다.

시대 상황에 따라 달라진 죽음의 개념

독일의 철학자 마르틴 하이데거는 "모든 개개의 현존재(現存在)의 활동 속에는 이미 죽음이 깃들어 있다. 죽음은 현존재가 있자마자 그 존재가 위임받은 존재 방식이다. 우리는 전실존(全實存)과 함께 바로 죽음 속에 자리 잡고 있으며, 죽는 것 속으로 들어가 있고 종말로 던져져 있다. 우리는 우리 육체의 사타구니 속에 죽음을 지니고 있다. 그래서 어떤 사람은 다른 사람을 위해서 죽으러 갈 수도 있으나, 아무도 다른 사람이 죽는 것을 감해 줄 수 없다."라고 말합니다.

카를 야스퍼스도 "죽음에 대한 불안으로부터 어떤 의사의 치료도 우리를 해방해줄 수 없으며, 단지 철학 하는 것만이 이 죽음의 불안으로부터 우리를 해방해줄 수 있다."라고 강조합니다. 그는 "죽음은 삶의 한계와 종식에 불과한 것이 아니며 또 끝장나는 것도, 종착역도 아니라는 사실을 배우지 않으면 안 된다."라고 말합니다. 죽음은 사람의 유한성을 확신시켜주며 사람의 고유성을 가르쳐준다는 것입니다. 우리는 죽음을 실존 그 자체의 현상으로 체험하고 인식할 수 있는데도 죽음이 정상적인 현존재에는 실존하지 않는 것처럼, 또 죽음은 하나의 예외적인 것처럼 생각하고 행동하지만 죽음은 우리 삶 속에 이미 들어와 있다는 것입니다.

'사람은 죽는다'라는 말은 시대를 초월한 진리이지만 죽음에 대한 인식은 시대마다 달랐습니다. 프랑스 역사학자 필리프 아리에스(Philippe Aries 1914~1984년)는 그의 역작 《죽음 앞의 인간》에서 서구에서 죽음은 다섯 가지로 얼굴을 바꾸어 왔다고 기록했습니다. 공동체의 품안에서 부활 신앙에 사로잡혀 있던 초기 중세인들은 죽음을 두려워하지 않았습니다. 그들이 두려워한 것은 죽음 자체가 아니라 특정한 죽음, 즉 공동체 밖에서 죽는 '객사'나 회개할 틈도 없이 죽는 '급사'였습니다.

중세 말에 이르러 개인주의가 발달하고 구원의 약속에 회의가 생기면서 사람들은 차차 죽음에 대해 공포를 갖게 됩니다. 특히 인구의 3분의 2를 죽음으로 몰아간 페스트 범유행 시대(6~8세기)에 이르러 죽음은 비로소 두려움의 대상이 됩니다.

그리고 자연과학의 시대인 바로크 시대의 죽음은 야누스의 얼굴로 다가옵니다. 신앙을 잃은 인간들은 죽음에 엄청난 공포를 느끼면서도 동시에 묘하게 마음이 끌렸습니다. 대학에서는 연일 해부학 공개 강의가 열렸고, 연인들은 손에 손을 잡고 이 끔찍한 장면을 구경하러 다녔으며, 무덤의 시체가 종종 도굴되기도 했습니다. 교회 벽에 걸린 잔혹한 순교의 그림은 신도들의 사도마조히즘(Sadomasohism, 가학피학주의) 욕망을 충족시켜 주었습니다.

낭만주의 시대의 사람들은 사랑하는 이의 죽음이라는 쓰라림 속에서도 묘한 달콤함을 느끼게 됩니다. 여기서 죽음은 서서히 동경의 대상으로 변해갑니다. 바로크 시대에 은밀히 모습을 드러내던 '네크로필리아(Necrophillia, 시체 선호)'가 노골적으로 모습을 드러내기 시작하고, 여성들 사이에서는 '시체 같은 아름다움'이 미의 이상이 됩니다.

그러나 시적 수사법으로 죽음을 미화하던 낭만주의의 전략은 산업사회의 산문적 분위기에서 힘을 잃게 됩니다. 온갖 미사여구에 닳고 닳은 현대인에게 시적 수사는 그저 촌스럽게 느껴질 뿐입니다.

종교적 전략이 실패하고 미학적 전략마저 사라진 오늘날, 우리는 죽음을 끔찍한 것으로 경험하고 있습니다. 그토록 아름답던 죽음이 다시 무서워졌습니다. 남은 길은 하나, 그것을 잊는 것뿐입니다. 그래서 20세기 들어 죽음은 의료기술의 진보와 함께 병원 밀실에 갇혀 더욱더 터부시됐습니다.

미리 체험해보는 죽음의 순간

현대인은 죽음과 삶을 전체로 보지 않고 둘로 나누어 삶에만 집착해왔습니다. 죽음을 터부시하고 그에 대해 침묵해왔습니다. 이제는 죽음을 전체 삶에서 도외시하고 외면하면 삶 그 자체도 비인간화되고 소외된다는 점에 주목해야 합니다.

그러나 마르틴 하이데거가 말한 것처럼 인간은 '죽음으로 나아가는 존재(Sein zum Tode)'입니다. 죽기 전에 하루하루를 어떻게 살아야 하는가 하는 죽음 준비 교육이 절실한 시점입니다. 죽음 준비 교육이란 죽을 각오를 하라는 게 아니라 죽음 준비를 통해서 삶을 보다 의미 있게 변모시키고자 하는 것입니다. 병원 밀실에 갇힌 죽음을 해방해 어른, 아이 할 것 없이 모든 사람이 죽음을 자연스러운 과정으로 받아들이고 생의 마지막을 온전한 모습으로 보낼 수 있도록 하자는 것입니다.

죽음은 심장의 고동과 호흡 운동의 정지로 나타납니다. 이 두 가지가 영원히 정지되면 그에 따라 개체의 전 조직과 세포의 죽음이 오게 됩니다. 뒤집어 말하면 이 두 기능은 인간이 살아 있다는 가장 큰 상징입니다. 이것이 완전히 정지되고, 이후 그 어떤 소생 수단을 써도 회생시킬 수 없을 때 죽음은 확인되고 주위에서도 그 죽음을 받아들이게 됩니다. 이것이 이제까지 의사가 죽음을 확정하는 일반적인 절차입니다.

종교에 따라 죽음의 의미는 다릅니다. 죽음을 극복하는 법, 즉 각 종교가 지닌 구원의 패러다임에 따라 다양한 모습을 보입니다. 그러나 생사를 극복하거나 초월해 유한한 생명의 덧없음과 그 죄나 업보가 지닌 파괴성을 넘어서서 영원한 생명, 절대생명, 불생불멸의 생명으로 고양된다는 신념은 공통적으로 존재합니다. 모든 종교는 죽음, 죽음에 수반되는 두려움과 편견을 극복함으로써 이 세상의 삶을 보다 건강하고 의미 있게 하려는 목적을 공통적으로 가지고 있다는 것입니다.

삶에 대해 진지하게 말하려는 종교는 죽음에 대해서도 진지하게 말하지 않을 수 없습니다. 죽음을 회피하려 한다면 종교라 할 수 없습니다. 종교에서는 대체로 죽음을 삶의 일부분으로 보고 있기 때문입니다.

한국은 다원종교사회인 까닭에 각자가 귀의하는 종교에 따라 죽음에 대한 이해나 구원관, 영생관, 생사관이 다르게 나타나고 있습니다. 그러나 크게 보면 무속, 유교, 불교, 기독교의 생사관이 한국인의 삶의 방식과 죽음에 임하는 태도에 상당한 영향을 끼치고 있다는 것을 부인할 수 없습니다.

국내 일부 종교계에서는 미리 죽음에 대해 체험하는 시간을 갖기도 합니다. 서울 명동의 가톨릭회관에서는 제대 앞에 기다란 관을 설치하고, 진짜 장례식 같은 분위기를 연출한 다음 신도들이 그 안에 5분 동안 들어가 죽음을 간접 체험하게 하고 있습니다.

이는 죽음을 미리 체험함으로써 삶의 의미를 되새기게 하려는 것입니다. 그동안 바쁘게 사느라 죽음에 대해 미처 생각지 못했던 사람들도 그 순간만은 죽음에 대해 심각하고 진지하게 묵상하는 기회를 갖습니다. 체험자들은 죽음이 두렵고 무서운 것만이 아니라 자신도 언젠가는 이렇게 관속에 들어갈 수밖에 없는 실존적 사건을 맞이한다는 사실을 깨닫게 됩니다. 그래서 삶에 대해 더욱 겸손해지고 죽음의 의미를 새롭게 생각하게 됩니다.

이제 인생문제는 죽음의 의미를 외면하고서는 풀리지 않는다는 것을 많은 이가 깨닫기 시작했습니다. 그래서 죽음은 끝이 아니라 새로운 시작이라는 사실에 대해서도 진지하게 접근하고 있는 것입니다.

3. 가까이 온 죽음, '죽음학'의 등장

죽음은 어느 누구도 회피할 수 없는데도 사람들은 죽음이 자신과는 무관한 일이라거나 머나먼 미래의 일로 여기며 살아왔습니다. 그러나 동서고금의 성현군자나 영웅호걸도 다 이 세상을 떠났습니다. 더구나 현대사회는 의학기술의 발달로 사망자 대부분이 노인이기 때문에 죽음에 대해 심각하게 생각하지 않고 있습니다.

그러나 죽음이 반드시 노인에게만 오는 것은 아닙니다. 죽음은 일상사처럼 다가올 수도 있습니다. 2014년 4월 16일 여객선 세월호가 진도 인근 해상에서 침몰하면서 승객 304명이 사망·실종된 것이나, 2022년 10월 29일 서울 용산구 이태원동 해밀톤호텔 옆 골목에서 300명이 넘는 압사 사상자가 발생한 참사에서 보듯이 현대문명은 인간이 수명을 다해 가만히 누워서 죽도록 내버려두지 않습니다.

노스트라다무스의 예언이나 종교적 배경이 아니더라도 인간은 늘 종말론에 사로잡혀 있습니다. 어른이나 어린아이 할 것 없이 한꺼번에 죽음의 길로 갈 수 있다는 이야기입니다. 한반도가 북한 핵 문제로 시끄럽지만, 인간이 만들어 놓은 대량살상무기는 지구의 종말이 현실화하기에 충분하다는 것입니다. 현대인은 어쩔 수 없이 죽음과 친숙해지고 말았습니다. 고대사회에서 죽음을 인간의 자연스러운 현상이자 삶의 연장선으로 받아들였던 것처럼, 이제 인류사회도 죽음을 개개인에게 친숙한 현상으로 받아들이기 시작했다는 것입니다.

일상화한 죽음의 세계

현대인은 대중문화를 통해 죽음에 대한 간접경험을 반복하면서 죽음의 이미지에 친밀해지고 있습니다. 죽음이 신성하고 두려운 것에서 언제라도 닥칠 '나의 문제'로 변한 것은 죽음과 관련한 수많은 서적과 영상물의 영향 때문이라고 할 수 있습니다. 특히 영화, 비디오 등 영상물에 익숙한 젊은이들은 아무런 두려움 없이 죽음에 접근하고 죽음을 일상적인 것으로 받아들이게 됐습니다. 최근에는 자살 사이트를 통해 동반자살을 도모한다거나 건강한 젊은이들이 죽음을 실행하는 사례도 늘어나고 있습니다.

영국의 문화비평가 앨 앨버레즈(Al Alvarez)의 《자살의 연구》에 따르면, 자살은 개인이 사회에 적응하는 정도와 관계가 있으며, 급격한 사회 변동에 따라 미처 대처하지 못할 때 일어나는 사회적 타살이라고 했지만, 자살의 증가는 죽음의 일상화 현상의 하나입니다. 죽음은 시대·문화적 차이와 사회·역사적 배경에 따라 모습을 달리하고 있으며, 죽음에 대한 반응도 다양하게 나타나고 있습니다. 이제 죽음은 철학이나 예술, 문학의 대명제가 아니라 대중적으로 친숙한, 현실적인 삶의 조건으로 떠오르고 있습니다.

죽음은 인간의 운명이기도 하지만, 열심히 살다가 잘 죽는 것은 동물과는 달리 인간에게 주어진 특권이기도 합니다. 삶이 한 번뿐인 유한적인 운명임을 깨닫고 매일 죽음과 더불어 살아가고 있음을 인식할 때 삶을 더욱 소중하게 느끼며 충실하게 살려고 최선을 다하게 됩니다. 잘 죽는다는 것은 잘 산다는 것과 다름없기 때문입니다.

티베트의 정신적 지도자 달라이 라마는 평화로운 죽음에 대해 다음과 같이 말합니다.

"사람들은 평화롭게 죽기를 바란다. 그러나 우리의 삶이 폭력으로 가득 차 있거나, 성냄·집착·공포 같은 감정으로 크게 혼란스럽다면 평화롭게 죽을 수 없음 또한 자명하다. 따라서 죽음을 평온하게 맞이하고자 한다면 올바르게 사는 법을 배워야 한다. 평화로운 죽음을 희망한다면 우리의 삶 속에서 평화를 일구어야 한다."

'죽음학'의 대두, 잘 죽는다는 것

요즘 학계에서는 어떻게 하면 신체적으로나 정신적으로 고통 없이 편안하게 죽을 수 있는가에 대한 연구가 진행되고 있습니다. 이러한 연구를 '죽음학(Thanatology)' 또는 '임종학'이라고 합니다. 여기서 '죽음학'의 영문 표기인 '타나톨로지(Thanatology)'는 타나토스(Thanatos, 죽음)와 로고스(Logos, 이성, 학문)의 합성어이므로 문자 그대로 '죽음학'을 의미합니다. 물론 죽음의 문제는 삶으로부터 분리해 연구할 수 없기 때문에 '타나톨로지'를 '생사학'으로 보기도 합니다. 생사학은 삶과 죽음에 관한 학문, 어느 한쪽에 치우침 없이 삶과 죽음 사이에서 균형을 잡아주는 학문입니다. 이 학문이 철학과 종교, 심리학, 인류학, 정신의학, 간호학 등 다양한 영역을 아우르는 학제적 연구로 진행되는 것은 이 때문입니다.

미국 정신과의사 엘리자베스 퀴블러 로스가 1969년 죽음에 직면한 사람

200명의 심리상태를 직접 조사해 《인간의 죽음》이라는 저서를 출간하면서 죽음학의 연구는 시작됐다고 볼 수 있습니다. 그 뒤 퀴블러 로스 박사가 발표한 일련의 저작에 자극받아 죽음에 대한 연구가 활발해졌습니다. 물론 미국과 유럽에서는 그 후 학제적 연구가 진행돼 많은 성과가 있었습니다. 해마다 '생사학학회', '죽음준비교육학회', '사별과 비탄학회' 등이 곳곳에서 열리고 있습니다.

지금 미국의 많은 주에서는 초·중·고등학교 교육과정에 죽음 준비 교육을 포함해 교육하고 있습니다. 보건교육의 일부로, 또는 문학·사회 과목에 포함하여 가르치고 있습니다.

독일 국공립학교에서는 매주 두 시간씩 종교 수업을 하는데, 이 시간에 '죽음 준비 교육'을 진행하고 있습니다. 물론 학생들에게 특정한 생사관을 주입하지는 않습니다. 독일에서는 이러한 종교 수업이 초등학교에서 고등학교까지 일관성 있게 시행되고 있어 학생들의 성장 과정에 맞추어 죽음이란 주제를 다양한 시각으로 다룰 수 있는 충분한 시간을 갖게 됩니다.

예를 들어 중학교 교과서인 '죽음과 죽어가는 과정'에서 죽음과 장례식, 청소년의 자살, 인간답게 죽는 법, 그리고 죽음에 대한 윤리적인 문제와 생명에 대한 위협, 죽음과의 대결, 죽음의 해석 등의 주제를 다루고 있습니다. 특히 '죽음의 해석'이란 주제에서는 동서고금의 철학과 종교들이 죽음을 어떻게 해석하고, 사후 생명의 가능성을 어떻게 보는가 하는 문제를 가르치고 있습니다. 유대교, 이슬람교, 마르크시즘 등의 생사관도 소개하며 묘지를 견학하고 묘비명을 연구하도록 합니다.

죽음의 이해는 죽음에 대한 두려움을 없앨 뿐만 아니라 삶에 대한 진지한 성찰을 하게 합니다. 요즘 대학가에서 죽음학 강의가 화제가 되는 것도 이러한 배경에서입니다. 학생들은 안락사, 호스피스, 살인과 사형제도, 자살, 죽음과 종교, 장례의식 등의 주제에 대해 연구 발표하고, 죽음과 관련된 직업을 가진 사람들의 인터뷰를 통해 죽음에 대한 인식 차이를 확인하기도 합니다. 또 유서를 쓴다거나 아름다운 죽음에 대해 생각해보며 자신의 삶을 돌아보는 기회를 갖기도 합니다.

현대 사회학의 거장 노르베르트 엘리아스(Norbert Elias 1897~1990년)는 《죽어가는 자의 고독》에서 서구 문명사회가 죽음과 노화를 은폐하고 젊음과 건강을 강조한 나머지 늙음과 죽음에 대한 부정과 왜곡된 공포를 심어 줘 죽어가는 인간을 고독과 절망 속에 빠뜨렸다고 비판했습니다.

이제 죽음에 대한 왜곡된 시각을 바로잡아야 합니다. 그러려면 죽음의 의미와 사후에 대한 분명한 인식이 필요합니다.

죽음의 순간을 잘 맞이해야 하는 이유는 죽음이 생명의 끝이 아니라 새로운 시작이기 때문입니다. 죽음을 유념하며 산다는 말은 의미 없는 활동과 의미 있는 활동을 구분하면서 현재의 삶을 충실하게 영위한다는 뜻입니다. 따라서 죽음 준비란 말 그대로 죽을 각오를 하라는 뜻이라기보다 진정한 삶을 준비하라, 자기 삶을 제대로 영위하고 있는지 점검해보라는 뜻입니다. 죽음을 준비해온 사람에게 죽음은 삶의 끝이 아니라 삶의 가장 영광스러운 성취의 순간인 것입니다.

4. 죽음에 대한 한국인의 상념

인간이 탄생과 성장, 사망 등 중요한 생애 주기에서 겪어야 하는 관습적 의식을 통과의례(通過儀禮)라고 합니다. 관혼상제가 바로 그것입니다. 통과의례는 어느 사회에서나 매우 중요하게 여기고 성대하게 치르고 있습니다. 그중에도 가장 중시해온 것이 상장례(喪葬禮)입니다. 한국 사회에는 하나의 상장례만 존재한다고 볼 수 없습니다. 여러 종교가 존재하고 외국과의 교류가 빈번해지면서 다양한 상장례의 모습이 등장하고 있습니다.

전통적으로 신부가 타는 가마라도 죽은 사람이 타는 가마인 상여에는 그 화려함에서 비교될 수 없습니다. 혼례 가마는 기껏해야 4인교, 2인교이지만 상여는 적어도 20명이 메고 나릅니다. 상여는 꽃과 각종 장식물로 꾸밉니다. 혼례는 하루에 끝나지만, 상장례는 3일 내지 7일에 걸쳐 진행됩니다. 임종에서 탈상까지는 30여 단계의 의례를 행해야 하는데 햇수로도 3년 정도가 걸립니다. 죽음에 대한 한국인의 인식을 담고 있는 전통 상장례는 유교의 영향력이 가장 크게 작용하고 있습니다.

죽지 않고 사라질 뿐인 한국의 조상

한국인은 죽음에 대해 생명은 끝나지만 죽지 않고 단지 사라질 뿐이라고 생각했습니다. 죽어서도 자손의 기억과 생활 속에 남아 있다는 것입니다. 다시 말하면 죽은 조상은 살아 있는 후손과 단절되는 것이 아니라 여전히 후손에게 기억되며 후손과 지속적인 상호관계를 유지한다는 것입니다. 그래서 한국 사회에서 제사는 조상과 후손을 연결하는 통로 역할을 합니다. 자손과 조상이 끊임없이 교류하는 장치로 자리매김하고 있습니다. 사람이 죽은 다음에는 아무것도 존재하지 않는다거나, 죽은 사람의 영혼이 존재한다 하더라도 살아 있는 사람에게 아무런 영향을 끼칠 수 없다고 믿는 사회에서는 제례가 성립될 수 없습니다.

집안에서 어른이 돌아가시면 3년 동안 대청마루에 혼백을 모신 궤연(几筵)을 차려 둡니다. 자손들은 '죽었지만 살아 있는' 조상에게 아침저녁으로 음식(상식)을 올리고 생신차례도 준비합니다. 손님도 먼저 궤연에 가서 배례를 하고 난 뒤에야 식구들과 인사합니다. 장손의 부(父)·조(祖)·증조(曾祖)·고조(高祖) 4대에 걸쳐 기제사 날과 설날, 추석 때 음식 대접을 받습니다. 5대 이상 조상도 기제사는 받지 않지만 1년에 한 번 시제(時祭)를 통해 문중의 모심을 받게 됩니다.

한국인은 죽음이란 사람의 양태가 변화하는 자연스러운 현상이라고 여기고 있습니다. 노인들은 죽음을 대비하여 관과 수의도 마련하고 묏자리도 봐 둡니다. 죽음을 존재의 소멸이나 삶의 단절로 생각하지 않기 때문입니다.

상례 과정에서 염습할 때는 죽은 사람의 몸을 깨끗이 씻긴 뒤 새 옷을 갈아입히고 화장을 해줍니다. 그리고 반함(飯含)이라 하여 쌀과 동전을 입에 넣어주기도 합니다. 발인제와 노제 역시 먼 길을 떠나는 사람에 대한 송별연입니다. 죽음을 또 다른 세계로 떠나는 여정으로 보고 있습니다. 무덤 유적에서 출토된 수많은 부장품과 기록을 통해 전해오는 순장의 관습도 마찬가지입니다. 만약 죽음이 존재의 끝이고 소멸이라 생각했다면 이러한 절차가 필요하지 않을 것입니다.

전통 상장례는 축제

지방마다 출상 전에 행하는 상여놀이가 있습니다. 지역에 따라 '다시래기'(진도), '대도름·댓도리'(충북), '대돋음'(경북), '생여도듬'(황해도) 등으로 불리는 상여놀이는 출상 전에 상여꾼들이 운구 준비를 위해 발과 호흡을 맞출 겸 빈 상여를 메고 노는 놀이입니다. 이는 상갓집을 흥겨운 놀이판 분위기로 바꿔버립니다. 문상을 하면서 통곡하는 체하다가 욕설이나 농담을 하고 병신춤을 추기도 하며, 상스러운 내용의 노래도 부르고 평소에 안 하던 우스갯짓이나 재담을 하면서 밤새 즐기는 것입니다. 이러한 놀이는 일상적 도덕률에 구애받지 않습니다. 예를 들면 진도 다시래기는 장님 거사의 아내인 사당이 자기 남편이 아닌 중의 아들을 낳는 '거사 사당' 놀이를 하기도 합니다.

고구려에서는 장송에 가무를 행했고, 조선시대에도 부모의 장례 때 술 마시고 노래 부르고 피리를 불면서 애통해하지 않는다는 비판의 기록이 있습니다. 죽음 이후에도 죽은 사람과 산 사람의 관계가 지속되고 있다는 것입니다. 죽음은 존재의 끝이 아니라 새로운 존재의 시작이며, 죽은 사람은 산 사람과 분리돼 있는 것이 아니라 여전히 연결돼 있다는 믿음은 조상을 모신 사당이나 조상단지 등에서도 확인할 수 있습니다. 특히 우리 조상들은 제사 지낼 아들을 갖기 원했고, 제사를 지내는 후손을 통해 자신의 존재를 확인하고 기억에 남기를 원했습니다.

전통적으로 죽음 이후 절차는 네 단계로 진행합니다. 사람이 죽으면 영혼과 육체의 분리를 확인하는 절차에 이어 주검을 처리하는 절차가 진행되며, 그다음에는 영혼을 모시는 절차가 따릅니다. 그 후 100일째 되는 날 조상으로서 완전히 자리 잡는 절차인 길제(吉祭)가 있습니다.

그래서 상장례에서 발인할 때도 영혼을 모시는 영여(靈輿)와 영혼이 빠져나간 육체를 모시는 상여로 구분됩니다. 그리고 '죽었지만 살아 있는' 단계인 궤연의 기간을 거쳐 조상의 세계로 들어갑니다. 탈상 후에 비로소 신주를 사당에 모시는 것입니다.

'돌아가셨다', '타계하셨다'는 표현도 따지고 보면 죽음 이후의 또 다른 세계를 전제로 합니다. 죽은 사람을 신으로 모시는 민간신앙 역시 죽음이 존재의 끝이 아니라는 것을 보여줍니다. 물론 영원히 살고 싶은 욕망을 표현한 것일 수도 있지만, 죽음은 삶의 또 다른 양상이라는 인식이 우리 민족의 사고를 광범위하게 지배해왔음은 분명합니다.

특히 전통 상장례에서 우리 민족은 죽음을 그저 두렵고 무서운 것이 아니라, 서서히 이뤄지는 자연스러운 삶의 한 과정으로 이해하고 있음을 확인하게 됩니다. 우리 민족은 이렇듯 죽음의 문제를 초연히 극복해 새로운 삶의 에너지로 승화시키면서 끈끈한 가족문화를 유지해왔습니다. 이것이 어쩌면 우리 민족이 5천 년의 문화 민족임을 자랑할 수 있고, 강인한 동족 의식으로 뭉쳐 외침을 물리쳐온 배경이라고 볼 수 있습니다.

그리고 한민족의 배후에는 경천·홍익·광명사상이 자리 잡고 있습니다. 한민족은 삼국시대부터 지금까지 참으로 눈물겨운 고난의 길을 걸어오면서 931번의 외침을 당했으나 국운이 융성한 때도 결코 남의 나라를 침범한 적이 없습니다. 그것은 '하늘'을 중심으로 인류 한 가족의 이상이 실현된 도의 세계를 세우려는 뜻이 있었기 때문입니다.

5. 자살 증후군 앓는 한국 사회

톱 탤런트 최진실 씨가 2008년 10월 2일 스스로 목숨을 끊은 데 이어, 2009년 5월 23일 노무현 전 대통령이 검찰 수사를 앞두고 경남 김해시 진영읍 봉하마을 봉화산 부엉이바위에서 투신하면서 우리 사회는 큰 충격에 휩싸였습니다. 유명인의 자살을 뒤좇는 '베르테르 효과'도 확산하면서 많은 젊은이가 잇달아 목을 매 숨진 채로 발견됐습니다.

최진실 씨는 이보다 한 달 전 방송인이자 개그우먼인 정선희 씨의 남편 안재환 씨가 자살한 데 이어 네티즌들의 '악플(악성댓글)'을 견디다 못해 자신의 결백을 입증하겠다면서 목숨을 끊었지만, 2005년 이은주, 2007년 유니·정다빈 씨 등 유명 연예인이 잇달아 스스로 목숨을 끊으면서 자살은 이미 남의 일만이 아닌 것으로 다가오고 있습니다.

2003년 8월 4일 현대그룹 황태자로 불리며 남북 경제교류의 선봉에 섰던 정몽헌 회장이 서울 계동 현대그룹 본사 12층 자신의 집무실에서 투신해 목숨을 끊는 사건이 발생한 이후에도 안상영 부산시장, 남상국 전 대우건설 사장, 박태영 전남지사, 김인곤 광주대 이사장, 성완종·노회찬 전 국회의원 등 수많은 사회지도층 인사들이 자살을 택했습니다.

한국은 국민의 무관심 속에 1998년 이후 경제협력개발기구(OECD) 국가 가운데 자살률 1위를 차지하고 있을 뿐만 아니라, 전체 사망 원인의 절반이 자살로 밝혀지고 있습니다. 경찰청 국정감사 자료에 따르면 2003년부터 2007년까지 사망한 12만9천562명 중 자살자는 6만6천684명으로 전체의 51.4%에 달했습니다. 물론 정부 기관마다 통계가 들쭉날쭉한 현실이긴 하지만, 대체로 42분에 한 명, 하루에 34명, 한 해에 1만2천174명이 스스로 목숨을 끊고 있다는 것이 경찰청의 통계입니다.

하지만 아직도 우리 사회와 정부 차원의 근본 대책이 부족합니다. 전문가들은 "자살은 사실상 '사회적 타살'이나 다름없다."라며 사회 안전망 확충 등 근본 대책 마련이 시급하다고 말합니다. 고립감 속에서 자살 충동을 느끼는 사람들을 구하기 위해서는 지역 단위 자살예방기구가 필요하고, 개인과 사회의 연결고리가 끊어지지 않도록 정부와 사회가 나서 상담센터 활성화와 사회 안전망 확충 등을 꾀해야 한다고 주장합니다.

자살… 더 큰 압박감에 시달리는 유명인의 자살

최진실 씨나 정몽헌 회장의 자살 사건에서 보듯이 무엇 하나 부러울 것 없는 사람들이 목숨을 끊으면 세상은 더 큰 충격을 받습니다. 일본의 노벨문학상 수상자인 가와바타 야스나리(川端康成)를 비롯해 어니스트 헤밍웨이, 버지니아 울프 등 수많은 작가가 스스로 목숨을 끊었습니다. 이들은 작품을 더 이상 쓸 수 없거나 쓸 거리가 없어 생의 허망과 혼돈을 느낀 나머지 죽음만이 이를 해소할 유일한 방법이라고 생각했을까요?

사람마다 가치관이 다르기에 삶의 의미 또한 각양각색입니다. 평범한 사람들은 일상의 작은 일에서 기쁨과 행복을 느끼지만, 이들 작가는 좋은 글을 쓸 때만 보람과 행복을 느끼기에 그것이 가능하지 않게 되자 삶을 포기한 것이 아닌가 생각됩니다.

　세계적 스타들의 자살 역시 큰 충격을 던졌습니다. 섹스 심벌로서 세계 최고 스타로 군림했던 메릴린 먼로는 1962년 8월 4일 36세의 나이로 세상을 떴습니다. 당시 그의 사인은 약물 과다복용이었지만, 그의 죽음이 의문사 등 숱한 논란을 불러일으켰던 것은 존 케네디, 로버트 케네디 등 케네디가 형제들과의 스캔들 때문이었습니다. 록그룹 너바나의 보컬 커트 코베인의 자살도 팬들에게 큰 충격이었습니다. 그는 1994년 4월 5일 권총을 자신의 머리에 대고 쏘았습니다. 그의 자살 이유는 더욱 충격적이었습니다. 너바나가 대중적인 인기, 그것도 세계적인 인기를 얻게 되자 언더그룹 특유의 순수성이 훼손된 데 대해 책임져야 한다는 강박감에서 약물에 손댔다는 것입니다. 최근 홍콩 배우 장궈룽(張國榮)도 자살의 길을 택해 팬들을 경악하게 했습니다.

　국내 스타로는 포크가수 김광석이 1996년 1월 6일 32세 나이에 목을 매 스스로 목숨을 끊었습니다. 그의 노래는 사후에도 '공동경비구역 JSA', '클래식' 등 여러 영화의 삽입곡으로 쓰이며 여전히 사람들의 가슴을 적시고 있습니다. 아이돌 스타 서지원도 1996년 1월 1일 스무 살 꽃다운 나이에 자진했습니다. 유서에서 그는 가족 부양과 미래에 대한 불안감으로 약물에 손을 댔음을 밝혔습니다. 2010년 6월 30일 탤런트 겸 가수 박용하도 마찬가지입니다.

　물론 제2차 세계대전 당시 일본의 가미카제(神風) 특공대원이나 이라크 자살테러 대원들은 대의를 위한 희생이라는 신념에서 명예로운 죽음길을 택했습니다.

　최근 우리 사회에 자살이 연령과 계층을 가리지 않고 '유행병'처럼 번지고 있습니다. 아들이 성적 부진을 비관해 자살하자 같은 장소에서 아버지가 목을 매는가 하면, 주식 투자로 큰 빚을 진 30대 주부는 두 자녀에게 약물을 먹여 숨지게 한 뒤 아파트에서 뛰어내리기도 했습니다.

자살을 권하는 사회, 생명은 귀중한 것

얼마 전 세 아이와 함께 투신자살한 한 여성은 "세상에 우리 아이들을 맡길 수 없다."라는 글을 남겼습니다. 아이들을 두고 갈 만큼 세상을 믿을 수 없다는 것이었습니다. 어떻게 보면 아이 엄마의 비정함도 비난받아 마땅하지만, 문제는 도무지 다른 사람을 믿지 못하고 남의 이야기 따위에는 귀를 기울일 여유조차 없는 사회 분위기가 자살을 부추기고 있다는 것입니다. 너무나도 일그러진 우리 사회의 초상입니다.

한때 카드사들은 미성년자에게까지 카드를 마구 발급해준 일이 있습니다. 그러고서는 카드대금이 조금이라도 밀리는 날이면 득달같이 달려들어 쪼아댔습니다. 그 카드빚 때문에 자살을 택한 사람도 적지 않습니다. 그들은 신뢰를 상실한 우리 사회의 희생자들이기도 합니다. 사람이 사람을 믿지 못해 신뢰는 바닥까지 곤두박질치고, 죽음과 삶 사이에서 극단적인 선택을 할 수밖에 없는 사람들이 늘어가는 현실이 한없이 착잡하기만 합니다. 남의 고민에 한 번쯤 귀를 기울일 수 있는 여유와 다른 사람을 믿고 묵묵히 기다릴 줄 아는 너그러움, 이것이 자살이 급증하는 요즘 되새겨봐야 할 미덕이 아닐까요.

생명보험사회공헌재단이 2011년 12월 한국자살예방협회에 의뢰해(한국갤럽이 조사 수행) 전국 만 13세 이상 남녀 1천200명을 대상으로 실시한 설문조사에서 지금까지 '죽고 싶다'는 생각을 한 번이라도 해본 적이 있는지에 대한 질문에 '있다'라고 응답한 사람이 10명 중 3명(28.3%)에 달했습니다. 자살 생각을 해본 적이 있는 응답자 340명 중 자살을 구체적으로 생각해본 적이 있다는 응답은 138명(40.6%)에 달했고, 이중 실제로 자살을 시도한 적이 있는 사람은 40명(3.4%)에 이르렀습니다. 2021년 기준 한국의 인구 10만 명 당 자살자 수는 23.6명으로, OECD 평균(11.1명)보다 2배 이상 높은 것으로 나타났습니다.

심리학자와 정신과 의사 등 전문가들은 자살 원인으로 신경쇠약, 실연, 병고, 생활고, 가정불화, 장래에 대한 고민, 사업 실패, 염세 등을 지적합니다. 그러나 그 원인이 어디에 있든, 막다른 골목에 몰린 데 따른 절망감에서 벗어나기 위한 것이 대부분이라고 입을 모읍니다. 상실감으로 인한 우울증이 가장 심각한 자살 동기입니다. 자살을 기도하는 사람은 죽음이 사는 것보다 덜 고통스러울 것이라 확신한 나머지, 자신뿐만 아니라 가족과 사회에 더 큰 고통을 안겨준다는 사실은 간과합니다.

누구나 크든 작든 자기 자신과 사회에 대해 좌절감을 느낄 수 있습니다. 아무런 희망이 없고, 가족이나 친구로부터 버림받았을 때 사람들은 절망감에 빠집니다. 이때가 바로 자살하고 싶을 만큼 가장 절박한 순간입니다. 최근에는 고학력자나 경제·사회적 지위가 높은 사람들이 달라진 가치관과 현실, 기대감의 괴리 등으로 더 큰 고통을 겪고 있습니다. 절망감을 극복하고 삶의 의지에 날개를 달 수 있는 것이 생명에 대한 애착입니다. 자살 없는 건강한 사회를 만들기 위해서는 삶의 의지를 불태울 수 있는 나라를 만드는 길밖에 없습니다.

기독교에서는 신을 모독하는 행위라 하여 자살을 죄악시합니다. 불교에서는 열반 사상에 따라 자살을 경계합니다. 《플루타르크 영웅전》에서도 "자살은 명예를 빛내기 위하여 할 일이지만, 해야 할 일을 회피하기 위한 수치스러운 수단이 돼서는 안 된다. 자기 혼자만을 위해 살거나 죽는다는 것은 수치스러운 일이다."라고 강조했습니다. 고대 그리스 철학자 소크라테스도 "인간은 자기의 감옥 문을 두드릴 권리가 없는 수인(囚人)이다. 인간은 신이 소환할 때까지 기다려야 하며 스스로 생명을 빼앗아서는 안 된다."라고 갈파했습니다. 자살이 용납되지 않는 가장 중요한 이유는 사후세계가 존재하고 그 세계를 위해 주어진 삶을 잘 살지 않으면 안 된다는 사실에 있습니다.

6. 안락사 논쟁, 어디까지 죽음인가?

 서울 서부지방법원이 2008년 11월 28일 존엄사를 허용하는 첫 판결을 내렸습니다. 식물인간 상태인 어머니에 대한 무의미한 연명치료를 중단하게 해달라며 자녀들이 병원을 상대로 낸 소송에서 법원이 환자의 치료 중단 의사가 있는 것으로 추정해 존엄하게 죽을 권리를 인정한 것입니다. 물론 법원은 "적극적 안락사 및 모든 유형의 치료 중단에 관해 다룬 것이 아니다."라며 일정한 선을 그었습니다.
 대한의사협회가 2001년 11월 '임종환자에 대한 연명치료 중단' 지침을 밝힌 데 이어 2002년 5월 보험심사평가원에서는 회복이 불가능한 환자에 대한 진료비 지급을 거부했습니다. 이런 일들은 '안락사 논쟁'에서 한 걸음 더 나아가 말기환자의 '의미 없는 치료'에 대해 근본적인 질문을 던지고 있습니다.
 우리나라에서는 안락사를 허용하지 않고 있지만 소생 가능성이 없는 식물인간 상태의 환자에 대해 인위적인 생명 연장 장치를 제거하는 것과 같은 존엄사가 실제로 병원에서 행해지고 있습니다. '과연 말기암 환자에게 숨을 거두는 순간까지 항암주사를 지속하는 것이 효과적인 치료법인가? 오히려 통증 억제와 요양이 환자에게 더 바람직한 치료는 아닐까?' 하는 것은 말기암 환자를 두고 있는 가족이면 누구나 되뇌는 고민입니다. 그래서 인공호흡기를 떼는 등 연명 치료 중단을 통한 소극적 안락사는 가능합니다. 2018년 관련 법이 시행됐고, 이후 연명 치료 중단 사례는 33만 건이 넘었습니다.

　누구나 고통 없이 편안하게 죽고 싶어 합니다. 노년에 이른 사람들에게 '고통 없는 죽음'은 축복으로 여겨지기도 합니다. 물론 지금까지 '고통 없는 죽음'에 대한 관념은 자연사를 전제로 한 것입니다. 생명의 연장을 가능케 한 의학의 진보는 거꾸로 생명의 끝내기도 가능케 함으로써 고통 없는 죽음에 대한 일반적 통념을 뒤바꾸고 있습니다. 고통 앞에 무기력하기만 한 인간들이 의술의 힘을 빌려 '편안한 죽음'을 선택하는 일이 벌어지기 시작한 것이고, '죽을 권리'와 '살릴 의무'의 끝없는 충돌을 야기하고 있습니다.

죽을 권리, 안락사 논쟁

　네덜란드는 지난 2002년 4월 세계 최초로 안락사를 합법화했습니다. 개인이 자발적으로 요청하고, 의사가 신체적 또는 심리적 고통을 견디기 어려운 수준이라고 평가하며 개선 전망이 없을 때 안락사가 가능하게 했습니다. 즉 △고통이 크고 견딜 수 없는 경우 △합리적 해결책이 없는 경우 △죽음을 선택하겠다는 의지가 분명한 경우 등 6가지 조건에 부합할 때 의사가 직접 환자에게 약물을 투여해 안락사를 시행할 수 있도록 하고 있습니다. 2023년 기준으로 네덜란드에서 안락사로 세상을 떠난 사람은 9천68명에 달합니다. 같은 기간 사망자 수의 약 5%에 해당합니다.

　벨기에는 2001년 상원에서 안락사 법안을 채택하고 하원은 2002년 5월 말기환자에게 제한된 조건에서 죽을 권리를 인정하는 안락사 법안을 승인했습니다. 이로써 벨기에는 안락사를 허용하는 두 번째 국가가 됐습니다. 이

법은 법적 성인 연령인 18세에 이른 환자들에 대해 의사들이 특별하고 자발적이며 거듭된 요청에 따라 안락사를 시행해야 한다는 제한 조건을 두고 있습니다. 또 안락사를 요청하는 환자는 의학적으로 희망이 없는 상태여야 하며, 육체적으로나 정신적으로 끊임없이 고통을 받고 있어야 한다고 규정합니다.

영국과 독일, 일본은 존엄사를 인정하고 있습니다. 미국의 50개 주 가운데 40개 주가 산소호흡기 등 생명 연장 수단을 제거하는 소극적 안락사나 존엄사는 환자 가족의 동의 등을 포함한 엄격한 전제 조건을 달아 현실적으로 인정하고 있습니다. 그러나 소생이 불가능한 환자가 의사의 도움을 받아 목숨을 끊는다는 의미의 자발적 존엄사를 법적으로 허용한 곳은 워싱턴 주와 오리건 주 두 곳에 불과합니다. 오리건 주는 1994년 6개월 미만의 시한부 인생을 살아가는 말기환자들에 대해 의사들이 존엄사를 시행할 수 있도록 허용하는 '존엄사법'을 주민투표를 통해 확정했으며, 연방대법원은 자발적 존엄사를 인정하는 관련 법률을 승인했습니다.

정부 산하 기관인 건강보험심사평가원이 소생 불가로 판정된 환자에 대한 진료비 지급을 거부한 것은 국가가 건강보험 재정적자를 이유로 현행법상 금지된 말기암 환자 등 시한부 삶을 사는 이들에 대한 안락사를 사실상 인정한 것으로 볼 수 있습니다.

대한의사협회 산하 116개 의학학회의 모임인 대한의학회도 같은 시기에 임종환자의 치료를 중단하는 것은 윤리에 어긋나지 않는다는 내용의 '임종환자의 연명치료 중단에 대한 의료윤리 지침'을 만들었습니다. 이는 의협이 확정 발표한 의사 윤리지침의 '회복불능 환자의 진료중단' 조항을 임종환자에게 초점을 맞춘 것입니다. 구체적으로 무의미한 치료와 심폐소생술 하지 않기, 임종환자의 중환자실 치료 거절 등 소극적 안락사 논란을 불러일으킬 수 있는 민감한 사안을 담고 있습니다.

새 지침은 임종환자를 '치유 불가능한 질병으로 적극적 치료에도 반응하지 않고 사망이 임박한 것으로 판단되는 환자'로 정의하고, '의사는 임종환자나 가족이 명백히 의미 없는 치료를 요구하는 경우 합당한 진료기준에 근거해 이를 거절할 수 있다.'라고 규정하고 있습니다.

새 지침은 안락사 논쟁에 불을 댕겼습니다. 아직도 종교계에서는 안락사가 고통받는 환자에 대한 사랑이 동기가 된 행동이라 할지라도 의사의 행동 자체는 명백한 살인 행위로 볼 수 있다고 주장합니다. 특히 생명 유지를 돕는 것이 의사들의 절대적인 임무라면 인간 생명의 존엄성이란 가치 기준을 넘어서는 안 된다는 것입니다. 특히 기독교에서 생명은 하나님께 속한 영역이므로 인간이 인위적으로 단축할 수 없다고 보고 있습니다.

죽음 준비를 서둘러야 할 때

100세 시대에 접어들면서 '웰빙(Well-being)'에 이어 '웰다잉(Well-dying)'에 관심이 크게 늘어나고 있습니다. 웰다잉 열풍의 배경에는 생의 마지막 순간까지 고통에 시달리기보다는 품위 있고 편안하게 죽음을 맞이할 수 있도록 안락사를 허용해야 한다는 것입니다. 삶의 질적인 측면에서 개인의 자기 결정권을 존중해 줘야 한다는 주장입니다. 이는 누구에게나 닥치게 될 죽음을 아름답게 맞이하기 위한 준비를 건강할 때부터 서둘러야 한다는 깊은 뜻도 담겨 있습니다.

안락사는 본질적으로 인간의 존엄성과 직결된 문제여서 종교·윤리·법률 등 여러 가지 면에서 논쟁의 뿌리가 깊습니다. 기원전 4세기경 의성 히포크라테스는 "나는 누구에게도 독약을 주지 않을 것이며, 비록 그렇게 해달라는 요청을 받더라도 그런 계획을 제안하지도 않을 것이다."라고 말했습니다. 16세기 토머스 모어는 《유토피아》에서 안락사의 허용을 주장하기도 했습니다. 1995년 로마 교황 요한 바오로 2세는 안락사를 '하나님의 율법에 대한 중대한 위반'으로 규정한 바 있습니다. 네덜란드가 안락사를 합법화하자 교황청은 이를 살인행위라며 비난했습니다.

안락사 지지자들은 인간답게 죽을 권리를 강조하지만, 원하는 환자에게 독극물을 주입하는 방법 등으로 죽음을 맞게 해주는 적극적 안락사는 살인죄 논쟁을 불러일으킵니다. 인공호흡기 같은 생명 연장 장치를 제거함으로써 환자가 죽음을 맞게 해주는 소극적 안락사는 의사의 임종 판단에 주관이 개입할 수밖에 없다는 것이 쟁점입니다. 의협의 새 윤리지침 역시 의사가 더 이상 치료할 의미가 없다고 판단될 경우 이를 가족에게 알려 가족이 '죽음을 의미하는 퇴원' 또는 '인공호흡기 제거' 결정을 내리도록 하는 소극적 의미의 안락사를 허용하자는 것이어서 논란이 되고 있습니다.

종교계와 의료계 일부에서는 어떤 형태로든 사람의 생명을 인위적으로 끊을 수 있는 권리는 누구에게도 없다며, 안락사 제도를 허용하는 쪽보다 말기 환자가 품위 있게 죽음을 맞이할 수 있도록 도와주는 호스피스제도를 활성화하는 것이 바람직하다고 주장합니다.

특히 요즘 사후 시신이나 장기 기증 등이 보편화하고 유서 쓰기 운동이 확산하고 있습니다. 죽음학이 등장하면서 '인간은 언젠가 죽는다.'라는 확연한 사실 앞에 겸손해지고 아름답게 죽는 준비를 하는 사람들이 늘어나고 있습니다.

그러나 사람들은 '인간은 언젠가 죽는다.' 라는 사실을 알면서도 죽을 준비를 하지 않고 죽음에 대한 생각을 떨쳐버리려고 합니다. 죽음이라는 현실을 받아들이지 않음으로써 그 불길한 '사건'을 늦춰보려는 것입니다.

또 대부분은 주어진 생의 책임을 다하지 못했다는 자책감과 영원한 이별이라는 불안감에서 죽음을 괴로워합니다. 그러나 내세에 대한 관심이 늘어나면서 죽음을 언제라도 닥칠 '나의 일반적 문제'로 받아들이는 사람들이 늘고 있습니다. 죽음은 삶의 끝이 아니라 새로운 세계를 향한 출발점이라는 인식이 확산하면서 이름을 후세에 남기고 아름답고 명예롭게 죽는 것에 대해서도 많은 사람이 관심을 기울이고 있습니다.

| 제2장 |

각 종교에서 말하는 죽음과 영계

❖❖❖

종교의 가장 중요한 주제는 죽음과 사후세계입니다. 특히 유일신교인 유대교와 기독교, 이슬람교는 하나님이 지상세계와 함께 영원한 세계, 즉 사후세계까지 창조했다고 보고 있습니다. 물론 불교나 유교, 더 나아가 무속까지도 인간이 죽으면 가야 할 내세에 대한 시각은 크게 다르지 않습니다. 다만 어느 종교나 영계에 대해 구체적인 내용을 제시하지 못하고 있을 뿐입니다. 이제 각 종교는 죽음 이후의 세계에 대해 구체적인 개념을 정립함으로써 지상세계의 삶을 아름답게 마무리할 수 있도록 이끌어야 할 것입니다.

1. 기독교에서 보는 죽음과 영계

예수 그리스도가 현세의 삶이 끝난 뒤에도 영원한 삶이 실재한다고 믿고 또 그렇게 말한 대목은 신약성경 곳곳에서 볼 수 있습니다. 영원한 생명은 사후의 생명에만 관계하는 것이 아니라 현세와 내세를 아우르는 전일적인 생명, 큰 생명, 본래적인 참생명을 의미한다고 볼 수 있습니다.

구체적으로 함께 십자가형을 받는 한 강도의 간청에 "너는 오늘 나와 함께 낙원에 있을 것이다."(누가복음 23장 43절)라고 강조하고, "하나님은 죽은 사람의 하나님이 아니라, 살아 있는 사람의 하나님이시다. 모든 사람은 하나님과의 관계 속에서 살고 있다."(누가복음 20장 38절)라고 강조하면서 죽은 뒤의 생명은 시집가거나 장가가는 이생의 연장 세계가 아니라고 가르쳤습니다. 숨을 거둘 때 "아버지, 내 영혼을 아버지 손에 맡깁니다."(누가복음 23장 46절)라고 말한 것을 보면 예수도 이스라엘 신앙의 핵심인 하나님 신앙과 사후의 생명에 대한 신념을 갖고 있었음을 확인할 수 있습니다.

죽음은 극복돼야 할 '마지막 원수'

예수의 삶과 죽음에 대한 신념은 "나를 믿는 사람은 죽어도 살고, 살아서 나를 믿는 사람은 영원히 죽지 않을 것이다."(요한복음 11장 25~26절)라고 하는 대목에 잘 나타나 있습니다. 이것은 육신이 영원히 죽지 않는다는 말이 아니라 사람 속의 참생명은 영원히 산다는 뜻으로 볼 수 있습니다. 또 "하나님이 세상을 이처럼 사랑하셔서 독생자를 주셨으니, 누구든지 그를 믿으면 멸망하지 않고 영생을 얻을 것이다."(요한복음 3장 16절)라는 구절에서 보듯이, 기독교에서 말하는 영생은 예수 그리스도를 믿음으로써 하나님과 새로운 관계에 들어가는 것을 뜻합니다.

이것은 현재 하나님과 예수의 교제로 주어지는 새 생명인 동시에 마지막 날에 완성돼 하나님과 영원한 친교에 들어가는 것을 가리킵니다. 이처럼 기독교는 타 종교에 비해 뚜렷한 내세관을 가지고 있습니다.

그리고 기독교는 죽음을 단순히 영혼과 육체가 분리되는 자연적 현상으로 보지 않습니다. 인간이 죽음을 맞이해 숨을 거둘 때, 그 육체는 자연의 흙으로 돌아가고 영혼은 영이신 하나님과의 관계성 속에서 기능한다고 합니다. 죽은 자의 부활에서 결정적인 말씀을 하시고 행동하시는 분은 주 하나님이지, 인간이 아니라는 것입니다. 인간의 생명이 영원하다면 그것은 영원하신 창조주 하나님의 선물이며, 영원성과 영광에 참여하도록 인간에게 허락하셨기 때문이라고 합니다.

기독교에서는 죽음을 자연의 질서로 보지 않고 극복돼야 할 현안으로 봅니다. 심지어 '마지막 원수'라고 한 것은 생에 대한 집착 때문이 아니고 '정의로움에 대한 갈증'과 불의한 죽음의 세력이 생명을 파괴하는 '죽음의 독소와 죄의 권세' 때문입니다. 즉 신구약에 나타난 생사관은 삶과 죽음의 문제에 관한 종교·철학적 사색에 관심이 있는 것이 아닙니다. 땅 위에 엄존하는 생명을 살리려는 힘과 생명을 죽이고 파괴하려는 힘의 겨룸이 문제입니다. 그리고 인간이 죽은 후 하나님의 영원한 생명에 참여하려면 하나님의 능력에 의해 속 생명의 질적 변화와 영적 생명으로의 형태 변화가 일어나지 않으면 안 된다고 말합니다.

신약에는 구원과 멸망이 자주 언급되지만, 사후 문제는 거의 나와 있지 않습니다. 이에 대한 예수의 가르침 역시 마찬가지입니다. 하나님 나라의 도래와 역사의 종말에 대해서는 많이 언급했지만, 인간의 사후 문제에 대해서는 별다른 이야기가 없습니다. 복음서가 초기 교회 공동체의 신앙고백 과정을 거쳐 완성된 까닭에 신구약 중간기의 상황적 배경을 알지 않고서는 추론하기 어렵습니다.

바벨론 포로기(기원전 587~539년) 이후 유대민족은 자신들의 하나님이라고 믿었던 야훼에 대한 실망이 극에 달했습니다. 암울한 정치 상황에서 세상은 더 이상 자신들의 희망을 펼칠 곳이 아니라는 것을 깨달았습니다. 그들이 기대하는 하나님 주권과 이스라엘 구속의 도래, 하나님이 계시는 땅이라는 제한 속에서 설명되는 것이 아니라 보편적·우주적인 것으로 넓혀졌습니다. 그러면서 죄와 저주 아래 낡고 퇴폐하여 무서운 파국으로 돌진하는 시대, 영광과 기쁨 가운데 다가오는 하나님의 시대라는 이원론적 사고가 자리잡게 됩니다. 바로 이러한 시기에 죽은 자의 부활에 관한 가르침이 유대교 신학에서 나오게 됩니다.

구약시대에는 사실상 인간을 통전적(統全的) 존재로 봤으며 영혼불멸 사상은 존재하지 않았습니다. 인간은 하나님의 의지에 의해 창조됐으며, 죽음 역시 하나님의 의지 가운데 존재하는 것으로 보았습니다. 그러나 전쟁을 통해 의로운 자의 죽음이 새로운 문제로 떠오르면서 이들의 구원 문제가 제기됐고, 그로 인해 부활의 개념이 더욱 발전했습니다.

기독교인들은 예수를 믿고 하나님을 사랑한 사람들은 죽은 후에 영원한 평화와 축복 속에 있게 되지만, 예수를 거부하고 하나님을 사랑하지 않은 사람은 영원한 고통과 비참함 속에 떨어질 것으로 믿습니다. 물론 천당은 거룩함과 기쁨이 넘치는 영역이고 지옥은 죄악과 슬픔으로 채워진 영역이라 생각합니다. 또 천당에 갈 수 있는 특권은 인간의 노력에 의해 얻어지는 전리품 같은 것이 아니라 오로지 믿는 자들이 받게 되는 하나님의 무상 선물로 여깁니다.

예수로 말미암아 영생을 얻는다

미국의 성서학자인 헨리 캐드버리(Henry Cadbury, 1883~1974년)에 따르면, 예수와 그의 청중은 사후 문제를 자연스럽게 받아들였으며, 그것을 새롭게 정립하거나 어떤 문제도 제기하지 않았습니다. 예수나 그의 청중에게 사후 문제는 논쟁거리나 물음의 대상이 아니었습니다. 이런 까닭으로 예수는 사후 미래에 대한 확실한 정의나 범위 등을 알려주는 어떤 암시도 하지 않았습니다. 이런 관점에서 캐드버리는 예수와 그 무리가 사두개인들을 제외하고 당시에 널리 통용된 미래의 부활과 죽은 자의 심판 등 유대사상을 그대로 답습하고 있다고 보았습니다.

영국의 종교철학자이자 신학자인 존 힉(John Hick) 역시 이미 죽어 잠들어 있는 의로운 자들이 다시 일어나고 하나님의 왕국은 영원히 지속될 것이라는 믿음은 기원전 2세기경 묵시문학에 잘 나타나 있으며, 이러한 부활에 대한 대중적 개념은 기독교에 자연스럽게 유입됐을 것이라고 주장합니다. 부자와 나자로의 비유 등 복음서에 기록된 죽음과 사후에 관한 기록들은 예수가 말했건, 혹은 후대 공동체에서 성립됐건 간에 대체로 유대교에 편만했던 죽음에 관한 개념들과 매우 유사하다는 것입니다.

바울 서신은 죽음의 문제를 새롭게 해석합니다. 우선 '죄'라고 하는 결정적 요인 때문에 인간 생명 안에 들어온 비정상적 상태를 죽음으로 봅니다(로마서 5장 12절, 6장 23절, 고린도전서 15장 22절). 또한 죽음을 인간의 죄에 대한 신의 심판으로 받아들입니다. 죽음은 죗값이며, 죽음이 쏘는 아픈 가시의 힘은 죄가 지닌 힘 때문이라고 해석합니다(고린도전서 15장 55절). 따라서 '죄'가 극복돼야 할 것이듯이 죽음 또한 물리쳐야 할 원수로 이해합니다(고린도전서 15장 26절).

예수 그리스도의 부활은 바울에게 죽음의 세력을 물리치는 중요한 사건이 됩니다. 그는 하나님께서 예수를 일으켜 세운 것처럼 "하나님께서 예수 안에서 잠든 사람들도 예수와 함께 데리고 오실 것"(데살로니가 전서 4장 14절)이라는 믿음에서 죽음을 극복합니다.

기독교는 타 종교와는 달리 인간의 죽음은 와서는 안 될 것이 온 것으로 봅니다. 인간이 피조물의 위치를 지키지 못한 대가로 주어진 비정상적이고 비자연적인 현상이라는 것입니다. 그러나 하나님은 인간이 죽음의 현실 앞에 놓이게 될 때부터 구원 계획을 친히 세웠고, 예수 그리스도는 바로 그 죽음의 문제를 해결하기 위해 온 하나님 자신으로 보는 것입니다(히브리서 2장 15~18절). 즉 예수의 구원 사역으로 죽음에 놓인 모든 인간이 자유를 얻게 되고 죽음의 두려움에서 벗어나게 됐다고 보고 있습니다. 예수로 말미암아 생명의 근원 되신 하나님에게 인간이 다시 돌아가게 됨으로써 사망에서 생명으로 옮겨지는 영생의 복을 얻는 자리에 놓이게 됐다는 것입니다(요한복음 5장 24절).

2. 불교에서 보는 죽음, 그리고 열반

중생에게 삶과 죽음은 서로 충돌합니다. 삶은 죽음을 거부하고 죽음은 삶을 밀쳐 냅니다. 둘은 그렇게 상호 배제적이고 모순적입니다. 모든 것을 박탈당하는 것에 대한 상실감은 실로 받아내기 힘든 고통이기도 합니다. 삶과 죽음의 화해는 불가능한 것일까요? 삶과 죽음이 따뜻하게 만나는 통로는 없을까요?

불교도는 죽음과의 관계를 새롭게 모색하면서 삶의 무게를 더해가는 지혜를 찾고자 노력합니다. 불교에서는 삶과 죽음의 벽을 허물어 서로를 소통시키려면 무아·무분리·무소유·무집착의 지혜를 깨닫고 그 힘을 키우는 길밖에 없다고 보고 있습니다. 생의 모든 내용물을 분리와 소유와 집착으로만 끌어안지 않는다면 죽음은 비로소 단절과 상실이라는 아픔에서 벗어날 수 있기 때문입니다. 죽음을 담담히 안을 수 있는 것은 그 길밖에 없다는 것입니다.

불교는 죽음 그 실체와 정면 대결해 죽음의 문제를 근본적으로 비문제화하고자 합니다. 다시 말하면, 죽음의 실체를 인정하고 어떻게 죽음을 극복할 것인가 하는 방향으로 가지 않고, 죽음의 실체를 근원적으로 부정하여 죽음이란 없는 것이라고 깨달음으로써 죽음을 극복하려는 종교입니다.

인간의 생로병사라고 하는 한계상황의 문제를 해결하고자 하는 웅지를 품고 출가한 고타마 싯다르타가 보리수 아래서 등정각(等正覺)을 이루어 해탈함으로써 그 문제를 해결하게 됩니다. 그는 무슨 초자연적인 계시에 의존하거나 초자연적 신령들의 도움을 얻어 해탈에 이른 것이 아닙니다.

깨달음으로 해탈, 죽음 문제 극복

목련(目蓮) 비구 어머니의 지옥 사건은 불교의 생사관을 읽을 수 있는 중요한 대목입니다. 《목련경》에 이런 내용이 있습니다. 생전 악업의 과보로 아귀지옥에 떨어진 어머니를 구출하기 위해 목련 비구가 붓다의 가르침에 따라 우안거 해제 전날 수행승들에게 대중공양을 올리게 됩니다. 어머니는 그 힘에 의해 스스로 발심 참회하고 천상계로 올라 깨달음의 길로 나아갑니다. 물론 목련 비구의 사건을 놓고 '정말 천상 극락, 지옥이 있는 것일까? 죽으면 그만 아닐까? 그저 착하게 살라는 얘기 아닐까?' 라고 이렇게 본질적인 문제까지 제기하는 이들도 있을 것입니다.

"자기 행복을 위하면서 행복을 구하는 다른 이들을 해친다면 그는 다음 생에서도 결코 행복을 찾지 못하리. 자기 행복을 위하면서 행복을 구하는 다른 이들을 해치지 않는다면 그는 다음 생에 반드시 행복을 찾으리."

붓다는 '다음 생'에 대해 이같이 단순 명료하게 대답합니다. 이것은 사밧티 거리에서 뱀을 잡아 괴롭히고 있는 젊은이들에게 들려준 설법으로, 《법구경》에 기록돼 있는 사건입니다. 설법을 듣고 젊은이들은 그 자리에서 깨달음의 길로 들어섰습니다.

불교에서는 선인선과(善因善果), 악인악과(惡因惡果)를 가르칩니다. 선악의 업(業) 보따리를 짊어지고 선하고 악한 세계를 오가는 윤회전생(輪廻轉生)은 누구도 부정하거나 피할 수 없는 엄연한 현실이라는 것입니다. 아귀지옥에서 굶주림에 허덕이는 목련 비구의 어머니 모습은 어쩌면 머지않아 당면하게 될 우리의 자화상일지도 모릅니다.

불교는 다른 종교와 마찬가지로 내세에 어디에 태어나 어떻게 사느냐 하는 것은 윤리적 기준에 따라 결정된다고 봅니다. 선한 행위를 한 자들은 천상에 태어나 그 과보(果報)로서 즐거움을 누리고, 악한 행위를 한 자들은 그 과보로서 인간 이하의 세계에 태어나 고통을 겪는다는 것입니다. 즉 내세를 선악의 업인(業因)에 따르는 윤리적 과보로 보는 것이 불교의 내세관입니다.

불교에는 육도(六道)라는 것이 있습니다. 해탈하지 못한 중생이 윤회 과정에서 머무르는 여섯 가지의 길, 즉 지옥(地獄), 아귀(餓鬼), 축생(畜生), 아수라(阿修羅), 인(人), 천(天)을 일컫는 말입니다. 지옥도에는 화 잘 내는 중생이 태어나고, 아귀도에는 탐욕 중생이 태어나며, 축생도에는 어리석은 중생이 태어나게 됩니다. 지옥·아귀·축생 세 곳은 탐진치(貪嗔痴), 즉 탐냄·성냄·어리석음이란 세 악업의 결과로 태어나게 되므로 삼악도(三惡道)라고 합니다. 인도(人道)는 바른 마음을 가진 중생이 태어나는 곳이며, 천도(天道)에는 선한 중생, 수라도에는 투쟁심이 강한 중생이 태어나게 됩니다. 지옥도(地獄道)·축생도(畜生道)·아귀도(餓鬼道)라는 삼악도(三惡道)와 달리 많은 즐거움이 있으므로 삼선도(三善道)라고 합니다.

물론 천상세계는 불교가 추구하는 궁극적 세계가 아닙니다. 기독교인들과 달리 불자들은 그곳에서 영원히 머무를 수는 없다고 믿기 때문입니다. 누릴 만큼의 지복을 누리고 나면 다시 인간세계로 돌아와야 한다는 것입니다. 삼악도와 삼선도가 함께 가는 육도(六道)의 세계에서 어디든 영원히 머무를 수 있는 곳은 없습니다. 불교는 이 육도에서 떠나야 한다고 믿고 있습니다. 왜냐하면 육도에서 떠도는 삶은 결국 괴로운 것이기 때문입니다. 끝없이 거듭되는 육도 윤회에서 벗어나 다시는 태어나는 법이 없는 열반의 경지로 들어가는 것이 해탈입니다. 열반의 경지에 든다는 것은 더 이상 육도에서 윤회하지 않는 영원한 지복의 세계로 들어간다는 뜻입니다. 기독교가 믿음으로써 영원한 구원을 얻는다면 불교는 깨달음으로써 해탈을 이루게 됩니다. 선업이라는 윤리적 행위만으로는 깨달음을 이룰 수가 없습니다.

순수 헌신이야말로 최선의 수행

붓다가 죽음에 대해 확연하게 보고 깨달은 진리(法)는 다름 아니라 삼라만유란 인연생기(因緣生起)의 현상이며, 한마음(一心)이라는 청정한 고요의 바다 위에 일어난 하나의 물결이라는 것입니다. 다시 말하면 죽음이란 실체적으로 존재하는 것이 아니라 인연생기하는 우주적 대생명의 한 변화와 창발적 계기에 불과하다는 것을 깨침으로써, 죽음에 연계된 일체의 두려움과 부정적 인상을 극복할 수 있다는 것입니다. 현실의 냉혹한 자각을 통해 죽음이라는 실상을 초연하는 보다 높은 차원의 진실을 체득함으로써 현실적 죽음의 문제가 극복된다는 것이 붓다의 가르침입니다.

불교의 목표는 죽음을 극복하여 자유로움을 추구하는 것이라 할 수 있습니다. 불교에서 문제가 되는 것은 사후의 존재가 아니라 죽음에 대한 새로운 차원의 인식입니다. 즉 삶에도 번민하지 않고 죽음에도 번민하지 않는 생명의 추구였습니다. 말하자면 삶과 죽음을 초월해 업과 윤회를 벗어남으로써 번뇌를 꺼버린다는 원의를 지닌 열반입니다. 따라서 죽음에 대한 불교의 시각을 바르게 이해하는 것은 '생사가 곧 열반(生死卽涅槃)'이라는 불교의 궁극적 인식을 이해할 수 있는 하나의 방도가 됩니다. 불교에서 죽음의 문제는 마음의 문제로 귀결되며, 마음의 문제는 궁극적으로 무심(無心)의 상태, 즉 적정(寂靜)·열반에 도달할 때 해결됩니다.

붓다가 기존의 종교와 사상체계를 거부하고 출가해 홀로 도를 닦아 깨닫고 부처가 된 가장 중요한 명분은 "생로병사의 고통을 벗어나야겠다."라는 것입니다. 싯다르타 태자로서는 당시의 풍토를 도저히 받아들일 수 없었기에 수도하였던 것입니다. 붓다가 깨달은바, 우리로 하여금 생로병사를 있게 한 요인은 마음속 번뇌·망상이고 나를 위주로 한 고정관념이라는 것입니다. 다시 말하면 나를 기준으로 지나치게 세운 기대가 어긋난다고 할 때 괴로운 것이지, 뜰 앞 단풍나무 잎 하나 떨어지는 것을 보는 것이나 흘러가는 구름 한 조각을 보는 것이나 다를 게 없다는 확신에서 체휼한 것이 붓다 생사관의 특징입니다.

갈 것은 때가 되면 가야 아름답습니다. 강물이 흐르고 싶지 않다고 해서 고여 있으면 썩게 됩니다. 강물은 끊임없이 흘러야 푸르고 아름다운 것입니다. 붓다나 큰스님들도 앞산에 구름이 생겼다가 사라지는 것처럼 갔습니다. 물질로 된 것은 사라지게 마련이라는 무상법문을 우리에게 보여주었습니다. 때가 됐으니 간다며 떳떳이 갔습니다. 생사를 두렵지 않게 맞이한다는 것입니다. 이것이 불교의 생사관입니다.

참으로 발심한 수행자는 지옥도 두려워하지 않고 정토도 즐거워하지 않습니다. 다만 깨닫기만을 추구합니다. 삶을 삶으로 보고 죽음을 죽음으로 볼 수 있는 부동의 깨달음에 이르기를 갈망합니다. 그런 까닭에 수행자들은 차

라리 지옥의 수렁 속으로 뛰어듭니다. 병들고 굶주리고 고독해하는 이웃들의 삶의 현장으로 뛰어든다는 것입니다. 헌신·봉사야말로 가장 단순 명료한 깨달음의 길이기 때문입니다. 자신을 돌보지 않는 순수 헌신이야말로 불성을 드러내는 최선의 수행입니다.

3. 죽음 앞에서 노래한 공자

공자(孔子)의 생사관은 현실적인 느낌을 받을 정도로 요즘 보통 사람과 크게 다를 바가 없습니다. 공자는 제자 안회(顔回)가 죽었을 때 "아아! 하늘이 나를 죽이는구나! 하늘이 나를 죽이는구나!"라며 통곡했습니다. 그는 제자 계로(季路)가 "죽음이 무엇입니까?"라고 묻자 "태어나는 것도 모르는데 어찌 죽음을 알리오."라고 했습니다.

중국 사상계의 두 축으로는 유가(儒家)와 도가(道家) 철학을 들 수 있습니다. 이 두 사상은 상반되면서도 보완 작용을 하며 중국인의 의식을 지배해왔다고 볼 수 있습니다. 유가 사상을 창시한 공자는 죽음보다 현실을 강조했습니다. 그는 죽음의 문제를 생각하느라 마음을 분산시키지 말고 삶에 주의력을 집중하라고 가르쳤습니다.

노자사상을 근본으로 하여 도가를 완성한 장자(莊子)는 아내가 죽은 후, 조문 간 친구 혜시(惠施)가 보니 다리를 뻗고 주저앉아 항아리를 두드리며 노래를 부르고 있더랍니다. 유가에서 본다면 장자는 전혀 인정 없는 사람으로 치부될 것입니다. 하지만 장자는 "아내의 죽음에 어찌 애통하지 않겠는가?"라며 처음에 잠시 슬퍼하다가 본래 모습으로 돌아온 뒤 "그 시작을 살펴보면 본래 생명은 없었네. 죽음은 사계절의 변화처럼 자연스러운 것인만큼 내가 통곡한다면 이는 자연의 명을 따르지 않는 것이네."라고 말했다고 합니다.

공자의 생사관

공자가 죽음에 대해 어떤 생각을 했는지 확인하기는 쉽지 않습니다. 단편적으로 나타난 자료를 가지고 짐작할 뿐입니다. 제자 계로가 죽음이 뭐냐고 묻자 "태어나는 것도 모르는데 어찌 죽음을 알리오."라고 한 것이나, 귀신 섬기는 일에 대해 묻자 "아직 사람도 섬기지 못하면서 어찌 능히 귀신 섬김을 알리오."라고 한 것은 이 문제를 회피했다기보다 죽은 사람보다 산 사람이 더 소중하고, 죽음보다 삶의 문제가 더 중요하다는 것을 강조했다고 볼 수 있습니다.

제자 번지(樊遲)가 '앎(知)'에 대해 묻자 "사람의 도리에 힘쓰고, 귀신은 공경하되 멀리하면 가히 앎이라 할 수 있다."라고 한 것도 귀신과 죽음에 대해 무시하거나 등한히 한 것이 아님을 알 수 있습니다. 공자가 '죽음'보다 '삶'을 더 강조한 것은 동양의 생사여일(生死如一) 사상의 연원이 됐다고 볼 수 있습니다. 삶을 지배하는 이치나 죽음 이후를 지배하는 이치는 하나이므로 삶의 의미를 잘 모르고 죽는다면 죽음 이후가 잘 보장된다고 할 수가 없다는 것입니다. 삶의 의미를 잘 모르고 죽어도 죽음 이후의 삶이 잘 보장된다고 믿는 것은 미신일 뿐입니다. 오로지 그 하나의 이치가 무엇인지를 깨닫는 것이 살아 있는 동안 각자의 의무라고 보았습니다. 그런 점에서 "삶도 모르는데 어찌 죽음을 알 수 있겠느냐?"라는 말은 우리에게 살아 있는 동안 삶과 죽음 이후의 세계를 관통하는 하나의 이치를 깨닫도록 촉구한다고 볼 수 있습니다.

공자는 죽음을 천명(天命)으로 파악했습니다. 《사기》 공자세가(孔子世家)에 보면 공자가 60세 때 송나라를 지나다가 사마 벼슬을 하고 있던 중신 환퇴(桓魋)에게 해를 당할 뻔한 일화가 있습니다. 즉 환퇴가 큰 나무 아래서 제자들과 예에 대해 강론하는 공자를 죽이려고 병사를 시켜 나무를 뽑아버리자 제자들이 놀라서 피하기를 권했습니다. 이때 공자가 태연히 "하늘이 내게 덕을 부여해주었거늘 환퇴가 나를 어떻게 해치겠는가."라고 말했습니다.

공자는 위대한 인물답게 죽음에 직면해서도 당당했습니다. 어느 날 아침 일찍 일어나 한 손은 뒤로하고 한 손으로는 지팡이를 짚고서 문 앞을 이리저리 거닐면서 노래를 불렀습니다.

"태산이 지금 무너지려고 한다. 대들보 나무가 지금 쓰러지려고 한다. 철인이 지금 시들려고 한다."

그는 자공(子貢)에게 "나는 은나라 혈통이지만 어젯밤 꿈에 남의 집 두 기둥 중간에 앉아서 식사를 대접받고 있었다."라는 이야기를 하면서 자신이 죽게 될 것을 예언한 뒤 7일 만에 담담히 세상을 떠났습니다.

죽음은 기의 소멸 현상

《주역》계사전에 보면, "정기(精氣)가 물질이 되고 유혼(遊魂)은 변화한다. 이런 고로 귀신의 정상(실상)을 안다(精氣爲物, 遊魂爲變, 是故知鬼神之精狀)."라는 말이 있습니다. 즉 기가 응취하면 물질을 이루고 발산하면 유혼으로 돼 변화한다는 것입니다. 이 짤막한 말 속에 유교의 생사관이 함축돼 있다고 볼 수 있습니다. 만물은 취산(聚散)에 의해 이뤄진다는 것입니다.

이런 면에서 노장사상도 대동소이한 생사관을 보여줍니다. 장자도 "엉기면 삶이요 흩어지면 죽음이다(聚則生 散則死)."라고 말합니다.

성리학을 집대성했다고 전해지는 주자(朱子)는 인간이 최초로 태어난 배경을 이렇게 설명합니다.

"기(氣)의 변화를 통해 생겨났다. 음양과 오행의 본질이 결합됐을 때 인간의 육체적 형태가 확립됐다. 이것은 불교도가 변화에 의해 생겼다는 것과 같다. 오늘날도 이(蝨)들과 같이 변화에 의해 생겨나는 것이 많다."

음양오행의 결합으로 만물과 인간이 생겨났다는 것입니다. 마치 화생(化生)에 의해 알 수 없는 음양이기(陰陽二氣)가 작용하여 이(蝨)가 저절로 생겨나오는 것과 같이, 인간도 오행의 정(精)이 합해져 어느 단계에서 저절로 생겨나게 됐다고 보고 있습니다. 천지를 형성하고 온갖 만물과 인간을 생성하는 것은 하나의 거대한 힘인 기(氣)의 작용이라는 것입니다.

주자는 대생명의 일부를 인간이 소유하고 있다가 그것이 소진되면 죽음이 오는 것이라 합니다. 인간이 살아 있다는 것은 대생명의 일부를 분유(分有)하고 있음을 의미한다는 것입니다. 그런데 그 대생명의 분유자인 인간은 죽을 때 완전히 소멸되는 것이 아니고 생명 자체는 영원히 남는다는 사실도 인식할 필요가 있습니다. 여기서 조상 숭배와 제사의 논리가 나옵니다. 이(理)를 통해 죽은 조상과 통교(通交)할 수 있다고 보는 것입니다. 그러므로 여기서 통교는 개체로서의 조상보다는 그에 뿌리를 둔 조상 얼과 통교한다는 말이 더 적합할지 모릅니다.

삶과 죽음의 세계를 하나의 이치로 꿰려고 한 유가에서 인간의 영혼 문제를 직접적으로 이해할 수 있게 하는 것은 역시 귀신 문제로 귀착되지 않을 수 없습니다. 사람의 지각을 정신이라 하고, 죽고 나면 그 정신을 귀신이라고 부르기 때문입니다. 그러므로 귀신을 영혼이라고 불러도 된다는 것입니다. 다만 주자는 이(理)를 존재의 근원으로 생각해 귀신의 존재도 이를 통해 파악해야 한다고 보았습니다.

유교의 생사관은 상장례에서도 잘 나타나 있습니다. 복잡하게만 보이는 유교의 상장례도 죽은 사람을 마지막 예의를 다해 공경하고 새로운 차원에서 산 사람과 다시 공동체를 정립하는 것을 의미합니다. 갑작스러운 죽음으로 인한 가족의 슬픔과 변화에 대해 차츰 평정을 회복하는 절차이기도 합니다.

4. 무슬림이 생각하는 영계

　이슬람교의 사후세계에 대한 시각은 한 뿌리를 두고 있는 기독교와 별반 다를 바가 없습니다. 하나님은 한 분뿐이고 그분이 죽음 이후 심판을 할 것이기 때문에 지상에서 인간은 의롭고 선한 생활을 하지 않으면 안 된다고 보고 있습니다. 이 세상에서 하나님의 뜻대로 의롭게 산 사람은 죽은 후에 하나님이 예비해 놓은 낙원에 들어간다는 것입니다. 이슬람교에서는 이를 '아흘 알타위드(Ahl al-Tawhid)'라고 부르는데, 이 말은 하나님과 하나가 된 사람이라는 뜻입니다.

　이슬람교에서는 죽은 이들의 영혼이 무덤에서 부활할 때까지 머물러 있다가 모든 사람이 함께 경험하게 되는 종말론적인 사건에 참여하게 된다고 합니다. 시간이나 역사는 창조의 때와 종말의 때가 있다고 보기 때문입니다. 그들은 이 세상을 '알두냐(al-dunya)'라고 하고 저세상은 '알아키라(al-akhirah)'라고 말합니다. 이슬람교 가정에서는 어린 시절부터 알아키라에 대해 제대로 준비하지 못하면 이 세상에서의 알두냐는 별 의미가 없다고 가르칩니다.

죽음 이후의 세계

이슬람교에서는 육체를 떠난 영혼은 긴 여행길에 들어선다고 믿습니다. 신비로운 여행이라고 할 수 있는 이 미라지(miraj)는 무함마드의 인도를 받는다고 합니다.

영혼은 처음에 하늘로 올라가서 지옥의 여러 단계를 내려다볼 수 있게 됩니다. 의롭게 산 영혼들은 죽을 때도 영혼이 육체로부터 아무런 고통 없이 분리돼 향기 속에 휩싸이며, 가브리엘 천사의 인도를 받아 천국의 7계단을 통과해 그가 있을 곳을 보게 된다고 합니다. 여행의 끝 무렵에는 알라를 직접 만나는 환상을 보며, 그 후에 영혼은 다시 무덤으로 돌아와 머물게 된다는 것입니다.

그리고 간악한 자들은 죽어서 영혼이 육체로부터 분리될 때 큰 고통을 받는다고 강조합니다. 그들은 악취를 견디어야 하며 하늘의 가장 낮은 단계에서조차 거부당하는 것입니다. 그래서 심판 때에 받아야 하는 것이 무엇인지를 알게 하는 환상을 본 후에 다시 무덤으로 돌아와 심판 때까지 머물러 있어야 합니다.

죽을 때 '문카르'나 '나키르' 같은 천사가 방문합니다. 그들은 죽은 자에게 하나님의 존재와 무함마드나 이슬람에 관한 지식이 얼마나 되는지를 묻습니다. 질문에 대한 답변 능력에 따라 의로운 영혼인지 신앙심이 없는 영혼인지를 결정짓게 된다는 것입니다.

이슬람교에서 인간의 죄성(罪性)은 선천적인 것이 아니라 후천적인 것이라 봅니다. 즉 인간은 유한한 피조물이기에 죄나 불의를 저지를 수 있다는 것입니다. 모든 죄나 불의는 알라 앞에서 참회하면 용서를 받을 수 있습니다. 왜냐하면 인간은 미움으로 버려진 것이 아니라 평생 동안 온갖 해악으로부터 알라의 보호를 받고 있기 때문입니다. 인간은 원래 착한 존재이기 때문에 실수나 죄, 불의 같은 것은 일시적인 것으로 용서할 수 있다는 것입니다.

낙원이냐, 불이냐?

이슬람교의 내세관을 이루는 다른 하나는 말일과 더불어 도래하는 최후심판입니다. 쿠란에 따르면, 말일에는 나팔소리가 울리면서 천변지이가 일어나 하늘이 갈라지고 산이 무너지면서 무덤이 열리고 재판이 진행됩니다. 각자가 살아온 행위에 대해 천사가 증언하여 칭찬받을 행위 기록은 오른손에, 벌받을 행위 기록은 왼손에 주어집니다. 그리하여 저울추의 경중에 따라 선악이 결정되는데, 오른손 쪽이 무거운 사람이 생전에 신앙심이 돈독하고 선행을 많이 베푼 자입니다.

쿠란에는 '게헨나(Gehenna)'라는 7단계의 지옥불이 있는데, 그에 해당하는 죄인들이 불의 형벌을 받는다고 합니다. 물론 이러한 불의 단계와는 달리 낙원의 8단계도 있습니다. 낙원에서 가장 넓고 높은 부분은 알라의 옥좌 바로 그 아래에 있습니다. 최후심판의 날에 모든 사자는 부활해 알라의 심문을 받습니다. 심문 후에 지옥 위의 천당으로 가기 위해서는 머리카락처럼 가늘고 칼날처럼 예리한 가교를 통과해야 하는데, 생전에 선행을 한 자는 무사히 통과하나 악행을 한 자는 통과하지 못하고 지옥에 떨어집니다. 탐욕을 부린 자, 불신한 자, 알라 이외의 신을 숭배한 자 등이 그렇습니다.

쿠란은 천당에 들어갈 수 있는 자와 천당의 정경을 아주 생동감 있게 그리고 있습니다. 최후심판의 날에 신을 경외한 선남선녀, 신을 섬긴 자, 가난한 사람에게 은혜를 베푼 자, 마음이 관대한 자, 신을 위해 고뇌하고 박해받은 자, 신을 위한 성전(지하드)에서 순교한 자, 이를테면 '칭찬을 받은 자'들만이 천상의 낙원이자 평화의 집인 천당에 들어가 영주하게 됩니다.

그들은 흐르는 냇가에서 신을 찬미하며 비단으로 꾸민 잠자리에 들고 진수성찬을 즐기며 눈빛이 고운 소녀와 순결한 부인들에게 둘러싸여 지상에서는 맛볼 수 없는 열락의 나날을 보냅니다. 천당은 8층 하늘의 7층 위에 위치하며, 거기에는 악담이나 거짓말이란 전혀 없고 다만 축하의 말만 있습니다. 천당 맨 위에 알라의 보좌가 있습니다. 기독교의 천당과 흡사하나 더 호화롭습니다.

최후심판의 날 영혼은 '낙원의 기쁨이냐, 지옥불로 떨어지는 고통이냐?' 둘 중의 하나를 선택하지 않을 수 없습니다. 그런데 이슬람교에는 죽은 의인의 잠정적 거주지를 말하는 '알아라프(Al-Araf)', 즉 '림보(Limbo)' 개념이 있습니다. 즉 아무 죄 없이 죽은 어린이 등이 불의 심판이나 저울로 그의 행위를 달아보는 것은 온당치 않으므로 자동적으로 낙원으로 들어가거나 지옥의 불로 떨어지지 않는 영혼이 머무를 장소가 마련돼 있습니다.

무슬림은 최후심판 때에 의롭게 산 사람은 기쁨을 얻고 의롭지 못하게 산 사람은 고통을 받으리라고 굳게 믿습니다. 무덤은 신앙심이 깊은 사람에게는 낙원 문을 계속 바라보는 비전의 확대를 기대할 수 있는 곳입니다. 고통은 신앙심이 없는 사람들이 겪어야 하는 것입니다. 앞으로 올 세상에 그들이 받을 상금은 오로지 알라만이 결정할 문제라고 생각합니다. 물론 불지옥에서 고통받는 이들도 먼 미래에는 알라의 자비에 의해 모두 구원을 받을 것이라고 믿고 있습니다.

5. 한국 무속신앙과 제의

한국 무속신앙에서는 영혼이 육체로부터 떠났느냐 여부에 따라 생사를 판가름합니다. 사람이 호흡을 멈추면 입던 옷을 지붕 한가운데로 가져가 북쪽을 바라보며 그 사람의 이름을 세 번 길게 부릅니다. 죽은 사람의 이름을 부르는 것은 고복(皐), 혹은 초혼(招魂)이라고 하여 혼이 다시 몸에 합하도록 하는 것입니다. 이렇게 해도 살아나지 않으면 그때야 비로소 '죽음'으로 규정합니다.

한국인은 영혼을 살아 있는 사람과 동일한 인격으로 대우합니다. 이 세상에서 살다 늙어 수명이 다하면 저세상으로 '돌아가 살게 된다.' 라는 것이 한국인의 생사관입니다.

무당의 풍속, 습속을 나타내는 무속에서 말하는 내세와 그 의례는 대부분 불교와 밀접한 관계를 맺고 있습니다. 극락과 지옥, 이승과 저승 등이 그 예입니다. 물론 기독교를 비롯한 다른 종교의 사후세계관과도 닮은 면이 많아 무속신앙의 생사관은 여러 시각이 융합된 것으로도 볼 수 있습니다.

민담에 나타나는 영혼관

한국 민담에는 사람이 죽어 동물이 된 사례가 많습니다. 여인이 남편의 죽음을 서러워하며 몸부림치다가 죽어 나비가 된다거나, 선녀를 아내로 맞은 남자가 하늘로 올라간 아내를 원통해하다 죽은 뒤 수탉이 된다는 것 등이 그렇습니다.

민담에 나타난 전생 모티브를 분석하다 보면 이 세상에서 원한이나 억울함을 남긴 채 죽은 사람은 동물로 다시 태어나 앙갚음하거나 해를 끼치는 것이 보통입니다. 이 세상에서 인간으로서 누릴 것을 누리며 살다가 죽으면 그 영혼은 조상들이 사는 저승으로 가서 복락을 누리며 자손들에게 복을 내릴 수 있지만, 억울하게 죽거나 때아닌 때에 죽으면 그 영혼은 저승에도 가지 못하고 악령으로 이승을 떠돌면서 원한을 풀기 위해 사람에게 해코지하거나 여러모로 탈이 나게 한다는 것입니다. 이 같은 악령의 활동을 예방하거나 제거하기 위해 무당을 불러 굿을 하는 풍습은 현재까지도 지속되고 있습니다.

죽은 사람이 다시 살아난다는 재생 모티브도 눈여겨볼 필요가 있습니다. 즉 어느 노인이 죽어서 염라대왕 앞에 섰다가 눈을 떠보니 가족이 장례를 준비하고 있더라는 이야기 등이 그것입니다. 이처럼 민담과 민속에 나타나는 사후세계의 관념을 살펴보면 죽음에는 가사(假死) 상태와 완전한 죽음이라는 두 단계가 있음을 알게 됩니다. 사람의 생사는 자기가 정하는 것이 아니라 저승 신(생명을 주관하는 신)이 정하고, 목숨이 끊어지면 누구나 한 번은 그 신 앞에서 심판을 받게 되는데, 이때 재생의 기회를 얻기도 한다는 것입니다.

한국 무속에서는 영혼을 둘로 구분합니다. 하나는 사람이 죽은 후 저승으로 가는 사령(死靈)이고, 다른 하나는 살아 있는 사람의 몸에 깃들여 있는 생령(生靈)입니다. 사령은 다시 둘로 나뉘어, 이 세상에서 잘 살다가 죽으면 선한 영이 되고, 잘 살지 못하고 억울하게 죽으면 악한 영이 됩니다. 선령은 대개 조상의 영이고, 악령은 '왕신' '몽달귀신' '객귀' '영산(靈山)' 등입니다. 악령은 요사하거나 객사하거나 원사하여 저승으로 가지 못하고 이승을 떠돌아다니는 영을 말합니다. 영은 인간 세상에도 영향을 미쳐 선신과 악신의 투쟁이 있게 되고, 선신의 승리를 통해 비로소 인간은 천수를 다하게 된다는 믿음으로 이어지고 있습니다.

무속에서는 사람이 죽으면 인간사회와 인연이 끊어지는 것이 아니라 죽은 사람의 영혼이 산 사람과 관계를 맺는데, 그 관계는 선신이 아닌 악신의 인연일 경우에 끈질기다고 합니다. 그래서 굿을 매개로 산 자와 죽은 자 사이에 맺혀 있는 껄끄러운 관계를 중화하는 것입니다. 굿이라는 의례는 이 세상에서 사는 동안 맺었던 악연이나 한을 깨끗이 씻고 다시 태어나게 하는 수단으로 존재해왔습니다.

이승과 저승, 이원적 생사관

무릇 종교와 무속은 어떤 형태로든 사후세계를 상정하지 않고는 성립되지 않습니다. 삶의 공간을 이승이라 하고 죽음 이후의 공간을 저승이라 합니다. 이승과 저승은 마치 다리 하나를 사이에 두고 건너면 저쪽이요, 건너지 않으면 이쪽이라는 것과 같습니다. 오구굿에서 무명천을 늘어뜨려 놓고 넋을 담은 신택(神宅)을 그 위로 밀고 가는 것은 이승과 저승의 관계와 그 거리를 상징합니다. 상여 나갈 때 앞소리 중에 "저승길이 멀다더니 대문 앞이 저승일세."라고 하는 것도 우리나라 사람들의 생사관을 밝혀주는 대목입니다.

저승 가는 길은 순탄치가 않습니다. 길이 험하고 비바람이 몰아치며, 가시나무가 할퀴고 독충이 물어뜯습니다. 그 길은 다 지나 헹기못이라는 못에 빠져야만 마침내 저승의 초입인 초군문에 도달합니다. 이어 이군문, 삼사도 군문, 오군문을 차례로 통과하면 최후의 심판이 시작됩니다. 지옥마다 각기 영역을 담당하는 대왕들이 버티고 있어 그들 앞으로 나아가 죄상을 심판받습니다.

상이한 이름의 시왕이 차사에게 끌려온 혼령의 생전 행적을 살펴 일일이 따져본 다음에 죄상에 따라 지옥으로 보내기도 하고, 워낙 죄가 무거워 지옥의 형벌로도 성이 차지 않으면 흑구렁이나 지네 같은 혐오스러운 동물로 환생케 합니다. 그리고 죄가 없고 공덕을 쌓은 사람은 극락으로 보내 영원히 살게 하든가, 새나 나비와 같은 신성한 동물로 이승에 다시 태어나도록 합니다.

그리고 이승에서 자손들이 잘하고 못하는 것에 따라 저승 귀신들의 위상에 변화가 온다고 합니다. 귀신은 이승에 사는 사람들의 삶에 간섭도 하고 변화도 줍니다. 이처럼 무속에서는 이승과 저승이 곧바로 연결돼 있습니다. 서로 동떨어진 세계가 아니라 삶의 공간에서 공존하고 있습니다. 저승이 이승을 닮아 설계될 수밖에 없는 까닭이 여기에 있습니다. 저승을 알려거든 이승을 보라는 말이 있습니다. 죽어서 아무것도 없다면 혼령도 없고 지옥과 천당도 없을 것입니다.

이처럼 무속에서는 인간의 존재 양식을 육체와 영혼의 이원적 관계로 보고 있습니다. 죽음은 육체의 소멸과 해체일 뿐, 혼백은 그대로 살아서 새로운 형태로 삶을 지속합니다. 죽은 후에 인간의 혼백이 갈 곳은 극락에서의 영생, 좋은 의미의 환생, 형벌로서의 환생, 이렇게 세 가지 유형으로 구분됩니다. 이승의 죄와 공덕이 저승의 삶에 결정적 영향을 미친다는 것은 기본적인 조건입니다.

6. 저승길 소리, 티베트 《사자의 서》

저승은 어떤 모습일까요? 인류는 동서고금을 막론하고 나름대로 저승 그림을 그렸습니다. 각 민족과 문화권이 만들어 낸 저승 그림은 조잡한 것도 있지만 어떤 것은 아주 정교하고 체계적입니다. 그리고 깊은 종교적 성찰이 담긴 것도 있습니다. 그중에서 대표적인 것이 이집트와 티베트의 《사자(死者)의 서(書)》입니다.

《사자의 서》는 '죽은 사람을 위한 책'입니다. 죽은 사람이 꼭 듣고 알아야 할 내용을 기록했습니다. 이집트 사람들은 그 내용을 파피루스에 적어 관 속에 함께 묻어 주거나 무덤 벽에 상형문자로 기록해 죽은 사람들이 쉽게(?) 읽을 수 있도록 했습니다. 티베트 사람들은 사후 49일 동안 중간 상태에 있는 영혼이 들을 수 있게 이 책을 읽어줍니다. 말하자면 독경 방식으로 죽은 이의 혼백에게 길을 안내합니다. 대다수 불교 국가에 49재나 천도재가 있지만, 사자의 혼백에게 자상한 길 안내를 하는 예는 티베트불교 외에는 없습니다.

저승의 안내서

저승을 향해 떠나는 이들은 두려움을 갖게 마련입니다. 그래서 저승을 소상하게 알려주고 여러 위험으로부터 영혼을 보호할 안내서가 필요합니다. 《사자의 서》는 미지의 세계로 떠나는 영혼의 저승길을 안내하는 내용과 저승의 여러 길목에 버티고 있는 신(심판관)들에게 선처를 부탁하는 주문으로 가득 채워져 있습니다.

《티베트 사자의 서》의 원래 제목은 《바르도 퇴돌(Bardo Thodol)》입니다. 풀이하면 '중간계에서 듣고 이해함으로써 절대 자유의 경지에 이르게 하는 책'이라는 뜻입니다. 카지 다와 삼둡(Kazi Dawa-Samdup)과 에번스 웬츠(W Y Evans-Wentz)가 공동으로 번역, 출간하면서 이집트 《사자의 서》에 빗대어 《티베트 사자의 서》라는 제목을 붙였는데, 이때부터 《사자의 서》라는 명칭으로 통용됐습니다. 중간계는 사람의 숨이 끊어진 순간, 즉 일반적으로 '죽었다.'라고 말하는 순간부터 다음 생명을 받아 태어나기까지의 단계를 말합니다.

티베트불교에서는 삶의 순환 과정에 여섯 단계의 중유(中有), 즉 중간계를 상정합니다. 첫째는 이승 중간계로서 태어나서 죽기까지, 즉 흔히 이승에서의 삶이라고 하는 단계를 말합니다. 둘째는 꿈의 중간계로서 잠과 깨어 있는 시간 사이, 즉 꿈을 꾸는 단계이고, 셋째는 명상의 중간계로서 일반적인 의식과 초월적인 각성 사이의 단계입니다. 일반적으로 의식이란 주체가 있는 것처럼 보이지만, 그 의식 자체를 의식하는 각성의 자리에서 보면 불변하는 주체는 아무것도 없다는 사실을 깨닫게 됩니다. 그 깨달음의 자리는 보통의 삶과는 구별된다고 보았습니다. 넷째는 죽음의 중간계로서 이승에서 저승으로 넘어가는 과정입니다. 다섯째는 저승에서 저승의 실체를 체험하는 기간이며, 여섯째는 저승에서 다시 이승으로 탄생하는 사이의 과정입니다.

이리하여 삶은 끊임없이 윤회 전생합니다. 《사자의 서》는 넷째 단계, 즉 죽음의 중간계에서 재탄생의 중간계 사이를 헤매고 있는 사자의 혼백에게 어떻게 하면 윤회의 수레바퀴에 몸을 굴리지 않고 절대 자유의 세계로 진입하는가, 그것도 아니라면 최소한 인간의 몸으로 다시 태어나기 위해서는 어떤 마음가짐을 가져야 하는가를 자세하게 일러주는 길잡이입니다.

저승을 다녀온 티베트 스님들의 체험서

《티베트 사자의 서》는 8세기 말 트리송 데첸 황제가 인도로부터 초빙한 성자 파드마삼바바(Padmasambhava)가 저술한 것으로 알려져 있습니다. 티베트인들은 파드마삼바바를 부처의 현신으로 믿었습니다. 그는 히말라야 설산에서 가지고 온 신비의 경전들을 티베트어로 번역하고, 티베트불교의 정수가 될 여러 종류의 글을 썼으나, 곧 닥쳐올 불교 박해의 시대를 예견하고 그 문서들을 깊은 동굴 속에 감춰 두었습니다. 이것이 14세기 고문서 발굴자로 유명한 카르마 링파에 의해 세상 빛을 보게 됐습니다.

《사자의 서》는 '명상을 통한 자유'의 또 다른 이름입니다. 불교에서 말하는 '자유'란 곧 '해탈'입니다. 해탈은 죽음을 뛰어넘고 극복해야만 찾아오는 절대 자유의 세계입니다. 그 자유의 세계는 단순한 의식적 착각으로 얻어지는 관념의 세계가 아니라 물리적·현실적으로 존재하는 세계입니다. 《사자의 서》는 그러한 믿음과 체계 위에 서 있는 세계에서 가장 독특한 죽음 안내서라고 할 수 있습니다.

《사자의 서》에 나타난 가장 중요한 사상은 죽음은 끝이 아니라 하나의 과정이라는 것입니다. 죽음의 순간을 깨달음을 위한 최고의 도약이라고 여겼던 티베트 사람들에게 죽음을 전후해 《사자의 서》를 읽어줌으로써 윤회의 굴레에서 벗어나 완전한 자유를 얻게 한다는 것입니다.

《사자의 서》는 1960년대 젊은이들에게 많은 인기를 끌었으며, 책을 처음 접한 심리학자 카를 융도 감격했다고 전합니다. 이 책은 파드마삼바바라는 위대한 승려의 손으로 완성된 것이지만 결코 한 사람의 상상력이나 신앙심으로 만들어진 작품은 아닙니다. 수많은 티베트 스님이 이미 저승과 이승의 경계를 넘어 왕래했고, 그들의 체험을 되살려 파드마삼바바가 체계화했을 뿐이므로, 이 책에 나오는 저승 풍경은 '사실'이라는 것이 티베트 사람들의 믿음입니다. 그들은 이 책의 저승 풍경을 단순한 신앙 차원의 믿음으로 보는 것이 아니라 완벽한 사실에 입각한 과학적 '현실'로 간주합니다.

7. 저승 길잡이, 이집트 《사자의 서》

하늘과 땅이 닿아 있는 서쪽 마누(Manu)에 이른 태양신 '라(Ra)'의 배는 육체와 분리된 수많은 혼령을 싣고 죽음의 계곡 두아트(Duat)를 통과합니다. 독사들이 우글거리는 두아트는 곳곳에 가로놓인 성벽과 성문이 길을 막고 있습니다. 오시리스(Osiris)의 심판대에 이르려면 이들 성문을 지나지 않으면 안 됩니다. 그리고 오시리스의 심판을 받지 않으면 부활의 기회를 얻지 못합니다.

이집트 사람들은 신들이 이승과 저승을 넘나들며 인간세계를 다스리고, 사후의 명운을 좌우하는 것으로 믿었습니다. 그러므로 어떻게 사느냐는 문제 못지않게 중요한 것이 죽은 후 신들과 관계를 설정하는 것이었습니다. 여기서 《사자의 서》가 탄생합니다. 사자들이 신들에게 잘 보여 심판에서 유리한 결과를 이끌기 위해 온갖 주문과 아첨, 집요한 설득을 펴게 됩니다. 한마디로 신들을 달래고 저승을 가는 영혼의 길잡이 노릇을 하는 내용입니다.

이집트인이 본 저승세계

저승세계, 죽음의 계곡인 아멘테트(Amentet, Amenthes)의 초입에는 관문이 있습니다. 방금 죽은 영혼들이 함부로 통과하지 못하도록 문지기들이 살벌하게 지키고 서 있습니다. 문지기는 바로 독사들입니다. 만약 저승의 계곡에서 독사에게 물어뜯기거나 소용돌이치는 계곡에 떨어지면 재생할 수 없는 완전한 죽음에 이르게 됩니다. 그러므로 저승길에 나선 영혼은 육신과 결합해 생명을 되찾기 위한 필사적인 노력을 하지 않으면 안 됩니다.

죽은 자의 영혼은 해가 질 무렵 '라'의 배가 태양을 싣고 서쪽 하늘에 나타나기를 기다립니다. 그 배에 편승해 무서운 죽음의 계곡을 통과하기 위해서입니다. 여기서도 아귀다툼이 일어납니다. 힘센 자가 먼저 올라타고 비실거리는 자들은 밀려납니다. 떠밀려 배에 오르지 못한 영혼들은 죽음의 계곡 초입에서 뱀에게 물려 죽는 신세가 됩니다.

죽음의 계곡에는 여러 개의 관문이 있습니다. 파피루스의 기록자마다 7개에서 21개까지 그 수를 달리합니다. 성문마다 안내인이 있고 문지기와 전령이 있습니다. 죽은 자의 영혼은 관문을 만날 때마다 문지기의 이름을 부르며 경의를 표해야 합니다. 그래야만 성문이 열리고 통과가 허락됩니다. 기독교에서 '여호와 하나님'을 부르는 것이나 불교에서 '아미타불' 또는 '관세음보살'을 외우는 것과 다를 바가 없습니다.

여러 관문을 거쳐 죽음의 계곡을 지나면 오시리스의 법정에 도달합니다. 오시리스 신앙이 이집트를 지배한 것은 제5왕조 때부터입니다. 그러나 제4왕조 때 최고신의 자리에 올랐던 태양신 '라'는 퇴역 이후 늙고 쇠약해진 모습으로 오시리스 신앙과 결합해 독특한 역할을 수행하게 됩니다. 즉 저승세계의 최고 지배자 자리는 오시리스에게 내주었으나, 여전히 낮에는 태양을 실어 나르고 밤에는 사자의 영혼들을 그 배에 태워 오시리스의 신전까지 태워다 주는 수호자의 역할을 하는 것입니다.

이집트의 신들은 영원불변하는 절대적인 존재가 아닙니다. 인간처럼 태어나고 고뇌하고 싸우고 늙고 병들고 죽는 유한한 존재입니다. 다만 인간보다는 수명이 길고 초자연적인 권능을 행사하는 것이 다를 뿐입니다. 고대 이집트에는 나일강을 끼고 42개 지방이 있어 나름의 신들을 모시고 독특한 생활 방식으로 살았는데, 각 지방의 신들을 모아 놓으면 무려 2천 명이 넘는다고 합니다.

이집트인의 부활신앙

이집트인들은 5천 년 전인 고왕조 초기부터 무덤의 벽화, 파피루스 등에 그림과 상형문자로 저승길 안내와 신들에 대한 예찬, 그리고 죽은 자의 명복을 비는 내용을 기록했습니다. 고왕조 초기부터 프톨레미 왕조까지 약 3천 년에 걸쳐 기록된 '죽은 자를 위한 책'들은 특정한 인물이 체계를 세워 기록한 것이 아니라 필요에 따라 여기저기 남겨진 유물들을 학자들이 취합하여 정리한 것입니다.

《사자의 서》는 죽은 사람을 위한 저승길 안내서이므로 그 속에는 삶과 죽음에 대한 이집트 사람들의 생각이 고스란히 담겨 있고, 신화와 풍속, 사회구조의 변화와 역사가 녹아 있습니다. 이집트문명으로부터 직간접으로 영향을 받은 헬레니즘과 헤브라이즘의 원형을 발견할 수 있다는 점에서 흥미를 끕니다.

이집트 사람들은 인간이 죽으면 생전 행위의 선악 판단에 따라 지옥과 천국으로 가는 곳이 갈라지고, 마침내 죽은 자들이 모두 육체를 쓰고 부활한다는 신앙을 가지고 있었습니다. 부활은 유대민족의 신앙에 결정적인 영향을 주었습니다. 또 신이 인간처럼 태어나고 죽기도 하며 감정을 가지고 실수도

하는 유한한 존재로 설정한 것은 지중해 건너 그리스와 로마 신화의 원형이 됐습니다.

이집트인들은 죽음을 육체와 영혼의 분리 현상으로 보았습니다. 잠시 육체와 영혼이 분리돼 육체는 지상에 미라로 남고 영혼은 부활하여 떠났던 육체로 돌아오기까지 잠시 저승으로 가서 심판받는 기간에 불과합니다. 그러나 저승 심판관 앞에 나아간 영혼이 부활의 부적격자로 판정돼 '영원한 지옥'으로 떨어지면 영혼은 그곳에서 육체(미라)가 있는 현세로 돌아오지 못하거나 소멸되고 맙니다. 그것이 진짜 죽음입니다.

그러므로 사람이 죽으면 두 가지 길에서 모두 부활의 염원을 품고 노력해야만 합니다. 하나는 영혼입니다. 영혼은 저승길의 험난한 장애를 뚫고 심판관 앞에까지 무사히 도착해야 하고, 심판관 앞의 무서운 저울 한쪽에는 심장을, 다른 한쪽에는 생전의 행위를 올려놓고 죄의 무게를 달아야 합니다. 그러고 나서 다시 수많은 신들 앞에 차례로 나아가 구체적인 생전 행위에 대해 심판받아야 합니다. 이 모든 과정을 무사히 거치고 나면 비로소 부활의 자격이 주어집니다.

육체는 부활한 영혼과 재결합해야 하기에 온전한 모습으로 보존되지 않으면 안 됩니다. 정성 들여 미라를 제작하는 이유가 여기에 있습니다. 《사자의 서》는 심판을 받으러 저승길을 가는 영혼의 길잡이인 동시에 지상에 남은 미라를 온전하게 보존하기 위한 각종 주의점과 주술로 채워져 있습니다.

| 제3장 |

철학자들이 말하는 죽음과 영계

❖❖❖

    인간은 누구나 죽게 마련입니다. 그러다 보니 죽음의 문제만큼 인간을 고통스럽게 하는 것도 없습니다. 죽음의 문제를 정면으로 마주하기보다 못 본 척, 아닌 척 외면하면 할수록 죽음은 벗어날 수 없는 무게로 삶을 짓누르게 마련입니다. 물론 죽음에 대한 철학자들의 생각도 각양각색입니다. 그러나 쇼펜하우어가 '죽음이야말로 삶의 진정한 목적'이라고 말했듯이 죽음에 대한 불안을 긍정적으로 받아들이기 위해서는 철학자들의 말도 귀담아들을 필요가 있다고 봅니다.

1. 죽음에 대한 철학적 성찰

인간은 누구나 불행을 물리치고 행복을 찾아 이루려고 몸부림치고 있습니다. 개인의 사소한 일로부터 역사를 좌우하는 큰일에 이르기까지 그것들은 결국 하나같이 보다 행복해지려는 삶의 표현입니다. 그런데 인간의 행복에 가장 큰 장애물은 불쑥 닥쳐오는 죽음에 대한 두려움입니다. 인간은 늘 그 현장을 지켜보지만, 생각조차 하기 싫고 남의 일처럼 지나치다 보니 죽음에 대한 이해가 너무나 부족합니다.

그래서 우리가 행복해지기 위해서는 죽음의 문제를 해결하지 않으면 안 됩니다. 우선 죽음이 무엇인가 하는 것을 알아야 합니다. 여기에 뒤따른 것이 인간이 죽음으로써 모든 것이 끝나느냐 하는 것입니다. 그리고 그것이 나의 삶에 어떤 의미가 있고, 어떻게 받아들여야 하는가 하는 문제입니다. 이렇게 죽음에 관한 관심이 높아지자 '죽음학'이 등장했고, 죽음을 체험하는 프로그램이 인기를 끌고 있습니다. 여기다가 요즘 안락사 논쟁이 불붙으면서 우리가 더 이상 죽음의 문제에 대해 외면할 수만은 없는 상황에 이르고 있습니다.

죽음, 철학의 대상인가?

그렇다면 철학자들은 죽음에 대해 어떻게 접근했을까요? 죽음을 보는 눈은 사람에 따라 크게 다릅니다. 다양한 방식으로 죽음을 경험해왔고, 그 결과 그에 대한 생각이 각자 다르기 때문입니다. 그러다 보니 철학자 개인이 속해 있는 문화적 환경이나 종교적 신념에 따라 다를 수 있습니다.

그동안 철학은 검증이 가능한 사실만을 주제로 삼다 보니 죽음에 접근하는 것도 한계가 있었습니다. 그러나 눈에 보이는 사실을 규명하는 데 만족하지 않고, 그 배후의 궁극적 본질을 탐구하는 것도 철학의 과제라는 점에서 철학자 나름대로 다양하게 자기주장을 펼쳐왔습니다. 특히 죽음에 대해 영혼 불멸, 혹은 삶의 완성으로 보는 철학자도 있었고, 죽음을 경험하지 못한 상황에서 아예 주제로 올리지 말자는 철학자도 있었습니다.

철학에서는 존재 세계에 대해 물질적인 것과 정신적인 것, 유물론과 관념론이라는 서로 상반되는 두 방향으로 보고 있습니다. 즉 유물론은 물질이 먼저 존재했고, 의식과 사유는 물질로부터 발생한 산물이라고 보고 있습니다. 특히 유물론자들은 세상에는 인간의 의식에 의해 결정되지 않는 객관적인 연관성, 곧 법칙이 존재한다고 주장합니다.

이와는 달리 관념론은 정신적인 것을 모든 세계의 근원으로 보고 있습니다. 관념론자들은 물질의 영원성을 부정하는 대신 영원한 정신적인 실체를 주장합니다. 특히 유신론 종교에서는 물질세계가 신에 의해서 창조되었다고 보고 있습니다. 그리고 관념론은 다시 주관적 관념론과 객관적 관념론으로 나눌 수 있습니다. '이데아'나 '절대정신'을 가정하는 플라톤이나 헤겔, 성리학 등이 객관적 관념론이라면, "모든 것이 나의 마음 먹기에 달렸다."라고 주장하는 불교는 주관적 관념론에 속합니다.

그리고 죽음을 놓고서도 유물론자들과 관념론자들은 서로 다른 방향에서 접근합니다. 유물론자들은 인간은 물질에 불과하기 때문에 그 물질이 소멸되는 순간 모든 게 끝난다고 봅니다. 마치 기계가 작동을 멈추면 모든 것이 끝나는 것처럼 죽음 또한 기계가 고장나는 것과 다를 바가 없다는 것입니다. 그러나 인간의 본질에 관해 탐구하는 관념론자들은 죽음으로 모든 것이 끝나는 것이 아니라 현재의 삶보다 더 좋은 상태로의 상승 또는 이동을 위한 계기로 보는 등 다양한 측면에서 죽음에 접근하고 있습니다.

죽음의 내면화와 생동력 있는 삶

그렇다면 죽음으로써 모든 것이 끝날까요? 철학에서 이 문제에 대해 분명한 해답을 주지 못한다고 해서 좌절할 수만은 없습니다. 누구나 때가 되면 죽게 된다는 천리 앞에서 달리 도리가 없지 않으냐고 그냥 지나칠 수는 없습니다. 그래서 철학자들 가운데는 죽음에 대해 진지하게 접근한 이들이 많습니다. 특히 소크라테스는 철학을 죽음의 수련으로 보았고, 몽테뉴는 철학을 죽는 것을 배우는 것으로 정의하면서 죽는다는 것을 불행한 일이 아님을 아는 사람은 세상을 불행하게 살지 않는다고 말했습니다.

죽음은 생명 활동이 정지된 상태, 생명을 갖고 있는 유기체가 해체된 상태를 말합니다. 그래서 죽음을 모든 것이 끝나는 것으로 생각할 때 두려움과 외로움이 몰려오는 것입니다. 그렇지만 대부분 죽음을 자신의 것으로 받아들여서 내면화하고 그것과의 관계 속에서 삶을 살아갑니다. 여기다가 죽음이 피할 수 없는 삶의 한 단계라고 한다면 우리는 그것에 대해 아는 만큼 자유로워질 수 있다는 점에서 죽음학 교육이 시작된 것입니다.

특히 실존철학자들은 죽음을 실존적으로 체득, 삶 속으로 끌어들일 것을 권합니다. 그리고 죽음이 일으키는 충격과 진동을 있는 그대로 체험, 그것으로부터 삶의 힘과 존재의 의미를 드러내야 한다고 말합니다. 독일 실존주의 철학자 카를 야스퍼스에 따르면, 우리는 죽음이라는 한계상황에서 난파하게 되지만, 이 난파의 경험은 우리에게 실존에 대한 소중한 자각을 일깨우는 기능을 하게 됩니다. 이렇게 본다면 죽음은 결코 재앙이 아니기 때문에 기피해서는 안 된다는 것입니다.

이렇듯 죽음은 나 자신의 일이든 남의 일이든 삶의 조건이 된다는 점입니다. 생명이 없는 곳에는 죽음이 있을 수 없고, 죽음이 없는 곳에는 생명 역시 있을 수 없기 때문입니다. 삶과 죽음은 서로 떼려야 뗄 수 없는 동반자적 관계라는 것입니다. 그래서 죽음을 현실로 받아들이지 않고 멀리하거나 두려움에서 그것을 은폐, 혹은 외면한다면 삶의 의미와 가치 역시 그만큼 생동감을 잃어버릴 수밖에 없습니다. 결국 철학자들도 의미 있는 삶을 살기 위해서는 마땅히 죽음을 적극적으로 삶 안으로 끌어들이지 않을 수 없다고 보는 것입니다.

2. 무지의 자각, 지혜로운 순간의 죽음
- 소크라테스

소크라테스는 세계 4대 성인의 한 사람으로서 기원전 5세기경 플라톤, 아리스토텔레스와 함께 고대 그리스 철학의 전성기를 이룩한 인물입니다. 그의 삶과 사상은 현대 철학에 큰 영향을 끼쳤습니다. 그는 자신의 무지를 알고 있는 것이 지혜라고 생각했고, 자기반성과 탐구를 통해 진리를 찾아가는 것이 무엇보다 중요하다고 말했습니다. 특히 소크라테스는 죽음 역시 또 다른 지혜로운 순간으로 받아들였습니다. 그는 사형 집행의 순간에도 죽음을 두려워하지 않았고, 오히려 그것을 인간의 삶에서 필연적인 부분으로 받아들인 것입니다.

죽음은 무지의 자각 순간

소크라테스의 영혼에 대한 철학은 서구 철학의 흐름에 중요한 지표를 제시했습니다. 그는 '너 자신을 알라' 라는 명제를 통해 자기 성찰과 정의, 선의 추구를 강조했으며, 이러한 과정을 통해 인간은 자신의 진정한 영혼을 깨달을 수 있다고 주장했습니다. 그는 이성, 용기, 절제 등의 덕목을 갖춘 영혼이야말로 참된 행복을 가져다준다고 믿었고, 이를 통해 인간은 자신의 존재 의의를 발견하게 된다고 설명했습니다.

소크라테스는 제자들과의 대화를 통해 스스로 질문을 던지고 그들의 생각을 이끌어내는 방식으로 교육을 진행했습니다. 이 과정에서 그는 제자들이 스스로 깨달음을 얻도록 돕는 데 힘썼으며, 이는 영혼의 자기 성찰과 발전을 위한 중요한 계기가 됐습니다.

소크라테스는 신체와 영혼은 별개이며, 신체에 대해 영혼을 가두는 감옥이라고 보았습니다. 그래서 신체의 소멸, 즉 죽음은 신체로부터 영혼이 해방되고 분리되는 과정이라고 말했습니다. 특히 그는 영혼은 육체와 분리되어 스스로 존재할 때 영혼의 본래 모습을 찾을 수 있다고 보았습니다. 결국 죽음으로써 영혼은 신체의 질곡에서 벗어나 자유를 맛보게 된다는 것입니다. 그는 죽음 이후에도 영혼은 영원한 세계로 가게 된다고 주장했습니다.

그리고 죽음은 아무 감각도 없는 깊은 수면 상태이거나 이곳에서 다른 곳으로 자리를 옮겨가는 것뿐이라고 말하고, 꿈 한 번 꾸지 않는 숙면이라면 그것대로 썩 좋은 것이며, 죽음을 통해 우리가 다른 세계로 옮겨 살게 된다면 이보다 더 좋은 일이 없을 것이라고 밝혔습니다. 그러다 보니 소크라테스는 죽음 앞에서도 매우 의연했습니다. 죽음을 모면하기 위해 애쓸 이유가 없었습니다. 오히려 치유의 신인 아스클레피오스에게 닭을 제물로 바쳐달라고 당부함으로써 육신의 죽음을 통한 영혼의 해방과 쾌유를 기리기까지 한 것입니다.

"죽음을 두려워한다는 것은 누군가가 지혜롭지 않으면서 지혜롭다고 생각하는 것 이상의 다른 것이 아니다. 그건 자신이 모르는 것을 알고 있다고 생각하는 것이기 때문이다. 어느 누구도 죽음이 인간에게 올 수 있는 축복 중의 가장 큰 것이 아닌지를 알지 못하는데, 그들은 죽음이 인간에게 닥칠 수 있는 최악의 것처럼 두려워하기 때문이다. 이는 알지 못하면서 아는 것처럼 생각하고 있다는 점에서 가장 비난할 만한 태도이다."

소크라테스는 플라톤의 《변론》에서 죽음을 두려워하는 것은 지혜가 없으면서 마치 있는 것처럼 생각하는 것과 다를 바 없다고 말했습니다. 그는 죽음이라는 것이 사람에게 좋은 것인지 그렇지 못한 것인지 아무도 모르고 있는 터에, 그것이 마치 나쁜 것이라도 되는 양 두려워하는 것은 비난받아 마땅한 무지, 즉 모르면서 아는 체하는 무지가 아니고 무엇인가 묻고 있습니다. 그래서 그는 죽음을 두려워하지 않았고, 오히려 죽음을 통해 지혜와 평화를 찾을 수 있다고 믿었습니다. 그는 죽음을 통해 삶의 한계를 인정하고, 그 한계 속에서도 지혜로운 삶을 살아가야 한다고 말합니다. 그리고 죽음은 철학적 삶의 완성으로 보았기 때문에 기꺼이 죽음을 맞이했던 것입니다.

죽음에 의연했던 소크라테스

소크라테스의 죽음은 후대 사람들에게 가장 품위 있고, 가장 온화하고 단호하며, 가장 이상적인 죽음으로 받아들여집니다. 그의 삶은 내세를 위해 현세를 결코 가볍게 여기지 않았으며, 당시 소피스트나 일반인들처럼 현실의 세속적인 명예와 이익을 지키기 위해 죽음으로부터 도망치려고 하지도 않았습니다.

그리고 그의 죽음은 우리가 더 나은 삶을 살기 위해 무엇이 중요한지를 생각하게 합니다. 그러면서 죽음을 통해 우리에게 삶의 소중함과 의미를 깨닫게 해줍니다. 이와 함께 그의 죽음은 우리가 어떻게 지혜롭고 의미 있게 살아가야 하는지에 대한 깊은 성찰을 요구합니다.

플라톤이 쓴 《파이돈》에는 소크라테스가 죽기 직전의 대화 내용이 적혀 있습니다. 이 '대화편'은 소크라테스의 마지막 순간을 서술하고 있습니다. 이 책은 절친인 파이돈이 소크라테스의 임종을 지켜본 사건의 전말을 에케크라테스에게 전해주는 형식으로 전개되고 있습니다. 소크라테스가 독배를 마시기 직전에 한 대화, 그리고 그 후 의식을 잃게 되기까지의 대화를 기록한 것입니다. 여기서 소크라테스는 죽음 앞에서 추호도 두려워하지 않는 모습, 고금을 통하여 윤리적으로 가장 모범적 인간형으로 등장합니다. 마치 기독교인들이 예수 그리스도의 십자가상의 수난 모습을 연상하는 것과 다름없습니다.

그리고 《파이돈》보다 일찍 기록된 《크리톤(Kriton)》에도 친구들과 제자들이 소크라테스가 테살리아로 도망칠 수 있도록 여러 가지로 계획을 꾸몄다고 밝히고 있습니다. 그러나 소크라테스는 그 계획에 전혀 따르려 하지 않았습니다. 자기는 법의 정당한 절차로 유죄판결을 받았다는 것을 강조하면서 불법을 행하는 것은 잘못이라고 말합니다. 그는 "우리는 다른 사람에게 어떠한 해를 받았을지라도 그에게 악을 악으로 갚아서는 안 된다."라고 본 것입니다.

소크라테스는 사형이 집행되는 마지막 순간이 다가왔을 때, 쇠사슬이 풀리고 감옥에 면회 온 제자나 친구들과 자유롭게 대화를 할 수 있도록 허락을 받습니다. 소크라테스는 독배를 마시기 직전까지도 죽음에 의연한 태도로 일관했습니다. 그는 우는 그의 아내를 돌려보낸 뒤 열띤 토론을 이어갑니다.

그때 논의된 주제는 영혼 불멸론과 상기론, 이데아론 등 크게 세 가지입니다. 특히 그는 자신의 육신은 죽지만 혼은 영원히 살아남아 있을 것임을 설파합니다. 즉 지상의 삶을 마치게 되지만, 영계에서 불멸의 삶이 기다리고 있다는 희망을 강조했습니다. 그리고 영혼은 인간으로 탄생하기 전에도 육체로부터 분리되어 존재해 있었으며, 지혜도 가지고 있었다고 설명합니다. 이러한 영혼은 순수하고 영원하여 사라지지 않고 보이지 않는 '하데스(Hades)'로 가게 된다고 말합니다.

그런데 하데스의 세계로 들어가 신들과 함께 살 수 있는 사람은 오로지 철학을 깊이 공부하여 순수한 영혼을 가지고 떠나는 사람들뿐이라고 말합니다. 그래서 영혼의 순수함을 위해 모든 육체적 욕망을 멀리해야 한다고 말합니다. 다시 말하면 모든 정욕을 잠재우고 이성에 따르며, 참된 것을 지향할 때 악으로부터 해방될 수 있다고 본 것입니다. 그래서 소크라테스는 "진정한 철학자들은 사실은 죽는 것을 직업으로 삼으니, 모든 사람 중에서 죽음을 가장 덜 두려워할 것"이라고 설명합니다.

특히 소크라테스는 '지혜는 일종의 정화의식'이라고 말합니다. 지혜로 정화받은 사람은 저승에 가더라도 신들과 함께 오래 살 수 있게 된다는 것입니다. 또 언젠가 이승에 돌아와 다시 태어난다고 보았습니다. 결국 지혜를 사랑하는 것만이 영혼 불멸과 환생을 기약할 수 있다고 주장했습니다. 이렇듯 소크라테스는 사약을 마시기 직전에 제자들과의 대담에서 영혼 불멸론을 설파했습니다. 그에게 죽음은 영혼의 새로운 여행의 출발이기 때문일 것입니다.

3. 영혼의 육체로부터 해방 – 플라톤

플라톤은 2500년 전(BC427) 그리스 아테네의 명문 가정에서 태어났습니다. 그는 학문과 무예 두 영역에 모두 능한 것은 물론 문학에 조예가 깊고, 신체 늠름한 청년이었습니다. 그래서 앞으로 훌륭한 정치인이 되겠다는 꿈을 키우며 자랐습니다.

그러나 플라톤은 28세쯤 소크라테스가 아테네 정부로부터 고소당해 억울한 죽음에 이르는 과정을 목격하게 됩니다. 당시 아테네 왕국은 직접 민주정치 시스템을 가진 사회였고, 그의 재판에는 500명의 배심원이 판결에 결정적 역할을 했습니다. 소크라테스는 국가의 여러 신을 믿지 않는다는 것과 젊은이들을 타락시킨다는 두 가지 죄목으로 고소당했으나 실은 정치 지도자들을 비판하고, 그를 따르는 젊은이들이 너무 많다 보니 요주의 인물이 된 것입니다.

플라톤은 스승의 사형 결과에 대해 '민주주의는 죽었다.'라고 외치며 비통함과 절망에 빠져들었습니다. 그는 스승을 죽음으로 이끈 아테네의 민주정치에 대해 환멸을 느꼈고, 정치인의 꿈을 완전히 접었습니다. 그는 직접 민주주의가 좋아 보일지 몰라도 시민들이 이성적으로 깨어 있지 않으면 우민정치로 흐를 위험성이 도사리고 있고, 특히 아테네 시민들의 무지와 군중심리가 스승을 죽였다고 생각한 것입니다. 그래서 지혜를 사랑하고 선과 악을 구분할 줄 아는 철인(哲人)이 왕이 되어 정치를 주도해야 한다고 주장했습니다. 그는 긴 여행을 다녀온 뒤 최초의 학교(Academy)를 열었습니다. 그리고 소크라테스의 가르침을 후세에 남기는 일이 자신의 사명이라고 결심하고, 36권에 달하는 방대한 양의 《대화편(The Dialogue)》을 저술했습니다.

영국의 철학자 화이트헤드가 "서양철학사는 플라톤의 각주에 불과하다."라고 말할 정도로 그는 서양철학이라는 건물의 뼈대를 세운 인물입니다. 그는 단순히 스승을 기록한 것이 아니라 자신만의 철학적 체계를 완성했습니다.

스승의 죽음을 지켜본 플라톤

플라톤은 진리를 위해 기꺼이 죽음을 선택한 스승을 바라보면서 인생의 전환점을 맞이하게 됩니다. 그는 '도대체 진리가 무엇이기에 죽음 앞에서도 그렇게 초연할 수 있는 것일까? 나도 스승처럼 진리를 위해 죽을 수 있을까?' 라고 생각에 잠기게 됩니다. 특히 현실보다는 이상, 육체보다는 영혼에 가치를 두는 철학을 펼치기 시작했습니다.

그리고 그는 상당히 구체적으로 죽음 이후 영혼이 겪게 되는 과정을 묘사합니다. 지상에서 어떻게 살았느냐에 따라 다음 세상에서 다시 태어날 때 영혼의 감옥인 인간의 몸에 다시 갇혀 버릴 수도 있고, 영원한 행복 파라다이스로 나아갈 수도 있다고 설명했습니다. 그래서 그는 영혼이 이 세상으로 돌아오지 않고 육신으로부터 완전히 벗어나 행복이 가득한 파라다이스에 이르는 것을 꿈꿨습니다. 인간의 육체는 언젠가 소멸하지만, 영혼은 불멸한다고 생각했기 때문입니다.

플라톤은 그 세계에 이르기 위해서는 육신이 탐하는 성적 쾌락이나 끝없는 탐욕을 버려야 한다고 말합니다. 그런데 우리 육체는 선하고 이성적으로 살지 못하도록 끊임없이 방해한다고 본 것입니다. 그리고 지상에서 살아가는 동안 영혼을 깨끗이 정화하는 일이 중요하다고 생각했고, 절제와 금욕, 선과 정의 추구를 통해 영혼을 육체의 욕망에서 자유롭게 할 수 있다고 믿었습니다. 그러면서 그는 철학, 즉 자신의 삶을 이해하고 극복하고 지혜를 찾는 행위가 죽음을 준비하고 다음 단계를 살아갈 영혼의 힘을 강화하는 훈련이라고 생각했습니다.

또한 영혼이 다음 세상으로 가는 여정 또한 흥미롭습니다. 사람이 죽으면 영혼은 뜨거운 태양이 이글거리는 들판을 건너야 합니다. 들판이 끝나는 지점에서 '망각의 강(Lethe)'을 지나게 되고, 그 물을 마시는 순간 전생의 기억을 깨끗이 잊어버리고 새 삶을 살아가게 된다고 말합니다. 윤회적 사유가 플라톤의 마음에 자리하고 있었던 것입니다. 이렇듯 플라톤은 육체로부터 영혼의 완전한 해방을 통해 영혼의 우월성과 독립성을 확보함으로써 진리 추구와 도덕적 삶이라는 자신의 철학적 목표를 보여주고자 했던 것입니다.

플라톤이 꿈꾼 이데아

플라톤은 가장 지혜로운 스승인 소크라테스가 어리석은 민중에 의해 죽음에 이르렀다고 판단하면서 절대적인 불변의 이상세계를 그리게 됐습니다. 그는 불완전한 현실과 구별되는 완벽한 이데아(idea)의 세계가 존재한다고 본 것입니다. 그에 따르면 현상계(개별사물)는 변화무쌍하며 소멸하는 세계에 불과하고, 이데아의 세계가 진짜 세계이며, 현실 세계는 단지 이데아 세계의 그림자 혹은 모상(模像)일 뿐입니다. 다시 말하면 이데아는 인간이 감각하는 현실적 사물의 원형으로 모든 존재와 인식의 근거가 되는 항구적이며 초월적인 실재를 뜻하는 것입니다.

그리고 이데아는 개별사물의 원형(原型), 본질, 규범, 이상으로 실재한다고 주장합니다. 변화하는 세계에 관한 감각적 지식은 저급한 것이고, 속견(俗見)일 뿐이며, 현상계를 넘어선 이데아에 대한 인식만을 영원불변한 진리이며 참된 지식(眞知)으로 보았습니다.

플라톤은 이데아를 이해시키기 위해 《국가론》에서 '동굴의 비유'를 들었습니다. 인간은 지하의 넓은 동굴에서 어릴 적부터 사지와 목을 결박당한 상태로 있는 사람들처럼 살아간다는 것입니다. 이들은 포박 때문에 머리를 돌릴 수 없고, 앞만 볼 수밖에 없다 보니 사물들의 빛이 동굴 벽면에 비치면 그 그림자를 사물 자체로 인식하게 됩니다. 그러나 그것은 그저 가짜 허상에 불과합니다. 이 동굴의 비유는 우리가 자기 정화(淨化)를 통해 현상세계를 벗어나 본향, 이데아의 세계로 향하는 과정을 말하고 있습니다.

플라톤은 이데아는 현상세계 밖의 세상, 모든 사물의 원인이자 본질이라고 말합니다. 그래서 현상세계의 모든 것은 낡고 사라지는 것에 반해 이데아는 시간이 흘러도 그 모습은 변치 않는 실재세계라는 것입니다. 이처럼 소크라테스의 영혼 철학은 플라톤에게 이어지면서 더욱 체계적이고 심오한 형태로 발전했습니다. 다시 말하면 플라톤은 소크라테스의 사상을 계승하여 '이데아'라는 개념을 창조했으며, 이를 통해 영혼의 불멸성과 윤회를 설명한 것입니다.

4. 죽음은 삶의 목적 – 쇼펜하우어

독일의 철학자인 쇼펜하우어는 인간은 누구나 부단한 욕망에 쫓기어 고통 속에서 살아가게 된다고 보았으며, 이러한 최악의 생에서 벗어나기 위해서는 세계를 망각하거나 욕구를 단멸하든지 범아일여(梵我一如)의 경지에 이르지 않으면 안 된다고 말합니다. 이처럼 그의 철학은 인간의 소외와 공허함의 본질을 헤집고 나오면서 유럽 사회로부터 주목을 받게 됩니다. 특히 그는 이성보다는 감정과 의지를, 지식보다는 직관과 체험을 중시하고, 금욕적 삶을 통해 인간의 궁극적인 가치를 추구하고자 했습니다.

19세기 서양 철학계의 상징적인 인물인 쇼펜하우어는 염세주의자로 알려졌지만, 인간 삶의 비극적 부분, 즉 고통과 죽음의 문제를 심층적으로 탐구한 사상가로 평가받고 있습니다. 특히 그는 죽음에 대해 체계적이고도 포괄적으로 추적한 근대 최초의 철학자입니다. 그래서 쇼펜하우어는 의지와 표상, 고통과 죽음의 문제를 초석으로 하여 삶과 죽음의 철학이라는 건축학적인 사상체계를 세우고자 한 점에서 높은 평가를 받고 있습니다.

죽음은 삶의 진정한 목적

쇼펜하우어는 1788년 유럽의 항구 도시인 단치히에서 부유한 상인의 아들로 태어났으며, 1793년 함부르크로 이주해 성장하면서 아버지의 뜻에 따라 상인 교육을 받았습니다. 그러나 1805년 아버지의 급작스러운 죽음을 계기로 자신의 꿈을 키우기 위해 김나지움에 입학한 뒤 철학자의 길을 걷게 됩니다.

쇼펜하우어는 삶의 근본적인 고통과 괴로움에 주목하면서 자신만의 독특한 철학 체계를 구축했습니다. 그는 인간의 의지가 삶의 근원이며, 이 의지로 인해 끊임없는 갈등과 고통이 발생한다고 보았습니다. 그리고 자신의 의지를 잘 조절하고 통제할 때 고통과 괴로움에서 벗어나 평화로운 상태, 즉 행복에 이르게 된다고 강조했습니다.

특히 쇼펜하우어는 죽음에 대한 고찰과 삶은 고통이라는 선언으로 인해 염세주의자로 보는 근거가 되기도 했으나, 그가 말하는 부정의 뿌리에는 삶의 긍정이 맞닿아 있습니다. 즉 삶의 고통이 누구에게나 평등하다는 사실은 나만 괴로운 것이 아니라는 위안과 고통을 이겨내야만 한다는 부담으로부터의 해방감을 선물한다는 것입니다. 더 나아가 삶의 문제와 고통, 죽음에 직면하면서 삶을 완성하도록 이끈다고 보았습니다.

그리고 쇼펜하우어에게 삶이란 죽음을 향해 내려가는 비탈길이며, 삶의 궁극적 목표는 미몽에서 깨어나는 것이라고 말합니다. 삶의 오르막길과 내리막길, 삶과 죽음은 다른 것이 아니라고 보았습니다. 따라서 삶이란 죽음과의 투쟁 속에 있으며, 인생의 미몽에서 벗어나 죽음을 체관(諦觀)하는 것이야말로 삶을 완성하는 진정한 길이라고 강조했습니다. 이러한 의미에서 죽음이란 삶의 진정한 목적이라고 주장했습니다.

쇼펜하우어는 '철학이란 죽음의 연습'이라는 소크라테스의 말을 인용하며, "죽음이 없이는 심지어 철학 하는 것이 어렵다."라고 강조합니다. 이는 죽음이란 삶을 이해하는 데 중요한 조건이며, 이 조건을 이해하는 것이 바로 철학의 중요한 과제라고 밝혔습니다. 이처럼 쇼펜하우어는 철학사에서 가장 예리하고 깊이 있게 인간의 고통과 죽음의 문제를 형이상학적으로 다루고 있다고 볼 수 있습니다. 다시 말하면 죽음의 문제는 실로 서양 정신사에서 다양하게 다뤄졌지만, 이를 진정한 삶의 문제를 해명하고 이해하는 철학의 중심 과제로 다시 복권된 것은 쇼펜하우어에 의해서였습니다.

특히 그는 강력한 죽음의 공포가 삶의 고통을 능가하면서 파수꾼처럼 삶의 문을 지키고 있다고 보았습니다. 이런 측면에서 죽음은 삶의 동력이며, 진정한 삶의 목적이라는 것입니다. 죽음이 삶의 고통을 견디게도, 고통에서 벗어나게도 한다는 쇼펜하우어의 죽음관은 후대 철학자에게 많은 영향을 끼치게 됩니다. 그래서 "내가 철학자가 된 계기는 책방에서 우연히 쇼펜하우어의 책을 읽었기 때문이다. 그는 모든 희망을 잃고도 진리를 추구했다."(프리드리히 니체), "나는 쇼펜하우어를 읽으며 여태껏 한 번도 몰랐던 강력한 기쁨을 만끽했다. 그는 모든 인간 중 가장 위대한 천재다."(톨스토이)라는 등 높은 평가를 받게 된 것입니다.

삶이란 죽음과의 대화

쇼펜하우어가 이 시대에 새롭게 조명받고 있는 가장 큰 이유는 그의 철학이 '인생은 고통'이라는 냉정한 현실 인식 위에서 시작하고 있기 때문입니다. 특히 그는 "인생은 고통의 바다에 떠 있는 작은 섬과 같다."라면서 "인간의 욕구는 결코 만족할 수 없다. 새로운 욕구를 낳으며 이것이 불만과 고통의 악순환을 만든다."라고 말했습니다. 그러나 그는 "의지를 통제하고 초월하는 것이 인간 존재의 궁극적인 목표"라면서 "행복은 고통을 겪어야 맛볼 수 있다."라는 냉철한 현실 인식에서 그 해결책을 제시하고 있습니다.

쇼펜하우어에 따르면 죽음은 모든 존재가 경험하는 근원적인 현상입니다. 특히 그는 죽음이 인간에게 숙명적으로 다가온다는 것을 강조하면서 이러한 죽음에 대한 형이상학적 고찰의 필요성을 제기합니다. 인간은 다른 어떤 존재보다도 죽음에 대해 두려움을 갖고 살아갈 수밖에 없으나 역설적으로 이러한 죽음이 우리에게 세계와 삶의 본질과 가치에 대한 성찰을 가능하게 한다고 보았습니다. 그는 죽음에 대한 형이상학적 성찰을 통해서 죽음이 우리에게 가져다주는 불안감을 극복할 수 있고, 나아가 세계 속에서의 모든 존재가 생성하고 소멸하는 근원적인 이유를 알 수 있다고 주장합니다. 즉 그러한 성찰을 통해서 우리를 사로잡고 있는 죽음에 대한 불안으로부터 벗어날 수 있는 통로를 발견할 수 있다는 것입니다.

그리고 쇼펜하우어는 삶이란 고통과 동시에 죽음과의 대화 과정이라고 말합니다. 자신에게 다가오는 불행과 고통을 부정하지 않고 있는 그대로 받아들이고 포용할 때 오히려 건강한 삶이 만들어지듯이, 죽음과의 이러한 대화를 통해 유한한 삶 속에서 모든 헛된 욕망을 버릴 때만이 삶의 진정한 의미를 찾을 수 있다는 것입니다. 그러면서 그는 죽음으로부터 벗어나고자 하는 인간의 노력이 오히려 죽음을 배제함으로써 삶 자체로부터도 소외되게 하고 있다고 주장합니다.

결국 쇼펜하우어는 자신의 고통이 무엇인지를 이해할 때 고통을 치유할 수 있듯이 죽음을 이해하는 자만이 삶이 무엇인지를 이해할 수 있다고 보았습니다. 그의 고통과 죽음의 철학은 진정한 삶의 의미를 발견하고, 죽음을 삶의 완성이라는 차원에서 접근해야 한다는 강력한 메시지를 전해주고 있습니다. 그럴 때만이 삶의 균형을 되찾고, 고통과 죽음의 문제로부터 진정한 해방의 길이 열리기 때문입니다.

5. 죽음은 삶의 완성 – 니체

1844년 독일 작센주 뢰켄의 루터교 목사 집안에서 출생한 프리드리히 니체는 집안의 영향으로 신학을 공부했으나 포이어바흐와 스피노자의 무신론적 사상에 감화되어 신학을 포기하게 됩니다. 이후 본대학교와 라이프치히대학교에서 언어학과 문예학을 전공했으며, 1869년부터 스위스 바젤대학교에서 고전문헌학 교수로 재직하게 됩니다. 그러나 건강 악화로 교수직을 그만둔 뒤 10년간 호텔을 전전하며 저술 활동에 매진하지만, 정신이상 증세에 시달리다가 1900년 바이마르에서 생을 마감했습니다.

니체에게 죽음은 '이성적 죽음'이자 '삶을 완성하는 죽음'을 의미합니다. 삶이라는 것은 '영원회귀(永遠回歸)'를 통해 삶 자체를 적극적으로 긍정함으로써 현생에서 '운명애(運命愛, Amor Fati)'를 구현하고자 하는 의지입니다. 결국 니체의 죽음학은 현세의 삶을 부정하고 내세 지향적 삶, 즉 기독교 도덕이 추구하는 삶의 태도를 비판함으로써 현세에서의 긍정적이고 적극적인 삶에 대한 열망을 제시했다는 점에서 차별성을 찾을 수 있습니다.

'신 죽음'의 선포

니체는 인간에게 참회, 속죄 등을 요구하는 기독교적 윤리를 거부했습니다. 스스로 '망치를 든 철학자'라고 부르며 규범과 사상을 깨려고 했습니다. 그는 기독교의 신이나 천국과 같은 초월적인 가상의 세계는 우리 삶에서 의미를 지니지 않는다고 본 것입니다.

특히 니체는 현상과 본질, 육체와 영혼, 감각과 이성, 현세와 내세를 구분하는 서양의 이원론적 형이상학을 비판하고 나섰습니다. 그는 현세의 삶을 비방하고 왜소화하고 다른 세계의 이야기를 꾸며내는 것은 환각에 불과하다고 말합니다.

니체가 보기에는 기독교의 신은 병들어 있는 신을 뜻하고 정신으로의 신을 의미할 뿐, 가장 부패한 신 개념의 표본입니다. 그래서 그는 인간에게 참회, 속죄 등을 요구하는 기독교적 윤리를 거부하고, "신은 죽었다(Gott ist todt). 우리는 그를 죽였다(Wir haben ihn getodtet)."라고 선포합니다.

그러면서 니체는 기독교 토양에 영향을 끼친 플라톤의 이성이라는 거대 담론과 헤겔의 절대이성에 반대 기치를 내걸고, 당시의 철학과 가치를 전복시키고자 했던 것입니다. 마침 유럽은 '신 죽음' 선포와 함께 가치체계가 무너지고 허무주의의 그림자가 뒤덮었습니다. 니체 역시 그 그림자를 밟고 여명을 기다렸습니다. 신은 죽었지만 삶은 되돌아온다고 본 것입니다.

니체는 참으로 실재하는 것은 각 사람의 모두 다른 의지이므로 이러한 다양한 사람들을 하나의 윤리나 도덕으로 묶는다는 것을 인정할 수 없다고 보았습니다. 적자(강자)는 자신의 욕망대로 행동할 수 있게 해야 하는데 대중의 도덕으로 일방적으로 구속하려고 하고 있다는 것입니다. 그리고 이 적자는 즉흥적이고 본능적이고 주관적입니다. 그에게 있어서 규범은 오직 자신의 마음 먹기에 달려 있다는 것입니다. 그래서 니체는 주체적 자유와 본능에 의해 자신만의 삶의 대지 위에서 의지를 가지고 살아갈 것을 강조했습니다.

그리고 그가 내세운 것이 '영원회귀(永遠回歸)', 즉 "세계의 모든 사건은 일련의 순환을 통해 동일한 순서로 영원히 반복된다."라는 주장입니다. 다시 말하면 영원회귀는 이 세상이 일정한 크기의 힘과 일정한 수의 힘의 중심이라고 생각한다면, 존재의 거대한 주사위 놀이 속에서 계산 가능한 수의 조합들을 계속 되풀이할 수밖에 없다고 보았습니다. 그리고 무한의 시간 속에서 가능한 모든 경우의 조합이 빠짐없이 한 번씩은 나타나게 될 것이고, 더 나아가 무한히 여러 차례 나타날 것으로 본 것입니다.

그런데 니체는 모든 사람이 창조적으로 살 수 있다고 생각한 것이 아니라, 오직 극소수의 사람만이 영원회귀의 사상을 견디고 극복하면서 새로운 가치를 만들어갈 수 있을 것으로 생각했다는 점입니다. 그리고 그들의 창조적인 명령에 의해 나머지 기계 부품처럼 복종하며 살아가는 대부분의 사람을 끌어나가야 한다고 주장했습니다. 이것이 니체가 말하는 '건강한 사회'의 모습입니다.

죽음, 삶을 완성하는 마지막 퍼즐

니체는 죽음에 대해 '삶을 완성시키는 죽음'이자 '이성적인 죽음'이어야 한다고 말합니다. 이러한 죽음만이 축제로 승화될 수 있고, 공포의 대상이 아니라 인간의 친구일 수 있는 죽음이라는 것입니다. 그래서 자신의 고통을 회피하기 위한 수단으로 이루어지는 충동적인 자살은, 죽는 자와 남아 있는 자에게 슬픔만 안겨주는 죽음이므로 삶을 완성시키는 죽음도, 합리적인 죽음도 아닌 비겁자의 죽음으로 보았습니다. 따라서 니체는 자신의 고통스러운 삶을 피할 것이 아니라 고통스러운 삶 속에서도 자신의 운명을 긍정하고 자신의 삶에 의미를 부여하는 가치 창조자가 되어야 한다고 말합니다.

니체는 이를 위해 자신의 고통으로부터 자신을 구원할 사람은 오직 자신이라는 것을 알고, 용기를 내어 자신을 극복하는 적극적인 삶의 태도를 강조합니다. 그러면서 니체는 언제나 삶을 긍정하면서 살았습니다. 그리고 그는 진정 용기 있는 인간이었습니다. 니체는 현실을 버리지 않고 끌어안았고, 허무주의에 무릎 꿇지 않고 싸웠습니다. 그는 이성만으로 형이상학을 설파한 것이 아니라 자신의 삶 자체로써 사상을 완성하고 설파했습니다.

누구에게나 죽음은 불확정적입니다. 어떤 사람은 일찍 죽고, 또 어떤 사람은 늦게 죽습니다. 어느 시기에 죽느냐보다 더 중요한 것은 죽음을 맞이하는 법을 배우는 것입니다. 죽음은 삶의 실패나 결핍이 아니라 완성입니다. 잘 산다는 것과 잘 죽는다는 것은 하나이며, 죽음을 축제로 만드는 것이 삶의 완성이라는 것이 니체의 생사관입니다.

그리고 니체는 인간 심리에 대한 깊은 통찰력으로 기존의 철학과 종교, 도덕 등이 내세우는 진리의 이면을 파헤쳐 나름대로 대안을 제시했습니다. 그는 인간 내부에서 나오는 힘을 중요하게 생각했습니다. 니체는 이를 '힘 의지'라고 말했습니다.

여기서 '힘 의지'라는 말은 우리가 의식할 수 없는 원초적인 충동, 본능, 감정 등을 의미합니다. 이 '힘 의지'는 이미 도달된 상태를 보존하는 것에 만족하는 것이 아니라 현 상태의 극복을 통해서 더욱 강해지는 힘을 의미한다는 것입니다. 정지는 죽음을 뜻하기 때문입니다.

우리에게 꼭 필요한 인간 유형은 기존의 질서에 대항할 뿐만 아니라 새로운 가치를 창조할 능력을 갖춘 사람입니다. 그래서 전통적인 규범과 신앙을 뛰어넘어 새로운 가치를 만들어내는 사람, 즉 '초인(超人, Übermensch)'은 자신의 내면에서 나오는 충동을 긍정하면서 창조하고 변화시키는 존재입니다. '초인'이란 세속화하지 않는 본연의 인간, 그리고 지성보다는 본능, 합리보다는 의리, 이성보다는 정열을 존중하는 의지의 인간을 의미합니다.

| 제2부 |

영계의 구조를 말한다

| 제1장 |

하나님의 창조원리와 영계

❖❖❖

　사후세계, 즉 영계에 대해 가장 구체적으로 말하는 종교가 기독교입니다. 예수 그리스도가 공생애 기간에 가장 먼저 선포한 것이 천국, 즉 하늘나라의 도래였습니다. 예수는 "나를 믿는 사람은 죽어도 살고, 살아서 나를 믿는 사람은 영원히 죽지 않을 것이다."(요한복음 11장 25~26절)라면서 자신을 믿을 경우 저 세상에서 영생할 수 있다고 밝혔습니다. 그리고 예수 이상으로 영계에 대해 자세히 밝힌 종교 지도자는 문선명 선생입니다. 선생은 《원리강론》에서 '인간을 중심한 무형실체세계와 유형실체세계'라는 주제 아래 영계에 대해 구체적으로 설명하고 있고, 누구보다 다양한 영적 체험을 통해 신자들을 지도해왔습니다.

1. 육신의 삶과 영계의 삶

문선명 선생은 16세 되던 해인 1935년 부활절에 하나님으로부터 천명을 받은 후 12년간 영계를 두루 체험하며 진리를 찾아낸 데 이어, 영계의 실상에 대해 구체적으로 밝혀냈습니다. 특히 《원리강론》에는 선생이 "역사 이래 어느 누구도 상상조차 할 수 없었던 창망한 그 무형세계를 헤매시면서 하늘만이 기억하시는 진리 탐구의 피어린 고난의 길을 걸으셨다."라고 기록했습니다.

그리고 "인간으로서 걸어야 할 최대의 시련의 길을 다 걷지 않고는 인류를 구원할 수 있는 최종적인 진리를 찾을 수 없다는 원리를 아셨기에 선생은 혈혈단신으로 영계와 육계의 억만 사탄과 싸워 승리하신 것이다."라면서 "그리하여 예수님을 비롯한 낙원의 수많은 성현들과 자유로이 접촉하시며, 은밀히 하나님과 영교(靈交)하는 가운데서 모든 천륜의 비밀을 밝혀내신 것"이라고 덧붙였습니다.

지상·영계는 성상·형상적으로 존재

문선명 선생이 밝혀낸 '통일원리'에 따르면 하나님의 성상·형상, 즉 이성성상(二性性相)을 닮은 것이 인간이며, 그 인간을 기본형으로 하여 창조된 것이 피조세계입니다. 그래서 모든 존재는 인간의 몸과 같은 유형실체세계(有形實體世界)와 인간의 마음과 같은 무형실체세계(無形實體世界)로 구성되어 있다는 것입니다.

특히 통일원리는 하나님은 물과 흙과 공기로써 인간의 육신을 창조하시고, 그 육신 생활이 끝난 뒤 무형실체세계에서 영원히 살아갈 수 있는 영인체(靈人體)를 창조하신 것으로 설명하고 있습니다. 여기서 육신은 육심(肉心)과 육체(肉體), 영인체는 생심(生心)과 영체(靈體)의 이성성상으로 구성되어 있으며, 생심은 하나님이 임재하시는 영인체의 중심 부분이라고 밝히고 있습니다.

그리고 형상인 육신을 터로 하여 성상인 영인체가 창조됐고, 육신이 부모에서 태어난 것과는 달리 영인체는 하나님에게서 유래한다고 보고 있습니다. 그래서 영계인 무형실체세계는 인간의 생리적인 오관(五官)이 아닌 영적 오관으로만 느낄 수 있다는 것입니다. 이와 함께 영인체는 육안으로 볼 수 없는 영적 요소로 되어 있으며, 영원히 생존하게 된다고 보고 있습니다. 유형실체세계에서 생활하던 인간이 육신을 벗으면 그 영인체는 바로 무형실체세계에서 영주(永住)하게 된다는 것입니다. 이에 대해 문선명 선생은 다음과 같이 설명하고 있습니다.

"본래 인간의 속사람, 영인체는 신령의 감응체입니다. 그러나 타락 인간은 고장 난 영인체를 지녔기에 영인과 영계의 존재조차 모르고 살아왔습니다. 이를 수리하고 정화하게 되면 만인은 자연스럽게 신령역사를 경험할 수 있습니다. 따라서 인간은 영계를 반드시 알아야 하고, 그런 때가 오고 있는 것입니다. 본인은 전 생애를 통해 하나님과 영계가 지원하는 통일운동을 전개해왔습니다. 하나님을 중심한 신령역사에 의해서 심신통일, 인간과 인간의 통일, 영계와 육계의 통일, 하나님과 인간의 통일은 이루어질수 있습니다."(2004.04.30, 서울 메리어트호텔)

지상생활의 중요성

영인체는 어디까지나 지상의 육신생활에서만 완성할 수 있고, 완성기의 영인체인 생령체(生靈體)는 하나님을 중심하고 영인체와 육신이 완전한 수수작용을 하여 합성일체화할 때 이룰 수 있습니다. 생령체를 이룬 인간들이 사는 곳이 지상천국(地上天國)이며, 이들이 육신을 벗고 영인으로서 가서 사는 곳이 천상천국(天上天國)입니다. 그러므로 영인체의 모든 감성도 육신생활 중 육신과의 상대적인 관계에 의하여 육성되는 것이므로, 인간은 지상에서 완성되어 하나님의 사랑을 완전히 체휼해야만 그 영인체도 육신을 벗은 후에 하나님의 사랑을 체휼할 수 있게 됩니다.

이렇듯 영인체는 성상과 형상의 이성성상으로 되어 있고, 육신을 터로 하여 성장하게 되어 있습니다. 즉 영인체의 감성은 육신과의 상대적 관계에서 발달한다는 것입니다. 따라서 인간이 지상에서 하나님의 사랑을 실천하다가 타계하면, 영인체는 영계의 충만한 사랑 속에서 영원히 기쁨의 생활을 영위하게 됩니다. 그러나 반대로 지상에서 악한 생활을 하면 사후(死後)에는 악한 영계에 머무르게 되어서 고통의 생활을 하게 된다고 보고 있습니다.

그런 점에서 천국이든 지옥이든 영인체가 그곳에 가는 것은 하나님이 정하시는 것이 아니라 영인체 자신이 정하게 됩니다. 인간은 원래 완성하면 하나님의 사랑을 완전히 호흡할 수 있도록 창조됐기 때문에, 범죄행위로 인하여 생긴 허물로 말미암아 이 사랑을 완전히 호흡할 수 없게 된 영인체는 완전한 사랑의 주체 되시는 하나님 앞에 서는 것이 도리어 고통이기 때문입니다. 그렇기 때문에 이러한 영인체는 하나님의 사랑과 먼 거리에 있는 지옥을 자진하여 선택하게 되는 것입니다.

결국 육신의 선행(善行)과 악행(惡行)에 따라서 영인체도 선화(善化) 혹은 악화(惡化)한다는 점에서 영계에서 어떤 모습으로 살아가느냐 하는 것은 육신 생활이 좌우하게 됩니다. 영인체와 육신의 관계는 마치 열매와 나무의 관계와 같다고 볼 수 있습니다. 그래서 우리 인간은 지상에서 완성되어 하나님의 사랑을 완전히 체휼해야만 그 영인체도 육신을 벗은 후에 하나님의 사랑을 완전히 체휼할 수 있게 되기 때문에, 온전히 하나님을 모시고 천국 생활을 하기 위해서는 지상에서 하나님을 바로 알고, 하나님의 사랑을 체휼하기 위해 노력해야 합니다. 이는 결국 영인체는 어디까지나 지상의 육신 생활에서만 완성할 수 있다는 점에서 지상생활이 그만큼 중요하다는 의미입니다.

2. 영계 삶의 절대기준과 영계 해방

문선명 선생은 우주 자연 만상과 영계의 근본원리를 고심하며 찾던 중 밝혀낸 진리가 '통일원리' 입니다. 통일원리는 하나님과의 깊은 교류와 고심어린 탐구를 통해 얻은 직관적인 깨달음이었습니다. 그런데 과학적 이론과 마찬가지로 직관적 앎을 통해 정립한 통일원리는 단순히 가설적 이론체계에 머무르지 않고, 경험적 사실에 의해 진리로 검증됐다는 것입니다.

특히 통일원리는 하나님이 누구인가를 정확히 밝혀냈고, 어떻게 살아가면 하나님의 자녀로 성장할 수 있는가를 보여주었습니다. 그리고 통일원리는 우주 자연이나 인류 역사, 그리고 성경의 어느 내용에 적용해 보더라도 움직일 수 없는 사실로 증명되었기 때문에 확고한 기반을 갖춘 이론이요 진리 체계라고 할 수 있습니다.

"본인이 밝힌 '원리' 는 평범하게 얻어진 것이 아닙니다. 원리의 근본은 사무치는 기도 속에서 영계 성현들과의 교감은 말할 것도 없고 하나님과의 깊은 교통으로 찾은 것입니다. 사탄과 혈투전을 통하여 얻은 승리인 것입니다. 본인은 이 원리를 가르치고 실천하기 위하여 생애의 매순간을 바치고 있습니다. 원리는 전 세계에 전파되고 있으며, 사람으로 하여금 살아 계시는 하나님과 새로운 관계를 맺게 하여 그 삶을 변화시키고 있습니

다."(1995.08.21. 서울 힐튼호텔)

인간의 타락과 죽음

　인간은 영적 욕구를 갖는 동시에 육체적 욕구를 지니고 있습니다. 그러나 인간은 타락 이후 영계와 현상계에 대한 완전한 진리에 도달할 수 없었으며, 인식론적 제한성을 지니게 되었습니다. 즉 현상세계에 대한 외적 제한성은 물론, 영계에 대한 내적 제한성을 보여주고 있습니다. 그래서 이를 극복하기 위해서는 하나님 중심의 절대가치관 아래 영육 아우른 완성 인간이 돼야 합니다. 그럴 때만이 지상생활을 통해 영인체를 완성한 뒤 하나님 곁으로 갈 수 있기 때문입니다.

　통일원리는 인간의 죽음은 육신의 목숨이 끊어진 죽음을 말하는 것이 아니라, 하나님의 사랑의 품을 떠나서 사탄 주관권 내에 떨어진 것을 의미한다고 밝히고 있습니다. 그리고 이러한 '죽음'에 대한 '삶'의 뜻은 하나님 사랑의 주관권 내에서 하나님의 뜻대로 활동하고 있는 상태를 말한다는 것입니다. 그러므로 아무리 그 육신이 활동을 하고 있다 하더라도 그것이 하나님의 주관권을 벗어나서 사탄의 주관권 내에 머물러 있으면, 그는 창조본연의 가치 기준으로 보아 죽은 자가 아닐 수 없다고 보고 있습니다.

　마치 예수가 부친을 장사(葬事)하기 위하여 집에 가려고 하는 제자에게 죽은 자는 죽은 자들로 하여금 장사하게 하라(누가복음 9장 60절)고 강조한 것도 이와 다를 것이 없습니다. 즉 장사를 치러야 할 그 제자의 부친과 같이 육신의 목숨이 끊어진 상태의 '죽음'이 있는가 하면, 육신은 움직이고 있으나 예수를 배반함으로써 하나님의 사랑을 떠나버린 사람, 즉 사탄 주관권 내에 머물러 있는 사람을 두고 '죽은 사람'이라고 말했습니다. 물론 이미 육신의 목숨이 끊어진 인간이라 할지라도, 그의 영인체가 천상천국에서 하나님 주관권 내에 있다면 그는 어디까지나 살아 있는 사람으로 볼 수 있습니다. 그래서 예수는 "나를 믿는 자는 죽어도 살겠고"(요한복음 11장 25절)라고 한 것입니다.

결국 인류는 인간 시조의 타락으로 인해 사탄의 주관권 내에 머물게 됨으로써 죽음을 초래한 것으로 볼 수 있습니다. 그래서 하나님이 아담과 해와를 창조하신 후에 그들에게 선악과를 따먹는 날에는 정녕 죽으리라(창세기 2장 17절)고 말씀하신 것입니다. 이처럼 타락으로 인해 초래된 그 죽음은 육신의 목숨이 끊어지는 것을 의미하는 것이 아니라, 하나님의 선주관권(善主管圈)으로부터 사탄의 악주관권(惡主管圈)으로 떨어지는 것을 의미한다고 볼 수 있습니다.

지상과 영계의 해방

문선명 선생은 공개강연을 통해 '영계를 가장 잘 아는 챔피언'이라고 언급했듯이 영계에 관한 최고 전문가입니다. 선생은 영계는 인생이 가야 할 궁극적인 본향이며, 영인으로서 제2의 생애를 출발할 수 있는 세계라고 강조했습니다. 그리고 지상의 인류뿐만 아니라 영계의 영인들까지 구원할 수 있는 길을 닦았습니다. 조상 해원과 조상 축복의 은사를 내린 것이 한 사례입니다.

선생은 지상과 영계의 막힌 담을 허물고 영육계 일체시대를 이룬 섭리의 기반 위에 2009년 10월 8일 영연세협회시대를 선포했습니다. 이로써 지상과 영계는 하나님의 주관 아래 직접 교류할 수 있는 시대로 접어들면서 영계 대혁명이 이뤄지게 된 것입니다.

"영계와 지상계를 하나로 만드는 것입니다. 영계와 지상계를 얽어매는 것입니다. 하나님과 단절되었던 모든 것들을 이제는 단절되지 않게 다 붙여서 하나로 만든다는 것입니다. 그렇기 때문에 하나님을 모시는 '영연세협회'라고 이름을 붙였습니다." (2009.12.22, 천정궁)

"영계를 모르는 사람은 불쌍한 사람입니다. 한없이 불쌍합니다. 그것을 알고는 욕을 할 수 없습니다. 첩첩히 가로막힌 그 길을 어떻게 헤치고 가겠습니까? 내가 영계에 가면 영계를 대혁명할 것입니다. 잘라 버릴 것은 잘라내고, 길이 막혔으면 길을 내고 굴도 뚫고 할 것입니다." (문선명선생말씀선집 591권 326쪽, 2008.06.02.)

이제 영계의 실상이 구체적으로 밝혀지고 있습니다. 21세기에 들어와 과학이 급속하게 발전하면서 영계의 신비를 밝혀줄 날도 머지않았습니다. 특히 영계는 먼 곳에 있는 것이 아니라 우리 가까이에 있다는 것입니다. 모든 인간이 언젠가는 육신을 벗고 시공을 초월하는 그곳으로 갈 수밖에 없기에 관심을 갖지 않을 수 없습니다. 영계의 삶은 지상에서 자신의 영혼을 어떻게 만들어 가느냐에 달려 있습니다. 그래서 우리는 지상에서 영인체가 올바로 성장할 수 있는 절대기준이 무엇인가를 찾아서 영계의 삶을 미리 준비해야 할 것입니다.

3. 인간의 위상과 부활섭리

하나님이 자신의 속성을 그대로 전개한 것이 인간입니다. 그래서 인간은 하나님을 닮게 창조한 실체대상이라고 하는 것입니다. 그렇다면 피조세계에서 인간은 어떤 위치의 존재일까요?

통일원리는 성경 창세기에 기록된 것처럼 하나님이 인간을 성장 기간을 두고 창조한 것으로 보고 있습니다. 인간에게 일정한 성장 기간을 거쳐서 완성되도록 창조한 것은 인간에게 책임분담을 완수함으로써 하나님의 창조성(創造性)까지도 닮게 하여 하나님의 창조 위업에 가담케 하고자 하는 계획 때문이었습니다. 즉 창조주 하나님이 인간을 주관하듯이 인간도 제2의 창조주 입장에서 만물을 주관할 수 있는 주인의 권한을 가지도록 하기 위함이었습니다.

피조세계에 있어서의 인간의 위치

통일원리는 피조세계에 있어서의 인간의 위치에 대해 다음과 같이 세 가지로 나눠 설명하고 있습니다. 이는 하나님이 인간을 창조한 목적과도 연관이 있는 것입니다.

첫째, 하나님은 인간을 피조세계의 주관자로 창조하셨다고 기록하고 있습니다. 피조세계는 하나님에 대한 내적인 감성을 갖추지 못하고 있기 때문에 하나님은 이 세계를 직접 주관하지 않으시고, 이 세계에 대한 감성을 갖춘 인간을 창조하시어 피조세계를 직접 주관하도록 하셨다는 것입니다.

둘째, 하나님은 인간을 피조세계의 매개체요 또한 화동의 중심체로 창조하셨다고 밝히고 있습니다. 그래서 인간은 마치 두 음차(音叉)를 공명시키는 데 있어서의 공기와 같은 존재이며, 마치 라디오나 텔레비전과도 같아서 영계의 사실을 그대로 반영하게 되어 있다는 것입니다.

셋째, 하나님은 인간을 천주(天宙)를 총합한 실체상으로 창조하셨다고 설명하고 있습니다. 하나님은 인간의 성상과 형상을 실체적으로 전개하시어 먼저 피조세계를 창조하셨습니다. 즉 영인체는 무형세계를 총합한 실체상이요, 한편 육신은 유형세계를 총합한 실체상이 되는 것입니다. 따라서 인간은 천주를 총합한 실체상이라는 점에서 소우주(小宇宙)라고 하게 됩니다.

그리고 인간은 하나님을 중심하고 수수작용을 하여 합성일체화하면 창조목적을 이룬 본연의 마음을 지니게 됩니다. 그러나 인간은 타락 이후 하나님을 모르게 됨에 따라 선(善)의 절대적인 기준도 알지 못하게 된 것입니다. 그런데 창조 본성에 의하여 인간의 마음은 항상 선을 지향하는 양심(良心)이 존재합니다. 물론 타락 인간은 선의 절대적인 기준을 알지 못하기 때문에 양심의 절대적인 기준도 세울 수 없는 한계를 지니고 있습니다.

다행히 인간은 선을 지향하는 마음의 성상적인 부분, 즉 본심(本心)이 존재한다는 것입니다. 여기서 형상적인 부분을 양심이라고 합니다. 그러므로 인간이 그 무지(無知)에 의하여 창조 본연의 것과 그 기준을 달리한 선을 세우게 될 때도 양심은 그 선을 지향하지만, 본심은 이에 반발하여 양심을 그 본심이 지향하는 곳으로 돌이키도록 작용하게 됩니다. 그래서 인간은 본심이나 양심이 살아 움직일 때 악을 지향하게 하는 사심(邪心)을 물리치고 선을 지향하는 것입니다.

영인체 완성을 위한 섭리

인간이 타락되어 피조세계는 자기를 주관해줄 수 있는 주인을 잃어버리고 말았습니다. 그러다 보니 피조물은 하나님의 아들들(복귀된 창조본연의 인간)이 나타나기를 고대한다고 했습니다(로마서 8장 19절). 그뿐만 아니라 화동의 중심체인 인간이 타락되어 유형·무형 두 세계의 수수작용이 끊어짐으로써 그것들이 일체를 이루지 못하고 분리되었기 때문에 피조물이 탄식하고 있음을 밝히고 있습니다(로마서 8장 22절).

통일원리는 하나님은 비로소 영인체와 육신을 가진 완성한 아담이자 구세주로 예수를 보내 구원섭리를 펼치게 됐다고 밝히고 있습니다. 즉 하나님은 타락 인간이 예수를 중보로 세워 하나님의 아들로 다시 태어날 수 있는 길을 열었기 때문에 예수는 "나는 길이요, 진리요, 생명이다. 나를 거치지 않고서는, 아무도 아버지께로 갈 사람이 없다."(요한복음 14장 6절)라고 한 것입니다.

더구나 영인체의 완성은 지상에서 선한 생활을 함으로써 이뤄질 수 있기 때문에 구세주 예수를 이 땅에 보내 구원섭리를 전개했습니다. 따라서 예수를 믿고 따름으로써 영인체를 완성하는 것이 구원섭리의 가장 큰 목표라고 할 수 있습니다.

결국 하나님을 중심하고 영인체가 육신과 수수작용을 하여 합성일체화함으로써 사위기대를 완성할 경우 생령체가 되고, 생령체를 이룬 인간들이 지상천국을 이루고 살다가 육신을 벗고 천상천국에서 살게 됩니다. 이때 영인체는 하나님의 사랑을 완전히 체휼하면서 완성되고, 그 영인체가 천상천국에서 하나님의 사랑을 완전히 체휼하면서 살아가게 되는 것입니다.

이와 함께 인간의 영인체는 육신을 터로 하여서만 성장하여 완성되도록 창조됐기 때문에 복귀섭리에 의한 영인들의 영인체의 부활도 지상의 육신생활을 중심하고서만 이루어지게 돼 있습니다. 다시 말하면 영인체는 하나님으로부터 받아들이는 생소(生素)와 육신으로부터 공급되는 생력요소(生力要素)의 수수작용에 의해서만 성장하도록 창조됐기 때문에 영인체는 육신을 떠나서는 성장할 수 없으며, 또한 부활할 수도 없다는 것입니다.

따라서 이미 지상의 육신생활에서 완성하지 못하고 타계한 영인들은 마지막 하나님의 섭리의 때에 지상에 재림해서 자기들이 지상의 육신생활에서 이루지 못했던 그 사명 부분을 지상의 성도들을 협조하여 그것을 이루게 함으로써 지상인들의 육신을 통해 부활할 수 있습니다. 다시 말하면 지상의 성도들이 기도를 통해 영인들의 상대가 되고, 그 영인들은 재림해서 그 지상인들의 영인체와 상대기준을 조성하여 역사하게 되면 부활이 가능해진다는 것입니다.

특히 그 영인들은 지상인들로 하여금 불을 받게 하고 병을 고치게 하는 등 여러 가지 능력을 행하게 하거나, 입신상태(入神狀態)에 들어가서 영계의 사실을 보고 듣게도 하고, 혹은 계시와 묵시(默示)에 의하여 예언을 하게도 하며, 그 심령에 감명을 주는 등 여러 면에 걸쳐 성신의 대신 역사를 하게 합니다. 이를 통해 지상인으로 하여금 하나님의 뜻을 이루어 나가도록 협조하면서 영인체 성장과 함께 부활의 혜택을 누릴 수 있게 되는 것입니다.

4. 천사와 영계

영계에 대한 증언은 수많은 사람을 통해 나타나고 있습니다. 그렇지만 천국이 어떻게 생겼고, 하나님은 어떻게 존재하느냐 하는 증언은 그리 많지 않습니다. 어떤 이들은 아직 천국은 아무도 가지 못했기 때문에 비어 있다고 말합니다. 그것은 "예수께서 그에게 말씀하셨다. '내가 진정으로 네게 말한다. 너는 오늘 나와 함께 낙원에 있을 것이다.'"(누가복음 23장 43절)라는 성경 구절을 근거로 하고 있습니다.

그러나 천국에 가서 예수를 만나고 왔다고 하는 이들도 있습니다. 그 대표적 사례가 퍼시 콜레(Percy Collett 1902~1998년) 박사입니다. 그는 1902년 에드힐이라는 영국의 시골에서 태어나 1920년 미국 뉴욕으로 이주했고, 그 후 아마존 정글에서 선교와 의료 사업으로 일생을 보냈습니다.

그의 《내가 본 천국》이란 저서가 국내에서도 번역됐습니다. 이 책은 닷새 동안의 영적 체험을 기록하고 있습니다. 그는 영계에서 예수와 함께 걸었던 이야기를 비롯한 황홀한 체험들을 소개합니다.

물론 그는 자신이 본 영계를 '천국' 이라고 말합니다. 그곳에서 그는 어린 시절에 여읜 어머니를 비롯해 많은 지인과 예수, 모세, 바울 등을 만나게 됩니다. 그의 이야기대로라면 천국은 기독교 신앙을 한 많은 사람에게 열려 있다고 볼 수 있습니다.

그러나 그도 말한 것처럼 그가 본 것은 인간의 척도로써는 도저히 잴 수 없는 거대한 영계의 일부에 불과합니다. 영계에 대한 기존의 인식에 따라 영적 체험의 내용이 달라질 수 있음을 알게 됩니다. 즉 요한계시록을 통해 영계의 모습을 그려온 그의 체험은 그 테두리에서 벗어날 수 없다는 것입니다.

천사의 도움과 천국으로의 여정

퍼시의 증언에서 눈여겨볼 것은 천사의 등장입니다. 13세기 프랑스에서 영국으로 이민 온 그의 가문은 대대로 하나님과 예수, 천국과 천사를 믿고 많은 교회를 세웠다고 합니다. 그가 다섯 살 때 어머니를 여의고 슬픔에 잠겨 있는데 침대 머리맡에 서 있는 천사를 만나게 됩니다. 천사는 "너의 천사란다. 무서워 말라. 나는 네 일생 동안 너와 함께하고 또 너를 보호해줄 것이다."라고 말합니다. 그는 자라면서 벽에 걸린 천사들의 그림을 보았고, 늘 천사에 대한 이야기꽃을 피웠기에 수호천사가 지켜줄 것으로 믿고 있었습니다.

그가 아마존 정글의 원주민에게 선교할 때 목숨이 오가는 위험한 상황을 수없이 만났지만, 천사의 도움으로 위기를 넘어설 수 있었다고 합니다. 또 천사는 대머리에 진흙을 발라 머리카락이 새롭게 돋게 하기도 했습니다.

천사가 어느 날 그가 천국에 가게 되리라는 암시를 주었습니다. 하나님과 예수, 그리고 그의 어머니가 계시는 천국에 가게 해 달라고 기도한 지 7년 만입니다. 1982년 3월 원주민과 선교사, 의사 등 250명이 모인 집회가 열렸고, 참석자들은 하나님의 은사를 받아 모두 바닥에 쓰러졌습니다. 마치 다마스쿠스로 향하던 사도 바울이 하늘의 빛을 보고 쓰러진 것과 같은 광경이 벌어진 것입니다. 이때 퍼시는 영이 육체의 지배로부터 탈출하는 체험을 하게 됩니다.

"나의 영은 바닥에 드러누워 있는 별 볼 일 없는 나의 육체를 내려다보게 됐으며, 그 육체는 정말 아무런 가치도 없는 식물인간과 다를 바가 없었습니다. 육체를 빠져나온 나의 영은 구름처럼 빛나는 형체였으나 나와 똑같은 모습이었고, 의식이나 감각은 육체 속에 갇혀 있을 때보다 더욱 또렷했습니다. 나의 영은 무게를 느낄 수 없었고, 지구의 중력에도 영향을 받지 않았으며, 사랑과 기쁨에 넘쳤습니다."

영계에서 만난 사람들

퍼시 옆에는 수호천사가 서 있었습니다. 천사는 "하나님께서 당신의 기도에 응답하셨습니다. 우리는 천국으로 여행을 떠나게 됩니다. 나도 당신이 출생한 이래 당신을 보호하느라 한 번도 천국에 가보지 못하였는데 흥분이 넘칩니다."라고 말했습니다. 화염검을 손에 든 8척의 천사도 공중에서 내려와 그의 오른편에 섰습니다. 일행은 마치 헬리콥터가 떠오르듯이 이륙하기 시작했습니다. 그들은 우주선보다 훨씬 빠른 속도로 지구의 북극 쪽을 향해 순식간에 날아갔고, 그러고는 하늘 위로 곧장 치솟았습니다. 마귀들이 우글거리는 사탄 제국과 달·태양·목성·화성 등 태양계를 지나 우주공간을 계속 달렸습니다.

천국의 외부에 도착하면 두 개의 문이 있습니다. 외부의 문과 내부의 문입니다. 두 번째 문 밖은 영적으로 정화되지 않은 사람들이 천사장들로부터 영적 훈련을 받는 장소라고 합니다. 그들이 천국의 문에 이르자 문은 자동으로 열렸습니다. 긴 문을 통과하자 인간의 상상을 초월하는 세계가 펼쳐졌습니다. 그 장대함과 아름다움은 인간의 어떠한 언어로도 표현할 수 없었습니다.

지상에서는 맡을 수 없는 온갖 향기로 가득 차 있었습니다. 그 향기들은 거룩하신 하나님의 숨결이었습니다.

하나님의 오른편에는 예수, 그리고 왼편에는 성령이 좌정했다고 퍼시는 증언합니다. 그는 사도 바울과 아브라함, 사라를 만났습니다. 예수와 마리아, 그의 어머니도 만났습니다. 꿈에 그리던 어머니와 깊은 포옹을 했습니다.

예수는 그를 맨션으로 인도했습니다. 맨션은 하나님의 보좌를 향하여 3열로 지어졌으며, 한 열이 수십만 마일씩 펼쳐져 있었다고 합니다. 맨션은 예수가 직접 설계했고, 공사는 계속 진행 중이라고 강조합니다.

예수나 사도 바울 등 모든 이들이 맨션을 갖고 있는데, 맨션 크기는 영혼을 구한 수만큼 다르다고 했습니다. 맨션 아래에는 거대한 연회장이 있는데, 예수가 주석에 앉고, 그는 솔로몬과 다윗 사이에 앉아 향연을 가졌다고 합니다.

그는 거대한 성전도 보았습니다. 예배는 하나님이 주관한다고 했습니다. 천국에는 거대한 기록실이 있고, 하나님은 공정한 심판을 하실 것으로 그는 보았습니다. 그리고 예수는 휴거가 가까워졌다고 말했다고 합니다. 휴거가 일어나기 30일 전부터 천사들이 지구를 향해 나팔을 불게 되며, 하나님의 영이자 권능인, 엄청난 양의 생명의 강물이 지상에 내림으로써 그리스도 안에서 죽은 육신들을 부활시켜 생명을 부여하게 된다는 것입니다.

그는 "지금까지 천국에 관하여 기술한 것은 극히 적은 주요 부분만 보고 온 생생한 체험입니다. 천국의 모든 것을 상세히 다 보려면 수천 년이 걸려도 부족하다고 합니다."라고 말했습니다. 그리고 그는 예수로부터 계시받은 100가지 사항 중에 많은 것은 영적으로 깨어 있는 사람들이 받아들이기에도 벅찬 것이어서 아직은 드러낼 시기가 아니며, 때가 되면 계속 전 세계로 전파하는 사명을 다할 것이라고 했습니다. 그가 보고 온 영계는 그가 말한 것처럼 요한계시록을 보는 듯합니다.

기독교에서 보는 천사

영계에는 하나님과 천사, 그리고 영인들이 존재한다는 것은 이미 잘 알려진 사실입니다. 그러나 천사에 대해서는 막연하게 알고 있을 뿐입니다. 성경에도 자주 등장하지만, 지극히 아름다운 모습과 인간을 타락시킨 존재 등 양면으로 부각되고 있습니다.

모든 존재는 하나님에 의해 창조됐다고 볼 때 천사도 분명한 역할이 있습니다. 하나님은 인간보다 먼저 천사를 창조했습니다(히브리서 1장 14절). 그리고 그 천사는 아브라함에게 하나님의 중대한 축복의 말씀을 전했고(창세기 18장 10절), 예수의 잉태에 관한 소식을 알렸으며(마태복음 1장 20절, 누가복음 1장 31절), 옥중에서 쇠사슬에 묶여 있는 베드로를 풀어 성 밖으로 인도했습니다(사도행전 12장 7~10절). 이밖에도 하나님의 뜻을 위해 천사가 활동한 예는 성경에 수없이 많습니다.

천사는 자기 자신을 '종'(요한계시록 22장 9절)이라고 했고, 천사를 '부리는 영'(히브리서 1장 14절)이라고 지칭하기도 합니다. 천사는 하나님께 송영을 드리는 존재로서 창조됐다는 증거를 성경 곳곳에서 확인할 수 있습니다(요한계시록 5장 11절, 7장 11절).

성경은 천사의 역할을 구체적으로 적시하고 있습니다. 구약에는 하나님과 인간 사이를 중개하는 존재로서 하나님의 심부름꾼으로 파견돼(창세기 16장

7절, 19장 1~22절, 민수기 22장 22~35절) 사람을 보호하거나(창세기 24장 7절, 시편 91장 11절), 처벌한다(사무엘 상 24장 16절, 시편 78장 49절)고 기록돼 있습니다. 또 그들은 하나님을 모시는 신하요 군대로 인식됐으며(여호수아 5장 14절, 열왕기상 22장 19절, 호세아 12장 6절, 아모스 3장 13절), 때로는 하나님의 발현으로 생각됐습니다(창세기 16장 10절, 출애굽기 3장 2~14절).

신약을 보면 천사는 하나님의 메신저로 사람에게 파견되고(마태복음 1장 20절, 누가복음 1장 11절, 사도행전 8장 26절), 꿈에 나타나고(마태복음 2장 13절), 흰옷을 입은 사람으로도 등장합니다(마가복음 16장 5절). 그들은 창조된(골로새서 1장 16절) 영체요(히브리서 1장 14절), 하나님의 군대이며(마태복음 26장 53절), 예수를 섬기고(마태복음 4장 11절, 누가복음 22장 43절), 사도들에게 봉사하며(사도행전 5장 19절, 12장 7~10절), 어린이들을 보호합니다(마태복음 18장 10절). 마침내 그리스도는 천사들의 옹위를 받으며 심판하러 오게 되고(마태복음 16장 27절, 24장 31절), 모든 천사를 지배하는 것입니다(마가복음 13장 32절, 골로새서 1장 16절, 빌립보서 2장 10절, 히브리서 1장 5절).

대부분의 천사는 인간을 협조하면서 하나님의 성업을 이뤄드리고 있습니다. 천사와 인간의 관계는 영적 체험을 통하지 않고서는 확인할 수 없습니다. 그동안 수많은 사람이 천사를 보았다고 증거하고 있습니다. 즉 자신이 어려움에 처했을 때 천사가 구해 주었다거나 사후에 천사가 인도한다는 등의 경험을 이야기합니다. 이처럼 천사는 하나님의 자녀들을 돕는 사명을 갖고 있습니다. 하나님과 인간 사이의 매개 역할을 할 뿐만 아니라 하나님의 구원섭리에 협조하고 있다고 볼 수 있습니다.

불교, 조로아스터교에서도 천사의 존재를 인정합니다. 불교의 정토(淨土)에는 자유로이 비행하는 천인(天人), 염마왕(閻魔王)의 천사 등이 있습니다. 또 천사는 그리스어로 '안겔로스(angelos)'인데, 이 말에는 신에게서 파견된 사자, 전령 등의 뜻이 담겨 있습니다.

자신의 본분을 망각한 루시퍼

기독교에서는 인간보다 지혜롭고 능력이 뛰어난 영이라고 보고 있습니다. 그리고 최초의 천사는 모두 한결같이 거룩하고 행복한 상태에 있었는데, 루시퍼(누시엘)를 비롯한 많은 천사가 하나님을 배반해 선한 천사와 악한 천사로 나뉘게 됐다고 합니다. 선한 천사는 하나님에게 충실히 머물러 있으면서 점점 성스러워져서 영원한 천국의 정복(淨福)을 얻었으며, 악한 천사는 지옥의 끝없는 겁벌(劫罰)을 받게 됐다는 것입니다. 선한 천사는 항상 하나님을 찬미하고 하나님에게 봉사하며, 인간을 수호한다고 합니다. 인간에게는 사람마다 수호천사가 있고, 천사는 그 사람이 인생의 최고 목표인 천국의 정복을 얻을 수 있도록 선행을 권하고 악을 피하게 해준다는 것입니다.

천사가 자신의 본분을 망각하고 하나님의 뜻을 거역하면서 범죄를 저지르는 장면도 성경에 등장합니다. 성경에 그 타락 과정을 나타내주는 구절, 즉 "또 자기네가 통치하는 영역에 머무르지 않고 자기들의 거처를 떠난 천사들을, 그 큰 날의 심판에 붙이시려고, 영원한 사슬로 매어서 어둠에 가두어 두셨습니다. 그리고 소돔과 고모라와 그 주위의 성들도, 그들과 마찬가지로 음란함에 빠져서 다른 육체를 좇았으므로, 영원한 불의 형벌을 받음으로써, 사람들에게 본보기가 되었습니다."(유다서 1장 6~7절)라는 구절을 보면 천사가 간음을 한 것으로 나타납니다.

인간 조상을 타락시킨 영적 존재가 천사 루시퍼라는 것입니다. 하나님이 죄를 지은 천사들을 아까워하지 않으시고 지옥에 던져서 그들을 사슬에 묶어 심판 때까지 어둠 속에 있게 했다(베드로후서 2장 4절)고 하는 기록이나 옛 뱀, 곧 큰 용을 땅으로 내쫓으니 마귀라고도 하고 사탄이라고도 한다(요한계시록 12장 9절)는 기록도 이를 뒷받침합니다.

통일원리는 하나님은 인간을 자녀로 창조하시고 피조세계에 대한 주관권(主管權)을 부여하셨기 때문에(창세기 1장 28절), 인간은 천사도 주관하게 되어 있다고 밝히고 있습니다. 즉 고린도전서 6장 3절에 인간에게는 천사를 심판할 수 있는 권한이 있다고 한 것도 이를 뒷받침하고 있습니다. 그리고 영계를 통하는 모든 사람은 수많은 천사들이 낙원(樂園)에 있는 성도들을 옹위하고 있는 것을 보게 되는데, 이것도 역시 천사의 인간에 대한 시종적(侍從的)인 관계를 말해주는 하나의 좋은 예라고 설명했습니다. 그러면서 인간 시조는 천사와 행음관계(行淫關係)로 타락의 길로 접어들었다고 설명하고 있습니다.

"유다서 1장 6절에서 7절에 또 자기 지위를 지키지 아니하고 자기 처소를 떠난 천사들을 큰 날의 심판까지 영원한 결박으로 흑암에 가두셨으며, 소돔과 고모라와 그 이웃 도시들도 저희와 같은 모양으로 간음을 행하며 다른 색을 따라가다가 영원한 불의 형벌을 받음으로 거울이 되었느니라고 기록되어 있는 것으로 보아, 우리는 천사가 간음(姦淫)으로 타락되었다는 사실을 알 수 있다."(《원리강론》 78쪽)

인간과 천사가 불륜 관계를 맺게 됐다는 것은 모두 자신의 본분을 망각하고 하나님의 뜻대로 살지 못했다는 것으로 볼 수 있습니다. 그래서 인간은 원죄를 안고 타락의 구렁텅이로 빠져들게 된 것입니다. 루시퍼는 에덴동산에서 하나님의 곁을 떠나면서 천도에서 이탈하였기 때문에 하나님의 속성이 아닌 죄악의 근원이 됐고, 그 결과 불안, 공포, 미움, 시기, 질투, 욕심을 인간에게 전수한 것입니다. 그래서 마지막 날에 사탄의 괴수인 루시퍼가 회개하고 돌아올 때 인간은 죄악에서 해방되고, 하나님이 구상했던 창조이상세계도 실현될 수 있다고 보는 것입니다.

물론 루시퍼가 회개한다고 하더라도 그의 혈통적 잔당이 사라지지 않는 한 이상세계는 당장 실현될 수 없습니다. 오히려 잔당들은 루시퍼를 비웃는다는 것입니다. 마찬가지로 우리 인간도 사탄이 남긴 타락의 혈통을 완전히 정화하고 타락의 굴레에서 벗어날 때 하나님 앞으로 갈 수 있습니다.

| 제2장 |

영계와 영적 현상들

◆◆◆

성경에는 예수 그리스도가 각종 질병과 악령으로 고통받는 사람들을 치유한 이야기들이 등장합니다. 이는 하나님의 능력을 힘입어 영적으로 어둠에 놓인 사람들에게 사랑과 용서를 통해 영육 아우른 치유를 한 것입니다. 마찬가지로 우리 인간이 영적으로 고통을 당하거나 영적 세계를 인식할 수 없는 것은 하나님과 소통할 수 있는 영적 회로가 끊어졌기 때문으로 볼 수 있습니다. 그래서 영적 세계에 대한 올바른 시각을 갖고, 영적 능력을 키우는 것이 신앙인들의 목표이자 사후세계를 준비하는 올바른 자세라고 말할 수 있습니다.

1. 영매와 초능력

영매(靈媒)란 죽은 자와 살아 있는 자를 중개하는 특수한 영능력자를 말합니다. 대부분의 영적 현상은 이러한 영매를 통해 나타납니다.

영매는 무속과도 밀접한 관계가 있습니다. 무당은 영매를 통해 예언 능력이나 치료 능력을 발휘합니다. 기독교계에서 예언이나 방언을 하는 것도 따지고 보면 영매의 작용이라고 볼 수 있습니다. 영계는 영매를 통해 지상과 교신하고 있습니다. 영매를 통한 영적 현상은 동서고금을 막론하고 자주 보고되고 있습니다. 여기에 소개하는 내용은 미국의 사례로 여론전문가인 조지 갤럽이 지은 《죽음 그다음의 세계》에 자세히 기록돼 있습니다.

영인이 영매의 도움으로 지상에 나타나다

플로렌스 쿡(Florence Cook 1856~1904년)은 어렸을 때 영적으로 보고 듣는 문제에 관심을 가졌고, 15세 때 몸이 공중으로 떠올라가는 체험을 한 뒤 영매의 길을 걷기 시작했습니다. 그에게 내린 영은 케이티 킹(Katie King)이라는 영입니다. 17세기 영국 국왕 찰스 2세로부터 기사 작위를 받고 자메이카 총독에 임명됐던 헨리 모건의 딸로서 당시 이름은 애니 모건이라고 했습니다. 그는 결혼 후 두 아이를 뒀지만, 살인 등 악행을 거듭하다가 22

세에 뜻밖의 죽음을 맞이했습니다. 이렇게 해서 영계에 들어간 그는 죗값을 치르기 위해 영계의 실상을 지상인에게 가르쳐주는 일을 맡게 됐습니다.

케이티 킹은 1872년 4월 초 자신의 모습을 지상인에게 드러내는 일을 시도했습니다. 즉 플로렌스 쿡이라는 소녀 영매의 도움을 받아 산 인간과 다름없는 모습을 이 세상에 나타낸 것입니다.

케이티 킹에 대해서는 윌리엄 크룩스와 플로렌스 마리아트가 증언하고 있습니다. 플로렌스 쿡은 전자장치까지 이용한 엄격한 실험 조건에서도 평소와 다름없이 케이티 킹을 출현시켜 증언했기 때문에 속임수는 있을 수 없다고 증언합니다. 크룩스는 케이티의 사진까지 남기고 있습니다. 그리고 플로렌스 쿡과 케이티 킹이 함께 있는 장면을 크룩스를 포함한 아홉 사람이 밝은 전등불 아래서 목격했다고 합니다. 크룩스는 작은 암실에서 램프 빛을 통해 쿡과 손을 잡고 있는 케이티의 모습을 보았습니다. 케이티는 참석자들과 자유로이 대화하고 자기 머리와 손을 만지게 했습니다.

크룩스와 마찬가지로 모임에 자주 참석했던 영국의 여류작가 마리아트의 저서 《죽음을 넘어서》에 의하면 케이티 킹은 때에 따라 모습이 변화하고 자신의 무릎에 앉기도 했다고 합니다. 그리고 쿡과 자신의 차이를 알려주기 위해 지상에 있던 자신의 모습을 보여주고 쿡의 머리카락과 자신의 머리카락을 뽑아 비교해주기도 했습니다. 그리고 나체의 모습으로 자신을 드러내기도 했다는 것입니다.

케이티 킹은 1872년 플로렌스 쿡을 영매로 자신의 모습을 드러낸 이후 2년 동안만 그의 곁에 있겠다고 약속했습니다. 그리고 1874년 약속된 날이 다가오자 마지막 모임에서 일행과 작별하고 두 번 다시 모습을 나타내지 않았습니다. 이 사례는 영매의 도움을 통해 영인이 직접 여러 사람에게 나타난 것으로 볼 수 있습니다.

무거운 짐을 들어 올리고

영적 현상과 관련해 오래전부터 화제를 불러일으킨 사람이 에우사피아 팔라디노(Eusapia Palladino 1854~1918년)입니다. 그는 이탈리아의 한 농가에서 태어났습니다. 어머니는 그를 낳자마자 사망했고 아버지 역시 산적에게 살해돼 그는 열두 살 때 고아가 됐습니다.

그는 무거운 가구가 자체의 의지를 가지고 있는 것처럼 심하게 움직이고 손이 나오기도 하는 영적 현상을 보여주는 것으로 유명합니다. 과학자인 에르콜레 키아이아(Ercole Chiaia) 박사는 1988년 영적 현상을 무시하는 글을 잡지에 발표했던 정신의학자 체사레 롬브로소(Cesare Rombroso)에게 공개 질문장을 보냈습니다.

"의자에 몸이 묶여 있어도, 그리고 손으로 몸을 단단히 붙잡고 있어도 그는 가구를 자기 쪽으로 끌어온다든가 들어 올려 공중을 날게 한 다음 다시 마룻바닥에 서서히 내려놓을 수가 있소. 그것은 마치 가구가 그녀의 의지대로 움직이는 것 같다오. 가구를 공중에 띄우면서 그 높이도 마음대로 조절하오. 또 벽이라든가 천장, 마룻바닥에서 멋진 리듬과 억양으로 랩 소리를 낼 수도 있소. 아무리 질긴 끈으로 묶어 놓더라도 이 여성은 공중으로 떠오를 수 있소. 그리고 모든 중력의 법칙을 무시한 채 마치 침대에 누워 있듯이 공중에 누워 있다오. 또 자기 손으로 움직이듯이, 그리고 눈에 보이지 않는 놈(Gnome, 정령)의 숨결이 움직이듯이 오르간·종·탬버린 등의 악기를 연주할 수 있소. 그는 도대체 몇 개의 팔을 가지고 있는지 우리로서는 알 수가 없소. 의심이 많은 입회인이 그녀의 수족을 잡고 있는 사이에도 다른 수족이 나타나는데, 그런 것들이 어디서 나오는지 그 자신도 알지 못하오."

1892년 밀라노위원회로 알려진 연구그룹은 17차례의 모임을 갖고 "헤아릴 수 없을 만큼 여러 차례 손이 출현했고 우리는 그것을 만져보았다. 의혹의 여지는 이제 없다. 우리가 보고 또한 만져보았던 것은 실로 살아 있는 인간의 손이었는데, 그러는 동안 팔라디노의 상반신과 양팔은 분명 우리의 시선에 잡혀 있었다. 또 그의 양손은 양 옆구리를 끼고 있는 사람에 의해 잡혀 있었다."라는 내용의 보고서를 냈습니다.

팔라디노의 영능력 가운데 주목할 것은 테이블 부양 현상입니다. 이러한 현상에 대해 속임수라는 논란도 있었지만, 환상의 손이 참석자들을 만져주는 증거를 보이면서 깊은 인상을 남기기도 했습니다.

이 현상은 죽은 이의 영이 산 자를 움직여 초능력을 발휘하는 영매의 심령 현상으로 보입니다. 눈에 보지 않는 것은 무조건 믿지 않는 것이 인간입니다. 그러나 현미경이나 망원경을 통해 육안으로 볼 수 없는 것까지 보듯이, 인간은 영적 눈을 통해 더 차원 높은 세계를 볼 수 있고 만질 수도 있는 것입니다.

2. 기적의 영적 치료

영적 현상 가운데 가장 주목받는 것은 치병 현상입니다. 성경에는 예수 그리스도의 치유 사역이 자주 등장합니다. 죽은 자도 살리심(누가복음 7장 11~16절)은 물론 각색병과 중풍, 문둥병 등 각종 병을 다 고쳤습니다(마태복음 4장 24절, 마가복음 1장 34절, 누가복음 4장 40절). 물론 예수는 성령의 초자연적인 능력으로 병을 고칩니다. 여기서 초자연적 능력이란 병의 원인이 된 영적 문제를 풀어나가는 것으로 볼 수 있습니다. 무당들이 치유 능력을 보이는 것은 예수에 비하면 아주 초보적 단계라고 볼 수 있습니다.

이른바 심령치료가 전 세계적으로 보고되고 있습니다. 물론 심령치료가 어떻게 가능한지 정설은 없지만 영매를 통해 치유된다고 대답하는 이들이 많아지고 있습니다. 다시 말하면 무당이 영매를 통해 치유 능력을 보이듯이 어떤 강한 영적 힘이 작용한다는 논리가 설득력을 얻고 있습니다.

원격 치료와 대리 치료

영국 이스트햄 출신인 존 케인(John Kane 1931~1985년)은 심령치료로 유명합니다. 그는 1973년까지 손바닥 치료를 해왔습니다. 그러나 자궁을 절제한 젊은 여성을 치료하면서 새로운 전기를 맞게 됩니다. 그는 평소대로 손바닥을 환자에게 대자 자신은 물론 환자까지 무아경으로 빠져들었습니다. 그 환자는 그 상태에서 병이 나았던 것입니다.

제2의 전기는 원격 치료입니다. 이 일은 실로 뜻밖의 경위로 시작됐습니다. 케인의 사진을 보고 있던 사람이 순간적으로 의자에서 쓰러지고 깊은 체면 상태로 빠져드는 현상이 나타났습니다. 물론 사진을 본 사람 모두가 무아경에 빠지는 것은 아닙니다.

치병에 대한 케인의 명성이 알려지자 찾아오는 사람들이 날로 불어났습니다. 그래서 직접 치료가 어렵게 되자 조수 한 사람에게 자기와 똑같은 의식(意識)을 가르친 다음 환자에게 시험해보았습니다. 그러자 조수의 치료에도 환자는 반응을 나타냈고, 마침내 무아경(trance)에 빠져들었습니다. 조수 중 한 사람은 "나와 케인은 정신적으로 연결돼 있다. 그렇지 않으면 이 일은 설명할 수 없다."라고 말합니다.

케인이 환자들에게 직접 치료를 하지 않아도 완벽하게 치료되는 능력은 수백 명이 모이는 치료 집회에서도 발휘됩니다. 환자 50명 정도가 홀 한복판의 바닥에 깔린 매트리스에 앉고, 케인은 조사(照射)를 합니다. 앉아 있는 환자들 앞에서 무릎을 꿇고 서서히 무아경에 들어가면 10초가 되기 전에 환자들 모두 같은 상태에 몰입하게 됩니다. 약 30분간 상태는 계속됩니다. 수많은 연구가와 의사, 그리고 케인 자신이 치료에 대한 해명을 찾으려고 했으나 속 시원한 대답은 나오지 않고 있습니다. 일각에서는 집단 히스테리나 최면술이라고 주장합니다.

팻 사이키스(Pat Sykes)의 저서인 《그대는 존 케인을 알고 있는가》에는 33건의 치료 성공 사례가 적혀 있습니다. 그것은 과학적 방법으로나 종교적 방법 등 어떤 치료법으로도 고치지 못한 환자들을 완쾌시킨 케인의 공로가 소개돼 있습니다. 케인은 자신의 치료 능력에 대해 "정직하게 말해서 어떤 힘, 그것은 아마도 영혼의 힘이 아닌가 생각되는데 그것이 나에게서 작용하는지는 알 수 없다."라고 말합니다.

영의 인도 따라 녹이 슨 나이프로 환자 수술

브라질 시골 마을에서 일어난 이야기입니다. 자궁암으로 죽음 직전에 이른 부인에게 마지막으로 향유를 발라주는 가톨릭 의식이 진행되는 순간 남편이 커다란 나이프를 들고 나타났습니다. 사나이는 주위에 있던 사람들에게 물러나라고 말한 다음 나이프를 부인의 질 속에 넣은 뒤 몇 번이나 난폭하게 휘젓는 것이었습니다. 그 후 종양 덩어리를 꺼냈습니다. 그렇게 하고 나서 그는 지친 듯 흐느껴 울기 시작했습니다. 주변에 있던 사람들은 그 사이 포승에 묶인 듯 그 모습을 지켜보고 있을 뿐이었습니다.

정신을 차린 친척 가운데 한 사람이 의사를 데리고 왔습니다. 조금 전까지 죽은 사람처럼 창백했던 환자의 얼굴에는 핏기가 돌았고 아무런 고통도 느끼지 못하는 듯했습니다. 의사는 수술에 의한 출혈도 없고 그밖의 나쁜 영향은 없다고 말했습니다.

이 기이한 사건은 당사자인 두 사람의 인생을 완전히 바꿔 놓았습니다. 부인은 완전히 회복됐으며, 수술했던 남편 조제 아리구(Jose Arigo 1921~1971년)는 그 후 심령수술의 의사가 돼 일생을 보내게 됩니다. 아리구가 갑작스럽게 심령능력을 몸에 익힌 것은 아닙니다. 물론 그는 부인을 수술했던 일을 전혀 기억하지 못하고 있었습니다. 어린 시절에 기묘한 빛과 불가사의한 목소리를 접한 이후 서서히 자신의 영적 능력을 감지했던 것입니다.

아침 7시 문을 열 때쯤이면 언제나 200명에 이르는 환자들이 줄지어 기다리고 있었습니다. 아리구는 환자를 대할 때, 무아경에 빠지고 독일어 방언으로 이야기합니다. 이것은 1918년에 죽은 독일인 아돌프 프리츠(Adolf Fritz) 박사가 아리구를 통해 수술하고 있기 때문이라는 것입니다.

아리고는 환자를 벽에 붙여서 세워 놓고 소독도 하지 않은 나이프로 수술한 다음, 입고 있는 자기 옷에 그 나이프를 문지르는 식으로 재빠르고 거친 치료를 했습니다. 그런데도 환자들은 통증이나 공포를 느끼지 않았다고 말합니다. 피도 거의 나오지 않았으며, 상처는 금방 아물어 며칠 후에는 완치되곤 했습니다.

그는 어느 환자에게나 다 수술을 한 것은 아니었습니다. 환자를 바라보기만 할 뿐 아무 질문도 하지 않고 진단했으며, 약을 재빠르게 처방해 적어주었습니다. 복용량이나 약을 섞는 비율은 종래의 의약 상식으로는 이해할 수 없는 것이었습니다. 그러나 효과는 아주 좋아서 그 약을 먹은 사람은 거의 다 치유됐다고 합니다.

1950년대부터 1960년대까지 아리구는 브라질의 국가적 영웅이었으며, 그의 기적적 치료 내용이 신문에 보도되지 않는 날이 없었을 정도였습니다. 무자격 의사인 아리구는 1956년 불법 의료행위로 고발됐습니다. 실형을 받게 됐지만, 당시 주셀리누 지 올리베이라 대통령의 특사로 겨우 수난은 면하게 됐습니다. 그 후에도 법망을 빠져나갈 수 없어 복역이라는 고통을 겪었지만, 과학적으로는 도저히 이해할 수 없는 수술인데도 환자가 완쾌되는 데는 모두가 놀랐습니다.

아리구는 암이 온몸에 퍼져 도저히 현대의학으로는 치료할 수 없는 폴란

드의 젊은 여성을 치료하는 등 그의 명성은 전 세계적으로 알려지게 됐습니다. 그러나 그는 1971년 자동차 사고로 사망했습니다. 물론 그의 심령수술의 비밀은 해명하지 않은 채 세상을 떠났습니다. 아리구는 예수 그리스도와 프리츠 박사를 믿는다는 것 외에 자신의 치료행위에 대해 아무런 설명도 하지 않았습니다.

3. 무속을 알면 영계가 보인다

예부터 보통 사람들이 어려움에 처할 경우 즐겨 찾는 곳이 점집입니다. 한국인의 각종 애환이 담겨 있는 점집에는 길흉을 점치고 굿을 주관하는 무속인이 있습니다. 무녀(巫女) 또는 무자(巫子)라고 하는 이들은 신과 직접 접촉하면서 악령과 선령을 다루는 신비한 능력을 가졌다고 합니다. 즉 인간과 신을 연결해주는 일을 직업으로 하고 있습니다.

이들의 활동 가운데 중요한 하나는 신과 접촉해 재난을 탐지하고 방지하는 일입니다. 인간의 화복은 신의 뜻에 좌우되므로 재화를 방지하기 위해 신을 불러들이게 됩니다. 이처럼 무속인은 중간에서 인간의 뜻을 신에게 전달함으로써 인간의 소원을 성취할 수 있는 능력을 지녔다고 보는 것입니다. 질병에 걸리면 무당을 불러 굿을 하는 까닭도 여기에 있습니다.

그러면 신은 누구이고 무당은 어떻게 그러한 능력을 갖게 될까요? 지금부터 우리 민족의 전통신앙인 무속을 중심으로 영계 문제를 짚어보고자 합니다.

무속인은 누구일까?

서울 광진구의 A씨는 1992년 2월 잠실에서 택시를 타고 가다가 갑자기

하늘에서 꽃가루가 내리는 것을 경험했습니다. 택시 기사는 그가 죽은 줄 알고 병원으로 데려갔습니다. 그 후 그는 일주일에 서너 차례 기절하며 쓰러졌습니다. 유명한 병원과 신통하다는 무속인을 찾아다녔지만 뚜렷한 원인을 찾지 못했습니다. 그러던 중 1996년 11월 교통사고로 병원에 6개월간 입원했습니다. 자주 기절하는 그를 보고 누군가가 신의 제자가 될 팔자라고 했고, 1997년 5월 신 내림의 과정을 거쳐 '옥황상제 옥황 딸'(천상옥황선녀)이라는 명패를 받은 뒤 신명제자가 됐습니다.

그는 신이 임할 때 환상을 보게 되고 신의 이야기를 대신해줍니다. 예언을 구할 때는 할머니에게 방울을 흔들며 묻습니다. 내담자가 제자의 인연이 되면 옥황 할머니가 말씀해주신다고 합니다. 집에서 부모님께 상의하는 것처럼 신령께 묻는다는 것입니다.

A씨는 작두 위에 올라서서 걷기도 합니다. 그는 "조금이라도 뭐가 밟히거나 닿는 느낌이 나면 겁이 나서 어떻게 올라서겠는가?"라고 반문합니다. 이때 신내림은 평소보다 강하게 온다고 합니다. 작두장군이 오는 것입니다. 그의 경우는 불 근처에 들어가면 뜨겁듯이 몸에 열이 난다고 합니다. A씨는 신내림 이후 영적 교류를 해온 것입니다. 그가 접신 상태가 되면 신은 그를 통해 말을 하고 예언하게 된다는 것입니다. 신의 힘을 빌려 '해로운 귀신'을 쫓아내 병을 고치기도 합니다.

A씨 같은 강신무는 신내림을 받은 사람을 말합니다. 강신무는 보통 신에 의해 일방적으로 선택된 무속인이라고 할 수 있지만, 세습무는 말 그대로 집안 대대로 무속인의 기운을 가지고 태어나며 무속인으로 삶이 결정되는 형태를 말합니다.

그러면 무속인을 어떻게 이해해야 할까요? 무병을 앓은 뒤 무속인이 되는 경우 어느 날 갑자기 영적인 존재(몸주)에게 심신을 빼앗겨 환각 증세를 일으키거나 환청 현상을 보이게 됩니다. 심하면 집안이 망하거나 가족이 죽는 등 재앙을 당하기도 합니다. 이런 경우 신을 받아들이면 재앙이 끝나게 된다는 것입니다. 재앙을 내리는 것은 몸주가 그 사람을 수족으로 쓰려고 가혹한 실험을 하거나 죄업을 씻어버리기 위함이라는 주장도 있습니다.

경희대 교수 서정범 박사는 무당이 되기 전에 오는 무병을 기(氣)로써 설명합니다. 기를 자기 체질에서 조절하지 못하면 병이 생긴다는 것입니다. 서 박사는 "무병은 어느 시기가 되면 자동적으로 조절되며, 강력한 기를 가진 신모가 내림굿을 하게 되면 조절돼 안정감을 갖고 예언과 치유 능력을 발휘하게 된다."(《한국무속인열전》 제5권 204쪽)라고 주장합니다.

기라는 것도 따지고 보면 보이지 않는 힘을 모아 초능력을 발휘하는 하나의 영적 현상으로 볼 수 있습니다. 최면 또는 정신통일 상태에 들어가거나 기도를 하게 되면 다시 영적 세계와 교류가 이어지고 초능력을 발휘하는 것입니다. 정신적인 혼미 상태가 지속되는 무병도 기 치료를 통해 제어할 수 있다는 것이 서 박사의 설명입니다.

또 장군신이든 조상신이든 빙의한 상태이기 때문에 그 영혼을 내보내는 것이 일반인으로 돌아오는 길이라고 보는 사람도 있습니다. 불교에서 말하는 천도재를 지내 영혼들을 떠나보내면 남들과 똑같이 살아갈 수 있다는 것입니다.

내림굿을 한 후에는 무병이 낫게 되지만, 신(몸주 혹은 빙령)의 의지에 따르거나 신의 힘을 빌려 치병이나 예언을 하게 됩니다. 자기 자신은 없어지는 것이지요. 신의 영향 아래 있기 때문에 일반적인 생활, 특히 결혼생활도 여의치 않다는 것입니다.

무속은 영계의 중요한 현상을 우리에게 보여줍니다. 무형세계는 분명히 존재하는 실체라고 할 수 있습니다. 좀 더 자세히 분석하고 체계적으로 정리한다면 영계를 연구하는 데 중요한 자료가 될 수 있습니다.

무속과 종교 현상

민간신앙인 무속을 자세히 뜯어보면 일반 종교와 별로 다르지 않음을 발견하게 됩니다. 그래서 일부에서 '정통종교'에서 벗어난 '유사종교'라는 말을 쓰고 있지만, 일반 종교 현상과 비슷한 점이 많습니다.

기독교인들이 타 종교에 대해 배타적인 것은 잘 알려졌지만, 무속에 대해서는 특히 일제가 그랬던 것처럼 미신으로 치부하고 있습니다. 어떻게 보면 무속을 받아들인 다른 종교보다 오히려 무속과 유사한 점이 많으면서도 말입니다. 유사하다는 것은 통하는 부분이 많다는 뜻입니다. 다시 말하면 하나 될 수 있는 부분이 많다고 볼 수 있습니다. 그만큼 종교성이 강했던 우리 민족은 하나님을 믿는 기독교와 통하는 부분이 많다고도 볼 수 있습니다. 우리나라에서 기독교가 꽃피우는 이유도 여기에 있습니다.

무속에는 다른 종교에서 보기 힘든 부분이 있습니다. 바로 신과의 만남입니다. 무당을 통해 신과의 교류가 가능한 것이 무속의 가장 큰 특징입니다. 물론 기독교에도 이러한 요소는 상당히 잠재돼 있습니다. 기독교에서 성령을 받은 사람도 무당과 같이 예언하고 병을 고치는 능력이 있습니다. 무속처럼 예언하거나 병을 고치는 교회에는 신자들이 많이 몰려들고 있습니다.

기독교가 처음 우리나라에 들어올 때 성경을 '복음'이라고 불렀고, 이를 믿으면 복을 받는다는 공리적 측면에서 출발한 것도 무속의 기복사상과 상통하는 면이 있습니다. 불교에서도 도통한 사람은 무당과 같이 예언을 하고 병을 고치는 능력을 보입니다. 불교가 거의 무속화했다고 해도 과언이 아닐 것입니다.

무속 제의의 한 형태인 굿은 일부 기독교회의 예배 의식과 다를 바가 없습니다. 유교가 생활 규범과 실천윤리를 지배한 조선시대 왕실에서 이러한 굿이 행해졌습니다.

굿의 목적은 치병(治病), 초복(招福), 초혼(招魂), 안택(安宅), 기우(祈雨), 진령(鎭靈), 제재(除災), 천신(薦神), 축귀(逐鬼) 등입니다. 의식은 원무당(元巫堂)이 주재하는 가운데 창부무(唱夫巫)와 후전무(後錢巫)가 가무와 예(藝)를 하고, 기무(技巫)는 장구를, 악수(樂手)는 조수로서 징을 치며, 전악(典樂)은 퉁소와 해금을 맡아서 진행합니다. 제물은 주로 백병·과일·당과·유과·술·포 등이 쓰이고 있습니다. 굿이 끝나면 헌금을 하는 것도 타 종교와 다를 바가 없습니다.

무속의 위상이 천박한 모습으로 추락한 데는 타 종교를 비롯해 우리 사회가 만들어 놓은 무속인에 대한 좋지 않은 편견이 작용했지만, 무속인 스스로 좋은 인상을 심어주고자 하는 노력도 미흡했습니다. 특히 거짓 예언을 남발한다거나 재산을 불리기 위해 굿판을 벌이는 모습을 종종 볼 수 있습니다. 게다가 굿 문화를 체계적으로 연구하거나 장점을 살려 나가지 못한 것도 무속인이 천대받는 중요한 원인이 되고 있습니다. 그런 점에서 무속인은 신에게 봉사하고 신과 인간을 연결해주는 본래의 소명에 충실하면서 약자를 위해 봉사하는 삶을 살아가야 할 것입니다.

300여 종에 달하는 무속의 신

무속에서 말하는 신은 누구일까요? 우선 그 계층이 다양합니다. 하나님과 옥황상제는 최상의 명복신(命福神)으로 여기는 제석천(帝釋天)과 더불어 무속신앙에서 가장 높이 받드는 신으로 인식되는 등 무속의 신은 300여 종에 달합니다.

신은 보통 불가사의한 능력을 지니고 자연계를 지배하며 인류에게 화복을 내리는 초월적인 존재라고 보고 있습니다. 한국인들은 유례가 없을 만큼 많은 신을 섬기면서 어려움을 이겨 나가는 방편으로 삼아왔습니다. 우리 조상은 이 신 저 신을 모시면서도 전지전능한 최고의 신을 찾기 위한 여정을 계속해왔다고 볼 수 있습니다.

세상에는 인간의 능력으로는 도저히 이해할 수 없는 일들이 많이 벌어지고 있습니다. 박쥐가 지진이 일어나기 며칠 전에 동굴을 빠져나오는 것처럼, 인간도 어려움에 처했을 때는 초능력을 발휘하게 됩니다. 한국의 점은 서양에서 말하는 초능력 중 예지력과 같은 개념으로 볼 수 있습니다.

점은 미래의 길흉을 알려주는 것이 주된 목적입니다. 점에서 공통적인 사실은 많은 무당이 내담자들의 과거 일을 족집게처럼 알아낸다는 것입니다. 중요한 것은 미래에 대해 얼마만큼 정확하게 맞히느냐 하는 것입니다. 무당이 모신 신의 영역과 개인의 특성에 따라 다소 차이가 있다고 합니다. 다시 말하면 신, 즉 몸주가 가르쳐주는 내용이 상징적이다 보니 그 해석에 따라 예언이 빗나갈 수도 있다는 것입니다.

무속인도 여러 급이 있습니다. 처음 도가 낮은 수준일 때는 약한 신을 섬기다가 도가 깊어질수록 더 높은 신을 모시게 됩니다. 경력이 얕을 때는 높은 신이 무슨 말을 해도 못 알아듣습니다. 모시는 신들도 개성이 있고 사람에게도 직성이 있습니다. 신의 개성과 무속인의 직성이 맞아야 한다는 것입니다.

무속과 영계의 관계를 실감 나게 느낄 수 있는 것은 공수(空授)라 할 수 있습니다. 무속인이 점을 칠 때나 굿을 할 때 몸에 실린 신의 말, 곧 신어를 대행하는 것입니다. 말문이 터지면 무속인 자신도 의식하지 못한 상태에서 말이 술술 나옵니다. 장군이 실린다고 하면 장군의 음성을 내고, 아기가 실리면 아기 음성을 냅니다. 옥황상제가 실리면 옥황상제의 말을 전하게 됩니다. 아기 영혼의 소리라고 해서 새소리를 내는 경우도 마찬가지입니다.

이 같은 현상은 타 종교에서도 나타나고 있습니다. 기독교에서 성령을 받아 방언하는 것이나 불교에서 도를 통한 사람이 예언하는 것도 이와 다를 바가 없습니다. 무녀 중에 중국어로 공수하는 분이 있습니다. 아버지가 한학을 했고 고조부가 중국의 사신이었다는 것입니다. 그의 잠재의식에는 그러한 배경이 깔려 있었던 것입니다. 맥아더 장군을 모신 무녀가 맥아더 장군이 실리면 영어를 하듯이, 기독교인의 방언 역시 외국어가 많습니다. 어떤 신이 실리느냐에 따라 공수가 달라질 수 있습니다. 다만 어학에 소양이 없는 사람이 하는 공수는 전연 알아들을 수 없고 국적이 없는 방언을 하게 됩니다.

무속인의 예언이 빗나가는 이유는 뭘까

무속인의 점괘는 어느 정도 맞을까요? 신과 인간의 매개 역할을 한다는 무속인은 무병을 앓은 뒤 내림굿을 거쳐 접신 상태가 되면 예언을 하고 병을 치료합니다. 그러나 예언이 빗나가고 굿을 해도 병은 고쳐지지 않는 경우가 많습니다.

　북한 정권을 놓고 여러 예언이 나왔지만 거의 빗나갔습니다. 1994년 7월 8일 김일성 주석의 사망을 예언했다는 손석우 씨는 "나무를 베고 나서도 일정 기간 잎사귀는 푸르듯이 김정일의 권력승계는 일시적일 수밖에 없으며, 하늘의 운세가 1994년 가을을 넘기기 어려울 것이다."라는 전망을 내놓았습니다(일요신문 1994년 7월 24일).

　역시 김일성의 사망을 예언했다고 해서 화제가 된 심진송 씨도 1997년 10월 "김정일의 정치생명은 앞으로 2~3년밖에 남지 않았으며, 다음 후계자는 김영주가 될 것으로 보인다."라고 말했습니다(일요서울 1997년 10월 12일).

　연예인 출신 무속인 이지연 씨는 《신은 내게 모델보다는 무녀가 되라 하셨다》라는 책에서 "김정일은 일단 주석 자리는 승계한다. 하지만 1998년 4월쯤에는 모든 권력을 내주고 물러날 것"(200쪽)이라고 예언했습니다. 이처럼 김일성 사망 이후 김정일 정권의 말로에 대해 여러 사람이 예언을 내놓았지만, 대부분 빗나가고 말았습니다.

　대선과 관련된 예언도 대부분 빗나갔습니다. 불교계에서 드물게 해박하다는 차길진 법사는 1998년 대선 전망에 대해 "비교적 때가 묻지 않고 정직한 사람이 당선될 것이라고 입을 열지 않을 수 없다."라며 김대중·이회창·이인제 후보가 아닌 제3의 인물이 당선될 것으로 예언했지만 빗나가고 말았습니다.

　조자룡 씨도 《신이 선택한 남자》란 책에서 "천운은 거스르지 못한다."라면서 "역사에 남을 만큼 우리에게 많이 알려진 분으로, 개인적 부침이 많아 수월하지는 않지만 그의 승천은 반드시 이루어진다."라고 예언해 많은 이들이 김대중 씨를 가리키는 것으로 믿었으나 그 후 이회창 씨가 승리한다고 말을 바꾸고 말았습니다.

예언이 빗나가는 것에 대해 차길진 씨는 "예언이란 본디 하늘의 섭리를 미리 알아서 말하는 것을 뜻한다. 인간사회가 그런 것처럼 하늘의 섭리에도 비밀이 있다. 영험이 있는 사람이 아무리 하늘의 비밀을 알았다고 하더라도 그것을 세상에 미리 발표해 버리면 하늘은 천기가 누설돼 다시 섭리를 짜게 된다."(일요서울 1977년 11월 30일)라고 변명했습니다. 이지연 씨도 그의 책 말미에서 "이 책에서 쓰인 부분 중 틀린 것이 생긴다면 그것은 할아버지(몸주)께서 보여주신 것을 내가 잘못 풀어낸 것"이라고 밝혔지만, 역시 석연찮은 변명입니다.

무속을 45년 동안 연구하고 3천여 무당을 만났다는 서정범 박사는 "나는 무속인들이 예언을 하고 병을 고치는 힘이 제3의 능력이 아니고 인간의 능력이라고 생각하고 있다. 그 능력이라고 하는 것이 무엇이냐 하면 기(氣)라고 생각하고 있다."라면서 "그런 면에서 볼 때 무속인이나 기 치료사들도 음악가나 화가나 학자들과 같이 하나의 기능인이라 여겨진다."(《한국무속인열전》 제5권 142쪽)라고 말합니다.

무속인 심희리(본명 심무정) 씨도 "나의 생각과 나의 몸을 버리면 자연과 하나가 된다. 이럴 때 자연의 에너지를 만들어내는데, 이 에너지로 예언을 하고 병도 고칠 수 있다."라고 밝혔습니다. 심 씨는 그것을 직관이라고 했습니다. 무속인들이 제3의 능력으로 예언하고 치유한다는 생각과는 다른 견해로 볼 수 있습니다. 무속인 대부분은 몸주가 가르쳐준다고 합니다.

예언은 신이 하는 것이 아니라 인간이 한다는 주장에 상당한 일리가 있습니다. 따지고 보면 예언이 틀리게 되는 것은 몸주의 가르침에 문제가 있을 수도 있지만, 그것을 해석하는 무속인의 능력에도 한계가 있을 수 있기 때문입니다. 또 서정범 박사의 설명처럼 예언이 제3의 능력이 아니라고 한다면 역시 그 자신의 능력에 따라 예언의 정확성이 판가름 나리라 봅니다.

4. 부활과 환생

종교는 저마다 죽은 자가 다시 사는 문제를 비중 있게 다룹니다. 특히 기독교에서는 부활을 주장합니다. 중심 교리 가운데 하나인 부활은 예수 그리스도가 인류의 죄를 사(赦)하기 위해 십자가에 못 박혀 죽었으나, 사흘 후 그의 육체가 되살아나 무덤을 빠져나왔으며, 그 후 40일 동안 때때로 영광스러운 모습을 나타내어 제자들의 신앙심을 깊게 하였다는 것입니다. 십자가에 못 박힌 예수의 부활은 죄와 죽음에 대한 승리를 뜻하며, 그가 보여준 구원의 확실성을 증명하는 것이라고 말합니다. 사도 바울에 따르면, 예수의 부활을 믿는 사람은 모두 구원을 받아 이 세상이 끝나는 날 그리스도와 함께 부활한다는 것입니다.

불교에서는 환생을 말합니다. 죽은 후 다른 존재의 육체로 태어난다는 것입니다. 그 몸은 사람이 아닐 수도 있습니다. 그러나 불교에서는 궁극적으로 열반에 이르게 되면 환생의 고리가 끊긴다고 합니다.

물론 불교에서는 영혼이 한 몸에서 다른 몸으로 옮아가는 것을 환생으로 보지 않지만, 《다이어네틱스(Dianetics)》의 저자이자 사이언톨로지(Scientology)교의 창시자인 L. 론 허버드(L. Ron Hubbard 1911~1986년) 같은 이는 다른 주장을 폅니다. 영혼은 자신이 육체가 없음을 발견하고는 즉시 새로운 육체를 찾아가는데, 대개는 새로 태어나는 아이가 첫 호흡을 하는 순간에 들어가게 된다는 것입니다.

만약 과거의 영혼이 어떤 사람에게 들어갔다면 그 사람이 기억하는 전생은 실제로는 다른 사람의 삶일 수도 있습니다. 또 환생은 왜 착한 사람들에게 나쁜 일이 생기고 나쁜 사람들에게 좋은 일이 생기는지를 설명해줍니다. 그들은 전생의 행동에 따라서 보상받거나 벌을 받기 때문입니다. 환생은 남의 영혼이 자신에게 들어온 상태를 말하며, 그때는 그 영혼의 조종을 받는다고 볼 수 있습니다.

부활은 영적으로 나타나고 보는 것

기독교는 몸의 부활을 믿는 신앙을 갖고 있습니다. 성경에는 부활한 예수가 부활을 믿지 않았던 회의주의자 도마에게 십자가에 못 박힌 자국을 보여주면서 믿음을 강조한다든가 제자들과 호숫가에서 음식을 먹는 구절이 있습니다. 이를 문자적으로 이해하는 사람들은 예수 부활체를 살아생전의 육신으로 소생한 것이라 보고 있습니다.

그러나 같은 성경에는 예수가 시공의 제약을 받지 않는 영체 모습으로 나타난다거나(누가복음 24장 31절, 요한복음 20장 19절), '내 몸을 만지지 말라.'는 표현 등을 토대로 부활은 단순한 '육체의 소생' 사건이 아니라 이성적으로 이해할 수 없는 새로운 '창조적 형태 변화'라고 해석하는 이들이 많습니다.

성경에는 변화산에서 예수가 엘리야, 모세와 대화를 나누는 장면(마태복음 17장 1~13절)이 나옵니다. 예수가 함께 간 베드로나 야고보와 그 형제 요한 앞에서 변형돼 그 얼굴이 해같이 빛나며 옷이 빛과 같이 희어졌는데,

그때 예수가 모세, 엘리야와 함께 이야기하는 것을 세 사람이 보았습니다. 베드로가 예수에게 초막 셋을 짓겠다고 말하자 홀연히 빛나는 구름이 그들을 덮으며 구름 속에서 "이는 내 사랑하는 아들이다. 내가 그를 좋아한다. 너희는 그의 말을 들어라."라고 하는 소리가 들려왔습니다.

이 변화산 사건은 보는 이에 따라 해석이 다를 수 있지만, 베드로 일행이 2천 년 전에 돌아간 엘리야와 모세가 부활한 모습을 영적으로 본 것으로 파악됩니다. 다시 말하면 십자가에 처형된 예수가 사흘 후 부활해 제자들에게 40일 동안 나타난 것처럼 모세와 엘리야도 부활했다고 볼 수 있습니다. 여기서 예수는 영적으로 모세를 만나 대화를 나눴고, 예수의 제자들도 당시 영안이 열려 이러한 장면을 볼 수 있었던 것입니다.

바울은 다마스쿠스로 가던 중에 부활한 예수를 만났습니다. 이때 갑자기 엄청난 빛이 바울을 휘감았습니다. 그 빛으로 바울은 눈은 떴으나 앞을 보지 못하였습니다. 자신이 그토록 미워했던 예수, 지금도 그를 따르는 사람들을 박해하러 가는 바울 앞에 공교롭게도 예수가 서 있었던 것입니다.

이때 홀연히 하늘에서 "사울아, 사울아, 네가 왜 나를 핍박하느냐?"라는 소리가 들렸고, 그가 "주님, 누구십니까?"라고 하니 "나는 네가 핍박하는 예수다. 일어나서 성 안으로 들어가거라. 네가 해야 할 일을 일러줄 사람이 있을 것이다."라고 하는 음성이 들려왔습니다. 그와 동행하는 사람들은 소리는 들었으나 아무도 보이지는 않으므로 말을 못 하고 멍하게 서 있었습니다(사도행전 9장 6~9절). 바울은 사람들 손에 이끌려 다마스쿠스에 들어가 아나니야를 만나 그의 인도에 따라 시력을 회복했으며, 그에게 세례를 받고 모든 사람 앞에서 다마스쿠스 도상에서 보고 들은 대로 하나님 섭리의 증인이 될 것을 지시받았다고 증언했습니다.

환생은 곧 재림 부활

《삼국유사》에는 불국사를 건설한 김대성 설화가 전해지고 있습니다. 가난한 집의 자손이었던 대성은 어머니를 모시고 살다가 어느 날 내세를 위해 자신의 밭을 보시했습니다. 얼마 후 대성은 죽었지만 재상의 집에 환생해 그 전처럼 대성이라 이름하고 어머니를 모셔 와 함께 살았습니다.

사냥을 좋아하는 그는 어느 날 곰을 잡았습니다. 그 곰은 꿈에 나타나 자기를 죽인 것을 원망하고 환생해 잡아먹겠다고 대성을 위협하였습니다. 대성이 용서를 청하자 곰이 자기를 위해 절을 지어줄 것을 부탁했습니다. 그래서 크게 뉘우친 그는 곰을 잡은 자리에 장수사를 세우고 이후 살생을 금했습니다.

이를 계기로 대성은 불심이 깊어져 현세의 양친을 위해 불국사를 짓고, 전생의 부모를 위해 석불사를 창건했다고 합니다. 이처럼 불교나 우리 민속에는 환생과 관련된 이야기가 많이 등장합니다.

최근엔 우리나라에서도 '환생 신드롬'이 나타나고 있습니다. 전생 체험을 한 이들 가운데는 자신이 전생에서는 광개토태왕이었다거나 강감찬 장군이었다고 말하는 사람이 있습니다.

프랑스 시사주간지 '렉스프레스'에 따르면 프랑스 사람 네 명 중 한 명은 진심으로 환생을 믿고 있으며, 환생 신봉자들이 계속 늘어나고 있는 것으로 조사됐습니다.

밀교 본산지 티베트는 달라이 라마를 관세음보살이 화현한 것으로 믿고 있습니다. 그는 14번이나 환생해 티베트인에게 큰 광명의 빛이 되어왔다고 합니다.

불교에서는 영혼이 자신의 행위와 그 행위 결과의 총체인 업(業)에 따라 수없는 환생 과정을 거치다가 열반 세계에 이르게 되면 정착하게 된다고 말합니다.

불국사 설화에서 보듯이 환생도 죽은 사람의 영혼이 다른 사람의 몸에 들어가 부활한 상태라고 볼 수 있습니다. 물론 불교에서는 영혼이 한 몸에서 다른 몸으로 옮아가는 것을 윤회라고 보지 않습니다. 삶의 한 형태가 다른 삶의 형태로 끊임없이 변해가는 것을 윤회라고 합니다. 인간의 영혼은 기독교에서 보듯이 온전히 보존되는 고귀한 존재라는 점에서 인간이 어떤 미물로 환생하더라도 그 영혼은 영원히 살아 있다는 것을 불교에서는 간과하고 있습니다. 더구나 인간의 영혼은 죄업에 따라 동물처럼 보일 수 있고 모기나 파리처럼 보일 수도 있습니다.

그러나 환생은 영적으로 진화하여 궁극에는 신성(神性)과 합일하기를 추구하는 심오한 종교·철학적 의미가 있습니다. 기독교식으로 얘기하자면 아무리 반복하여 환생하더라도 영적으로 거듭나지 않으면 영생을 얻을 수 없습니다. 즉 태어남과 죽음의 굴레에서 벗어나지 못한다는 것입니다.

무속인이 조상이나 과거 유명인들의 영이 들려서 사람의 과거를 정확히 맞히거나 예언과 치병 활동을 하는 것을 봅니다. 이것은 어느 기간에 환생한 것이라 하겠습니다. 다시 말하면 무속인에게 조상이나 다른 사람이 부활했다고 볼 수 있습니다.

기독교의 부활이나 불교의 환생 모두 죽은 이들이 어떻게 다시 태어나느냐는 문제를 다룹니다. 부활은 죽은 사람이 영적으로 지상인에게 나타나 협조하는 것으로 볼 수 있습니다. 예수는 이미 십자가에 처형됐기 때문에 이 땅의 사람이 아니었습니다. 바울의 영적 체험은 살아 있는 예수의 영이 바울에게 나타나 이야기한 것으로 볼 수 있습니다. 이미 돌아간 사람들이 지상인들에게 나타난 것을 보고 영적으로 부활했다고 하는 것입니다.

기독교에서 말하는 재림 역시 환생과 다를 바가 없습니다. 죽은 이의 영이 특정인에게 나타나 협조한다고 보면 됩니다. 달라이 라마의 경우 환생을 통해 계대를 이어가고 있습니다.

부활과 환생은 영혼에 대한 종교적 시각의 차이에서 나온 상이한 결과라고 볼 수 있습니다. 초기 기독교 신자들 중 다수가 환생을 믿었다고 합니다. 실제로 고대세계에서는 동서양을 막론하고 환생 사상이 일반적이었습니다. 서양문명의 기원인 고대 그리스의 철학자 플라톤, 피타고라스 등이 환생설을 주장하였습니다.

이는 부활론이나 환생설이 서로 접근할 수 있는 이론이란 점을 암시합니다. 즉 죽은 자의 영혼이라는 동일한 문제를 서로 다른 차원에서 다루다 보니 다른 결과에 이른 것일 뿐, 부활론과 환생설은 서로 손잡을 수 있는 개념이라고 할 수 있습니다.

5. 죽은 이의 초상 그려 걸작 남기고

　세상에는 불가사의한 일들이 많이 일어납니다. 여기에는 영적 현상이나 영계를 이해하지 않고서는 도저히 해명할 수 없는 일들도 포함됩니다. 체외이탈(혹은 체외유리)로 남의 집을 방문한다든가 죽은 사람이 사후에 지상인을 통해 걸작을 남기는 것은 도저히 과학적 논리로는 이해할 수 없는 것들입니다. 또 죽은 이의 초상화를 그리고 공개적으로 죽은 사람이 청중 앞에 나타났다는 기록도 인간의 지각으로는 받아들이기 어려운 내용입니다.

　이러한 영적 현상은 영혼이 살아 지상인과 꾸준히 교류하고 있음을 나타내는 증거라고 할 수 있습니다. 다시 말하면 영계에서 생활하는 영인이 지상의 영매를 통해 자신의 모습을 드러내는 것이라고 볼 수 있습니다. 물론 반신반의하는 사람들도 있겠지만, 기록으로 남겨진 몇 가지 현상을 소개하려고 합니다.

걸작을 남기고

　1913년 미국 남부 도시 세인트루이스에서 일어난 이야기입니다. 페이션스 워스(Patience Worth)라는 영인이 영매인 펄 커런(Pearl Lenore Curran 1883~1937년) 부인에게 나타나 구술하기 시작했습니다. 커런 부인은 1937

년 죽을 때까지 엄청난 양의 페이션스 워스의 작품을 남겼습니다. 처음에는 영어 고어체에서 시작해 현대적 문체에 이르기까지 거의 모두가 문학작품으로 평가해도 좋을 만한 글을 썼습니다.

페이션스가 구술하는 속도는 실로 대단해 어떤 때에는 하룻밤 사이에 22편이나 되는 훌륭한 시를 남기기도 했습니다. 그의 장편소설 '참 핏줄을 찾아서'는 《페이션스 워스》란 이름으로 영국에서 출간됐습니다. 이 작품은 19세기 말 영국을 무대로 한 사생아의 시련 많은 인생을 그린 감동적 작품입니다. 셰필드 인디펜던트지는 "훌륭하게 구성된 양질의 캐릭터가 계속해서 등장하는 6권짜리 소설 '참 핏줄을 찾아서'에 의해 《페이션스 워스》는 광범위한 독자의 마음을 사로잡았다."라고 평가했습니다.

그리고 6만 단어로 쓰인 '텔카'라는 시(詩)는 중세 영어를 사용했습니다. 32만 단어로 된 '비화'라는 작품은 예수 그리스도가 십자가에 달릴 때 옆에서 함께 죽은 강도의 생애를 그리스도의 생애와 비교해 그려냈습니다. '비화'를 쓸 당시 2시간밖에 자지 않았고 하룻밤에 평균 3천 단어를 불러주었다고 합니다.

페이션스 워스는 17세기 영국의 도싯셔(Dorsetshire)란 곳에서 태어났고, 어린 시절 밭농사와 가사를 돌보기를 좋아했던 퀘이커교도입니다. 그는 가족과 함께 미국으로 이주했습니다. 물론 이 내용도 영매를 통해 알려줬습니다. 그래서 그런지 그의 고풍스러운 언어를 분석한 언어학자들은 그가 사용한 영어가 그 시대 그 지방의 것과 완전히 일치한다고 밝혔습니다.

연구자들이 조사한 바에 따르면 커런 부인도 자신의 생각을 겨우 표현할 정도의 평범한 주부였습니다. 학교 교육은 15세 때 끝이 났고, 페이션스 워스를 만나기 전까지 시에는 문외한이었다는 것입니다.

죽은 이의 초상화를 그리는 사람

영국 런던에 코럴 폴주(Coral Polge)라는 여성이 있었습니다. 그는 영들의 초상화를 그렸습니다. 그 초상화는 인물의 세세한 특징까지 묘사하고 있어 마치 사진과 같다고 합니다. 물론 그는 영계에서 오는 통신을 통해 그 일을 하고 있다고 합니다. 그는 생전에 그 사람과 일면식도 없지만 영계에서 말하는 특수한 파장, 즉 영파를 받음으로써 그 인물의 초상화를 마치 생전의 모습처럼 그려내고 있습니다. 단지 그 얼굴 모양만 똑같이 그리는 것이 아닙니다. 죽어서 영계에 간 사람들이 생전에 사용했던 갖가지 액세서리까지 초상화에 덧붙여 그리는 것입니다.

코럴 폴주는 심령치료를 하는 의사 톰 조핸슨(Tom Johanson)의 아내입니다. 그는 손이 움직이는 대로 자동서기(自動書記)에 의해 영들의 초상화를 그리는 것입니다.

"나는 다만 그 사람들이 와서 비추는 것을 느낄 뿐입니다. 특별히 무엇을 그리고자 하지 않아도 손이 스스로 움직이는데, 호흡하거나 걸어 다니는 것과 마찬가지로 무의식중에 초상화가 완성됩니다."

결국 그는 무아경에 들어가고 영의 지배를 받는 것입니다. 영능력이 점점 강해짐에 따라 코럴 폴주가 그리는 초상화는 세밀함과 농밀함을 더해 갔습니다. 그가 그려낸 인물은 실로 세상에 살아서 돌아온 것처럼 실감이 나는 것이었습니다. 그는 공개적으로 초상화를 그렸고, 그것이 영사기를 통해 대중에게 비춰졌습니다. 그는 수염을 기른 초로의 남성을 그렸고, 그 자리에

모인 사람 가운데 한 사람이 자기 할아버지와 똑같다고 감탄했습니다. 물론 코럴 폴주는 누구라고 이야기하지 않았습니다.

코럴 폴주는 어릴 때부터 분실물의 행방이나 며칠 후에 일어날 일 등 여러 가지 일들을 보기 좋게 맞히기도 했습니다. 그녀는 20년 동안 무려 9천500여 점의 초상화를 그렸습니다. 물론 주문 초상화는 그리지 않았습니다. 특정한 인물로부터 주문을 받아서 초상화를 그리면 화필의 안정을 잃게 되기 때문입니다. 어디까지나 저세상에서 보내는 영감을 감지하여 그 영의 지시에 따라 그렸습니다.

코럴 폴주는 세계 각국을 방문했고, 텔레비전에도 수없이 출연해 직접 초상화를 그려서 시청자들을 놀라게 하기도 했습니다. 또 수많은 개인 면담과 강연을 하는 등 바쁜 나날을 보내기도 했습니다.

주변에서는 물론 그에게 의심의 눈초리를 보내는 이들도 있었습니다. 그러나 자신도 모르게 글을 쓰고 그림을 그려내는 것을 우연이라 하기에는 너무 많은 사람이 목격했습니다. 영계가 살아 있다는 증거가 아닐 수 없습니다. 그리고 우리가 알 수 없지만 영인들은 부단히 지상인과 교신하기를 원하고 있는지도 모릅니다.

| 제3장 |

임사체험자들이 겪은 영계

◆◆◆

　인간은 죽으면 끝이냐 아니냐 하는 문제로 끊임없이 고민해왔습니다. 그리고 성현들은 죽음은 끝이 아니라는 증거를 찾기 위해 수많은 노력을 해왔습니다. 그 결과 대부분의 종교가 사후세계를 말합니다. 최근에는 임사체험이나 영인과의 교류를 통해 사후세계에 대한 여러 증거가 나타나고 있습니다. 사후세계가 존재한다는 것입니다. 또 그 세계는 어떤 곳인가에 대해서도 여러 주장이 제기되고 있습니다. 우리는 이 땅을 하직하기 전에 사후세계에 대한 기본 지식 정도는 알아둬야 합니다. 사후에 맞이하게 될 세계에 대해 당황하지 않기 위해서라도 말입니다.

1. 임사체험자들의 사후세계 증언

사후세계가 있느냐 없느냐 하는 것도 논란이 많은 상황에서 '사후세계는 어떤 곳이냐?' 하는 문제는 더욱 복잡한 이야기가 아닐 수 없습니다. 과학적인 잣대로 입증할 수 있는 것이 아니기 때문에 각자의 주관적 판단에 맡겨지고 있는 것이 현실입니다. 이 문제의 실마리를 풀기 위해서는 사실상 죽음 상태까지 가본 사람의 이야기를 들을 수밖에 없습니다. 완전히 죽은 사람이 다시 살아오는 법은 없으니까요.

'임사체험(臨死體驗, NDEs)'은 사고나 질병으로 거의 죽음 직전에 갔던 사람들이 의식을 회복한 후 들려주는 이미지 체험을 말합니다. 물론 임사체험의 해석을 둘러싸고 여러 가지 논란이 있습니다. 한편에서는 사후세계를 잠시 체험한 것이며, 영혼의 존재와 사후 존속을 증명하는 것이라고 합니다. 다른 한편에서는 삶의 최종 단계에서 쇠약해질 대로 쇠약해진 뇌 안에서 일어나는 특이한 환각에 지나지 않는다고 봅니다.

임사체험은 1970년대 엘리자베스 퀴블러 로스와 레이먼드 무디(Raymond Moody)의 연구를 계기로 진지한 학문적 대상으로 삼고 있습니다. 현재 심리학자, 신경정신과의사, 뇌생리학자, 종교학자, 문화인류학자, 철학자 등 다방면의 학자들이 이 연구에 관심을 갖고 있으며, 국제임사연구협회(IANDS) 등 국제적인 연구단체도 조직돼 있습니다.

임사체험의 과정

처음으로 본격적인 임사체험 연구를 시작한 레이먼드 무디는 《잠깐 보고 온 사후의 세계(Life after Life)》라는 책에서 전형적인 임사체험은 다음과 같이 시작된다고 밝히고 있습니다.

"나는 빈사 상태에 있었다. 물리적인 육체의 위기가 정점에 달했을 때 담당 의사가 나의 죽음을 선고하는 소리가 들렸다. 귀에 거슬리는 소리가 들리기 시작했다. 울림이 큰 소리였다. 시끄럽게 울리는 소리라고 하는 편이 좋을지도 모르겠다. 동시에 길고 어두운 터널 속을 맹렬한 속도로 통과하고 있는 듯한 느낌이 들었다. 그리고 갑자기 나 자신의 물리적 육체에서 이탈했음을 느낄 수 있었다. …"

이것은 무디가 여러 명의 체험자로부터 공통 요소를 뽑아내 전형적인 사례를 정리한 것입니다. 이어서 임사체험에서 특징적으로 나타나는, 죽은 사람과 만난다거나 눈부신 빛을 본다거나 하는 다양한 현상들을 언급하고 있습니다. 임사체험의 주된 구성 요소로는 다음 11가지를 들고 있습니다.

① 체험 내용의 표현 불가능성
② 사망의 선고를 듣는다
③ 마음의 평안과 정적
④ 이상한 소음

⑤ 어두운 터널

⑥ 체외이탈

⑦ 다른 사람과 만난다

⑧ 빛을 본다

⑨ 인생 회고

⑩ 삶과 죽음의 경계선에 이른다

⑪ 생환

1982년 갤럽조사에서 미국 성인은 800만 명, 즉 20명에 한 명꼴로 적어도 한 번은 임사체험을 한 것으로 나타났습니다. 많은 사람이 비웃음을 살까 두려워하지 않고 임사체험을 털어놓음으로써 사후의 삶에 대한 증거가 보강되는 듯했지만, 당시 과학자들은 죽어가는 사람의 뇌에 산소가 결핍돼 발생하는 환각일 따름이라며 일소에 부쳤습니다.

물론 환각이론에 허점이 없는 것은 아닙니다. 환각은 대개 의식이 있을 때 생기지만, 임사체험은 무의식 상태에서 발생하게 마련입니다. 뇌의 산소 결핍으로 발생하는 환각은 혼란스럽고 두려움을 동반하지만, 임사체험은 생생하며 평화로운 감정을 동반합니다.

최근 네덜란드 의료진은 이러한 환각이론이 옳지 않음을 입증한 논문을 발표했습니다. 심장마비 후에 의식을 회복한 평균 62세의 환자 344명 중에서 18%만이 임사체험을 보고했기 때문입니다. 임사체험이 뇌의 산소 결핍에서 비롯된 환각이라면 모든 환자가 반드시 임사체험을 했어야 한다는 뜻입니다. 이들의 연구는 임사체험이 의학적으로 설명하기 어려운 현상임을 재확인한 셈입니다.

임사체험은 여전한 미스터리

우리는 먼저 임사체험의 주체가 무엇인지 짚고 넘어가야 합니다. 육체를 이탈할 수 있는 능력을 가진 체험의 주체, 의식의 주체가 객관적으로 존재하는가 하는 것입니다. 종교적 해석을 부여할 경우 영혼이라고 할 수 있는 존재 말입니다.

심령학에서도 영적 존재, 떠도는 구름 같은 어떤 물리적 실체(보통은 육체와 분리돼 있지만 죽으면 육체에서 분리된다)가 존재한다고 합니다. 그것을 영혼이라고 하든 성체라고 하든 간에 육체로부터 이탈한 어떤 체험 주체에 의해 임사체험이 이뤄지는가 하는 문제가 해석론의 최대 쟁점입니다. 그리고 임사체험의 초점은 인간의 뇌에서 발생하는 이미지인가(뇌내현상설), 아니면 사후세계를 잠시 엿본 사실적인 경험인가(현실체험설)로 모아지고 있습니다.

레이먼드 무디는 "나는 세계의 많은 임사체험 연구자를 만났는데, 그들은 임사체험이 사후세계를 엿본 것이라고 생각하고 있었다. 그러나 과학자나 의사들이 사후에도 인간의 살아있다는 증거를 제출하지 않는 상황이다 보니 연구자들은 제대로 본심을 밝히지 못하고 있다."(다치바나 다카시 저 《임사체험》하권)라고 말합니다.

그는 다만 "사후세계의 삶이 있는가 없는가는 누구든지 한 번씩 직면해서 자기의 주관적 판단에 따라 생각해야 하는 문제라고 본다. 누군가가 그것의 존재 여부를 과학적으로 증명해주기를 기다려야 할 문제가 아니라 모든 사람이 각기 믿는 바, 느끼는 바에 따라 결단을 내려야 할 문제라고 생각한다. 그런 의미에서 나는 사후의 삶을 믿는다."라고 말합니다.

죽음은 경험 영역의 바깥에 있기 때문에 사고의 대상은 물론 학문의 대상조차 될 수 없습니다. 그러나 임사체험에서 보여주는 죽음의 이미지들을 통해 우리는 어떻게 죽을 것인가가 아니라 어떻게 살 것인가 하는 과제를 배우고 있습니다. 죽음이 종교나 철학, 그리고 우리 삶 속에서 가장 중요한 화두가 되는 이유도 여기에 있습니다.

2. 하나님은 빛이다?

임사체험에서 눈여겨보아야 할 것은 '빛을 보았다.'라는 사실입니다. 브루스 그레이슨(Bruce Greyson)의 1982년 조사에 따르면 임사체험자 74명 가운데 절반 이상은 '마음의 안정' '기쁨' '시간이 정지하거나 의미를 상실한 느낌' '이 세상이 아닌 세계에 갔다 온 느낌' '우주와의 합일감' '체외이탈' 등 6개 항목을 체험했다고 밝혔습니다. 3분의 1 이상이 체험했다는 부분까지 더하면 '외적인 힘에 의해 지배되고 있다는 느낌' '신비한 존재, 이승에 없는 존재와의 만남' '평상시보다 훨씬 선명한 사고' '초자연적인 눈부신 빛' '의미 깊은 미래상' '평상시보다 선명한 감각' '기묘한 신체 감각' 등 13개 항목에 이릅니다.

서구인에게는 빛의 체험이 가장 중요시되고 있습니다. 빛의 체험은 우선 체외 이탈을 해서 터널로 들어가면 터널 저쪽에서 강한 빛을 보게 된다는 전형적인 형태를 취합니다. 서구인들에게 그 빛은 무한한 사랑으로 느껴집니다. 빛은 단순하고 생명이 없는 무기질의 빛이 아니라 하나의 의지를 가진 인격적 존재로 느껴지며, 때로는 실제로 말을 걸어오기도 합니다. 그것은 신성성을 띤 빛이고 종종 신 혹은 예수 그리스도, 사랑과 동일시되기도 합니다. 그러나 일본인의 경우 그 빛은 말할 수 없이 밝고 아름답다는 점에서는 초자연적이지만, 어디까지나 빛 자체이고 무기질의 환경조건에 불과하다는 것이 대체적 증언으로 나타나고 있습니다.

바울이 본 빛

기독교가 세계적 종교로 비약한 것은 바울의 전도가 절대적이었습니다. 바울은 고대 로마제국을 누비고 다니며 전도하였고, 각지에 교회를 세워 기독교 기반을 닦았습니다. 기독교 신학의 기본 틀을 만든 이도 바울입니다.

바울은 열성적인 유대교도로서 기독교 박해자였습니다. 기독교인을 협박하고 체포했으며, 때로는 살해하기를 서슴지 않은 사람이었습니다. 그러던 바울이 어느 날 갑자기 빛을 체험하게 됩니다. 그는 빛의 체험을 통해 열성적 기독교인으로 회심하게 된 것입니다.

"가다가 정오 때쯤에 다마스쿠스 가까이에 이르렀는데, 갑자기 하늘로부터 큰 빛이 나를 둘러 비추었습니다. 나는 땅바닥에 엎어졌는데 '사울아, 사울아, 네가 어찌하여 나를 핍박하느냐?' 하는 소리가 들려왔습니다. 그래서 내가 '주님, 누구십니까?' 하고 물었더니 '나는 네가 핍박하는 나사렛 예수다.' 하는 대답이 들렸습니다. 나와 함께 있는 사람들은, 그 빛은 보았으나 내게 말씀하시는 분의 음성은 듣지 못하였습니다."(사도행전 22장 6~9절)

바울은 빛을 보았고, 주위 사람과는 달리 음성까지 들었습니다. 바울은 그 빛을 인격적으로 받아들였고 대화까지 한 것입니다. 그리고 개종을 하는 등 삶의 방식도 완전히 바꿨습니다.

바울의 회심을 일으킨 빛의 체험은 도대체 무엇일까요? 성경에 쓰인 대로 기적이 일어났다는 원리주의적인 시각도 있지만, 기적을 부정하고 성경의 기술을 될 수 있는 한 과학적으로 합리화해서 해석하려는 이신론(理神論)의 관점에서는 이때 바울이 일종의 임사체험을 했다고 보고 있습니다. 바울이 성경의 다른 부분에서 자신은 오랜 지병을 앓고 있고, 가끔 병이 악화돼 육체적으로 큰 고통을 느끼고 있음을 고백하듯이, 그때도 그 병으로 인해 죽음에 처하게 되면서 임사체험을 했던 것은 아닐까 하는 것입니다.

다시 말하면 빛의 체험이나 예수와 나눈 이야기도 객관적 현실계에서 일어난 것이 아니라 임사체험 중에 일어난 사건으로 볼 수 있습니다. 이렇게 볼 때 주위 사람 모두가 바울과 예수의 대화를 듣지 못했다는 것도 이해가 가게 됩니다.

바울의 영적 체험과 '변화산의 이적'

성경에는 바울이 영적인 체험을 한 것으로 추측되는 다음과 같은 내용이 기술돼 있습니다.

"나는 그리스도를 믿는 사람 하나를 알고 있습니다. 그는 십사 년 전에 셋째 하늘에까지 이끌려 올라갔습니다. 그가 몸으로 그렇게 했는지 몸을 떠나서 그렇게 했는지를 나는 알지 못하지만, 하나님께서는 아십니다. 나는 이 사람이 낙원으로 이끌려 올라간 것을 알고 있습니다. 그가 몸으로 그렇게 했는지, 몸을 떠나서 그렇게 했는지를 나는 알지 못하지만, 하나님께서는 아십니다. 이 사람은 낙원에 이끌려 올라가서, 말로 표현할 수도 없고 사람이 말해서도 안 되는 말씀을 들었습니다." (고린도후서 12장 2~4절)

여기서 '그리스도를 믿는 사람'이란 실은 바울 자신을 말합니다. 그리고 하늘로 이끌려 올라갔을 때 그가 살아 있는 몸 그대로 올라갔는지, 아니면 육체와 영혼이 분리돼 영혼만 올라갔는지 모르겠다는 것입니다.

예로부터 신약이 편집될 당시 신도 사이에 널리 유포되고 있었지만, 신약에 담기지 않은 문서가 있었습니다. 그러한 외경 가운데 하나인 '바울의 묵시록' 혹은 '바울의 환시'라 불리는 문서에는 여기서 '말해서는 안 된다.'라고 해서 한마디도 다루지 않았던 바울의 체험 내용이 기록돼 있습니다.

그 기록에 따르면 바울은 하늘로 이끌려 올라가서, 사람이 죽은 후 영혼이 어떤 운명을 걷게 되는지 잘 보아 두라는 말을 듣고, 어떤 세 남자의 혼이 가는 길을 임종 때부터 계속 따라다녔다고 합니다. 이 부분도 임사체험이나 그것과 유사한 체험을 토대로 쓴 것은 아닐까 생각됩니다.

성경에는 '하나님의 빛이다.'라는 표현이 몇 번이나 반복되고 있습니다(디모데전서 6장 16절, 요한복음 1장 5절 등). 예수는 스스로 '나는 세상의 빛이다.'(요한복음 8장 12절), '나는 빛으로서 세상에 왔다.'(요한복음 12장 46절)라고 말했습니다. 예수는 수난의 날이 다가오자 베드로, 야곱, 요한 세 제자를 데리고 높은 산에 올라갑니다. 여기서도 '빛'을 체험하게 됩니다.

"그런데 그들이 보는 앞에서 그의 모습이 변하였다. 그의 얼굴은 해와 같이 빛나고, 옷은 빛과 같이 희게 되었다."(마태복음 17장 2절)

게다가 예언자 모세와 엘리야가 모습을 나타내 예수와 이야기를 나누었습니다.

"베드로가 아직도 말을 채 끝내지 않았는데, 갑자기 빛나는 구름이 그들을 뒤덮었다. 그리고 구름 속에서 '이는 내 사랑하는 아들이다. 내가 그를 좋아한다. 너희는 그의 말을 들어라.' 하는 소리가 들려왔다."(마태복음 17장 5절)

이 장면은 '변화산의 이적'이라는 유명한 사건으로 기록되어 있습니다. 서구에서 빛을 신과 동일시하는 체험자가 많은 것은 역시 기독교문화의 영향 때문이라고 볼 수 있습니다.

3. 극한상황과 해탈

마라토너는 달리는 동안 마음이 고양되고 자연과의 일체감, 행복감, 도취감을 맛본다고 합니다. 혈액검사에서 엔도르핀 수치가 4배 이상 상승한다는 조사가 이를 뒷받침합니다.

종교적 고행을 하는 동안에도 고통의 경지를 벗어나면 깨달음의 경지에 도달할 수 있다고 합니다. 힌두교의 고행승 가운데는 산속에서 몇 년 동안 좌선을 하거나, 유리 조각 위에 앉아서 단식하거나, 몇 년 동안 물구나무를 선 채 살아가는 이들이 있다는 것은 잘 알려진 사실입니다. 기독교와 이슬람교의 수도자들 사이에서도 사막에서 고립된 생활을 하거나 채찍으로 몸을 치는 등 자신을 육체적으로 고통에 빠뜨리는 고행을 합니다.

수행자들은 남들이 보기에 고통스러워 견딜 수 없을 것 같은 고행을 태연히 해나갈 뿐만 아니라, 그것을 통해 깨달음의 기쁨을 얻거나 신비로운 황홀경에 도달하기도 합니다. 기독교의 순교자들이 화형을 당하면서도 고통스러운 표정을 짓지 않고 오히려 평안한 얼굴로 웃음 지으며 죽어가는 것도 이와 다를바 없는 모습입니다. 수행이나 금식 등 극한상황에서 깨달음이 가능하다는 징표라고 볼 수 있습니다.

해탈과 임사체험

해탈이란 무엇일까요? 종교에서 깨달음은 무엇을 의미할까요? 종교의 시작에는 근원적인 체험이 있습니다. 그 본질을 이루는 것은 신과의 직접적인 소통이라 할 수 있습니다. 종교의 창시자는 자신이 신을 보았다거나 신의 목소리를 들었다는 것을 내세우며 종교 활동을 시작합니다. 깨달음을 얻었다는 것도 마찬가지입니다.

종교의 체험은 집중적이며 엄격한 수행의 결과로 얻어지고 있습니다. 사막이나 깊은 산 속 험한 자연에서 완전한 고독 상태로 몇 달을 지내며, 단식하거나 밤에도 자지 않고 기도를 계속하거나 경전과 주문을 외우는 등 육체를 극한 상태로까지 몰고 갔을 때 신과의 만남이 일어나는 경우가 많습니다.

인간의 감각은 반복되는 단조로운 자극에 약합니다. 자극을 계속하면 감각기관이 생리적으로 살아 있어도 기능적으로는 죽어버릴 수가 있습니다. 즉 일종의 감각 차단 상황에 빠지는 것입니다. 종교 모임에서 큰북 같은 타악기를 두드리며 기도문을 합창하거나 단조로운 스텝을 밟으며 종교적 춤을 추면 군중은 모두 무아경(trance)에 빠지게 됩니다.

이슬람교의 신비주의 집단으로 유명한 수피(sufi)파에서는 원무 의식이 행해집니다. 양손을 벌리고 커다란 원을 그리며 빙글빙글 도는 실로 단순한 춤입니다. 아이들이 곧잘 양손을 벌리고 빙글빙글 돌면서 어지럽다고 하는 것과 비슷한 행동입니다. 이런 의식을 몇 시간 동안 계속하다 보면 춤을 추는 사람들은 모두 무아경에 빠지고, 그런 가운데 신과 만난다는 것입니다. 단조로운 자극이 반복되는 데다가 연속 회전운동으로 평형감각을 완전히 잃어버리기 때문에 고도의 감각 차단 현상을 일으키는 것입니다. 결국 감각 차단이나 단식 수행 등은 변용의식 상태에서 환각을 본다는 점에서 공통점을 찾아볼 수 있습니다.

고행은 몸을 쳐서 득도하는 것

옛날 수행자들 가운데 산을 걸어 다니면서 모진 수행을 했다는 기록이 남아 있습니다. 그들은 자신이 죽는 시점을 깨닫는 단계부터 수행의 형태가 바뀐다고 합니다. 우선 나무 열매나 풀뿌리 정도밖에 먹지 않습니다. 영양 수준을 점점 낮춰 자신의 육체를 고목처럼 만들어 갑니다. 그 마지막 단계에서 단식에 들어갑니다. 이제는 더 이상 나무 열매도 먹지 않습니다. 수행자에 따라서는 자지 않고 눕지 않는 불면불와(不眠不臥)의 수행을 병행하는 사람도 있습니다. 이리하여 육체를 생리적으로 극한의 쇠약 상태로 몰아넣습니다. 죽음에 가까이 이르도록 하는 것입니다.

그렇게 단식 수행에 들어간 지 일주일이나 열흘 정도가 지나면 수행자들은 어떤 기적을 체험합니다. 예를 들어 예수 그리스도나 아미타여래가 눈앞에 나타나 마중을 하거나, 자신에게 다가와서 손을 뻗어 머리를 만져줍니다. 이런 수행자들은 평소에도 단식하면서 죽음에까지 접근하는 체험을 하는 것입니다.

수행자들이 고행을 통해 깨달음의 기쁨을 얻거나 신비적 황홀감에 도달하는 것은 극한상황에서 엔도르핀이 발생한다는 설로도 설명되곤 합니다. 죽음에 직면하여 인생에서 가장 큰 스트레스를 접할 때는 어떤 사람이라도 대량의 엔도르핀이 분비될 것이고, 이것이 임사체험에서 느껴지는 행복감의 비밀이 아닐까 하는 것입니다.

이렇게 수행이나 임사체험을 통해서 깨달음을 얻고 황홀감을 맛보면 인생은 변혁기에 들어갑니다. 특히 임사체험을 겪은 사람들은 상당수가 세상이 아름답게 빛나면서 우주적인 진리를 한순간에 터득한 듯한 느낌, 천국에 온 듯한 기분을 갖게 된다고 합니다.

그래서 인생관, 가치관에 큰 변화가 생겨나 또 다른 세계를 살아가는 것입니다. 죽음도 두려워하지 않고, 남을 위해 자신을 희생하는 것을 가장 큰 보람으로 느끼는 것입니다. 석가모니가 설산에서 고행한 뒤 깨달음을 얻고 나서 중생 구제에 나선 것처럼, 극한의 수행이든 임사체험이든 죽음의 문제를 극복하는 것이 인생철학에서 가장 큰 화두임을 다시 한번 확인하게 됩니다.

4. 고차원적 의식세계인 영계

핀란드 출신 미국 의학박사인 라우니 리나 루카넨 킬데(Rauni-Leena Luukanen-Kilde, 1939~2015년)는 1969년 의대를 졸업하고 의사가 되면서 급성복막염으로 응급실에 실려가게 됩니다. 그녀는 전신마취로 의식을 잃은 상태에서 임사체험을 하게 됩니다.

"전신마취를 했기 때문에 의식을 잃었지만 정신을 차리고 보니 천장 부근에 떠다니면서 내가 수술받는 장면을 보고 있었습니다. 이상한 것은 수술하는 의사의 생각을 읽을 수 있었다는 것입니다. 이제 메스를 들고 자르려 하는구나, 그런 것을 알 수 있었습니다. 어찌 된 일인지, 자르려는 부분에 작은 동맥이 감춰져 있다는 것도 알았어요. 그러나 의사는 그것을 몰랐는지 그 동맥을 잘라버리려 하는 거예요. 그래서 중지시키려고 소리를 쳤습니다. '거길 자르면 안 돼! 거기에 동맥이 있어!' 그러나 내 목소리는 들리지 않았습니다.

내가 예상한 대로 그는 동맥을 잘라버렸지요. 피가 분출해 천장까지 솟아오르는 게 보였습니다. 그 순간 나는 터널 속으로 빨려 들어갔습니다. 터널 속은 캄캄했고 아무것도 없었습니다. 저편에 밝게 빛나는 빛이 보였고 나는 거기로 들어갔지요. 그곳은 자유의 여신상만큼 거대하고 강한 빛을 품고 있었습니다. 빛은 따뜻하고 사랑으로 충만해 있었습니다. 빛이 너무 강했기 때문에 나는 직접 볼 수 없었어요. 나는 무의식적으로 그 앞에 꿇어앉았습니다."(다치바나 다카시 지음 《임사체험》 상권)

루카넨 킬데 박사는 임사체험에서 깨어나 정신을 차리고 보니 대수술 중이었습니다. 그 후 진료기록부를 확인한 결과 임사체험 중에서 본 대로 수술이 진행된 것을 알 수 있었습니다.

체외 이탈과 초현실적 현상

루카넨 킬데 박사는 "임사체험이란 일상세계를 이루는 차원과는 다른 차원의 세계로 건너가기 위한 다리 같은 것이라고 말하고 싶다."라고 설명합니다. 그리고 그는 죽음은 존재하지 않는다고 주장했습니다.

"죽음은 3차원의 세계에서 우리가 입고 있는 육체라는 옷을 벗어 던지고 다른 차원으로 들어가는 것을 뜻합니다. 차원을 달리하는 세계로 들어간다고 하면 아주 어려운 것처럼 생각할지 모르겠습니다. 실제로는 아주 간단합니다. 그건 텔레비전 채널을 지상파에서 위성방송으로 전환하는 것과 같아요. 텔레비전을 지상 시스템에서 우주 시스템으로 그 시스템의 차원을 바꾸더라도 당신의 존재에는 아무런 변화가 없는 것처럼, 3차원 세계에서 고차원으로 존재 시스템을 이동시켜도 육체를 떠난 당신의 본질적 존재에는 아무런 변화가 없어요. 다른 차원에서 당신은 계속 존재하고, 계속 생각하고, 계속 감각을 지니게 됩니다. 그렇기 때문에 죽음을 무서워할 필요가 없어요. 의사들도 빨리 그 사실을 깨달아 마지막 단계에 있는 사람들에게 그것을 가

르쳐주어야 한다고 생각합니다."(다치바나 다카시 지음 《임사체험》 상권)

그는 플라톤이 "인간의 혼은 육체라는 감옥에 사로잡혀 있는 수인과 같은 존재"라고 말한 것처럼 "육체는 혼 혹은 에너지체가 살고 있는 집"이라고 주장했습니다. 아인슈타인이 말했던 것처럼 에너지는 불멸이고 다만 그 모습이 바뀔 뿐이라는 것입니다. 혼을 에너지체라고 한다면 에너지 불멸의 법칙을 적용할 수 있고, 그래서 영혼이 영원하다는 논리를 펴고 있습니다.

루카넨 킬데 박사는 손발 등 말초혈관의 혈류를 점점 감소시켜 혈류가 심장과 뇌에 집중되도록 자기최면을 걸어 체외 이탈 실험을 했습니다. 체외 이탈을 통해 침대 위에 누워 있는 자신의 육체를 바라보게 됐고 자유롭게 생각대로 움직이게 된 것입니다. 그는 마음에 아무런 동요도 없이 제대로 연구하기 위해 육체 곁으로 내려가 열심히 관찰하기로 마음먹고 호흡수를 헤아려 보기도 했습니다. 마취 의사도 겸하고 있는 그는 정상치의 절반인 1분에 10회 정도 호흡하는 것을 확인할 수 있었습니다.

그리고 헬싱키의 부모 집 거실로 날아가는 체험도 했습니다. 다음 날 집으로 전화해 보니 임사체험을 통해 보았던 것과 똑같은 일이 벌어졌던 것입니다. 루카넨 킬데 박사는 이 경험을 통해 체외 이탈이 초현실적 현상임을 인정하게 됐습니다.

자신도 모르게 글을 쓰고

루카넨 킬데 박사의 저서인 《죽음은 존재하지 않는다》도 초현실적 체험의 결과물이라고 할 수 있습니다. 베스트셀러가 된 이 책의 절반은 루카넨 킬데 박사가 자신의 임사체험을 쓴 것이지만, 나머지 절반은 51세에 죽은 종형에 의해 쓴 것입니다. 그 부분은 '사람은 왜 죽는가? 왜 여기에 존재하는가? 죽음이란 무엇인가? 불행과 고통은 왜 존재하는가?' 등 인간이 갖고 있는 근본적인 의문에 대해 답하는 내용입니다.

잡념을 제거하고 정신을 집중하는 모임에 나가면서 그는 색다른 경험을 하게 됩니다. 원인 모를 강한 힘이 오른손을 공중에 꽉 잡아두었고, 그 후 '솔베이지'라는 종형의 이름을 쓴 뒤에야 손을 아래로 내릴 수 있는 경험을 하게 됐습니다. 솔베이지는 자기 이름을 쓰고 난 뒤 또 '나는 살아 있다.'라고 쓰는 것이었습니다. 솔베이지는 '1981년에 너는 책을 쓰게 될 것이다. 그것은 베스트셀러가 되고 세계 각국에서 번역될 것이다.'라는 말을 남겼습니다. 1981년이 되자 갑자기 "써라!"라는 명령이 내려졌고, 통틀어 24시간 만에 이 책의 일부를 쓴 것입니다. 물론 그는 무엇을 쓰고 있는지 알 수 없었습니다. 어떤 때에는 아주 캄캄한 어둠 속에서 쓴 적도 있습니다.

루카넨 킬데 박사는 무아경에 빠져 있어서 글을 쓰면서도 무엇을 쓰고 있는지 알지 못했습니다. 그는 "내 손이 보이지 않는 장갑 속에 들어간 듯한 느낌이 되어 그 장갑이 마음대로 움직이며 내 손을 조종한 것이다. 내 손이 무엇을 쓰려고 하는지 나 자신도 전혀 알 수 없었다. 쓰고 난 다음 그것을 읽고 나서 '아, 이런 걸 쓰고 있었구나.'라고 깨닫게 됐다."라고 증언했습니다. 즉 스스로 쓰고 있는 게 아니라 어떤 영적 존재에 의해 글이 쓰여지고 있었다는 것입니다.

이러한 실례는 여러 사람에게서 목격할 수 있습니다. 영국의 로즈메리 브라운(Rosemary Brown 1916~2001년)이라는 여성은 베토벤, 바흐, 쇼팽, 슈베르트, 슈만, 라흐마니노프 등 유명 작곡가의 영이 차례로 자신의 몸에 들어왔다고 말했으며, 6년 동안 400여 곡을 작곡했습니다. 그 가운데는 베토벤의 10번 교향곡이라는 것도 들어 있습니다.

    이러한 사례들은 과학적으로 볼 때 허무맹랑한 이야기일 수 있습니다. 그러나 아무리 이상하고 초현실적 현상이라고 하더라도 그 현상이 존재한다면 과학은 그것을 고찰 대상으로 삼아 보편적 원리를 이끌어내야 합니다. 지금까지 과학은 비정상적인 것을 배제함으로써 자신의 존재를 부각해왔지만, 그러한 태도는 동시에 가장 창조성 넘치는 부분을 배제하는 결과를 가져왔습니다. 고차원적인 의식의 세계에 대해서도 눈을 돌려야 할 때가 됐습니다.

5. 신은 한 분, 진리도 하나

임사체험을 한 사람들은 종교적으로도 놀라운 증언을 합니다. 하나님을 믿지 않았던 사람도 하나님의 존재를 새롭게 인식하게 되며, 진리는 하나라는 사실을 힘주어 주장합니다. 다만 오늘날 교회의 신앙 행태에 대해서는 부정적입니다. 미국 코네티컷대학의 케네스 링(Kenneth Ring) 교수가 임사체험자의 의식 변화에 초점을 맞춰 다양한 각도에서 조사한 뒤 펴낸 《오메가를 향해(Heading toward Omega)》라는 책에는 다음과 같은 증언이 담겨 있습니다.

"체험 전 나는 무신론자였습니다. 하나님이란 인간의 상상력이 만들어낸 것이라고 생각했습니다. 그러나 지금은 하나님의 존재를 확신하고 있습니다. 존재하는 모든 것에 하나님의 정수가 내재하고 있습니다. 지금 여기에서 실감할 수 있습니다."

"하나님은 거대한 에너지원과 같은 존재라고 생각합니다. 그것이 이 세계의 핵에 있고, 인간은 그 핵에서 떨어져 나온 원자와 같습니다. 하나님은 우리 모두에게 계십니다. 우리는 모두 신의 일부입니다."

"하나님은 나의 일부입니다. 하나님은 가장 본질적인 부분입니다."

임사체험자들은 하나님의 실존을 실감 나게 증언하고 있으며, 현재 기독교에서 증거하는 논리보다 훨씬 구체적이라는 것을 확인할 수 있습니다. 어쩌면 하나님의 본질에 한 발 더 다가섰는지도 모릅니다.

신은 한 분, 종교의 목표는 하나다

임사체험자들은 현재의 형식적인 교회 체제와 영계에 무지한 신앙생활에 대해 상당히 부정적입니다. 그들은 직접 하나님과 소통하고 보니 요즘 신앙에 많은 문제가 있다는 것을 자각한 것으로 보입니다. 케네스 링 교수는 다음과 같은 임사체험자의 소감도 소개했습니다.

"체험 전 나는 하나님이 정말 존재하는지 의심스러웠습니다. 교회에도 가지 않았습니다. 그러나 임사체험 후 나는 하나님이 존재한다고 확신하게 됐습니다. 그러나 교회에는 마찬가지로 안 갑니다. 나는 교회가 하고 있는 것을 하나도 신뢰하지 않습니다. 교회가 하는 방식이 싫습니다. 목사는 '하나님의 가르침에 따르지 않으면 이렇게 된다, 저렇게 된다.'라고 청중을 협박하는 말을 곧잘 합니다. 하지만 그럴 리가 없습니다. 나는 이후로도 내 나름의 신앙심을 계속 가지고 있을 것입니다."

케네스 링 교수는 임사체험자의 종교에 관한 의식 변화를 총괄하면 다음 7가지 항목으로 요약할 수 있다고 말합니다.

"첫째, 자신을 종교적이라기보다는 정신적·영적인 존재라 생각한다. 둘째, 내적으로 신을 친근한 존재로 느낀다. 셋째, 예배 등 기존 종교의 형식적 측면에 가치를 두지 않는다. 넷째, 종교적 신앙과는 무관하게 사후의 삶이 있다고 확신하게 된다. 다섯째, 윤회·전생에 대해서도 편견을 갖지 않게 된다. 또한 동양 종교에 대해 전반적으로 공감하게 된다. 여섯째, 모든 종교가 기본적인 본질 부분에서는 일치한다고 생각하게 된다. 일곱째, 전 인류를 포용하는 보편적 종교의 확립을 원하게 된다."

그리고 우리가 눈여겨보아야 할 것은 임사체험자들이 신에 대해 새롭게 파악하고 있다는 것입니다. 특히 직접 임사체험을 한 라우니 리나 루카넨 킬데 박사는 "신은 하나입니다. 모든 것은 하나인 것입니다. 개별적인 도그마를 고집하는 것은 의미가 없습니다. 도그마는 인간이 만들어낸 것이지 신이 만든 것은 아닙니다."(다치바나 다카시 지음《임사체험》상권)라고 주장했습니다. 그가 말한 것과 똑같은 신의 편재감(遍在感), 신과의 일체감, 신은 하나라고 하는 이 같은 주장은 다른 임사체험자에게도 잘 나타납니다. 당연하게도 이러한 인식에서 모든 종교가 본질적으로 하나라는 것입니다.

케네스 링 교수는 임사체험자들이 주장하는 내용을 바탕으로 다음과 같이 종교에 대한 자신의 견해를 밝혔습니다.

"종교는 모두 동일한 진리에서 나온 것입니다. 종교는 달라도 그 신앙 내용의 중요 부분에는 아주 작은 차이만이 존재합니다. 그렇기 때문에 모든 사람을 하나의 신 아래, 하나의 진리 아래, 하나의 정신적인 신앙 아래 모을 수 있습니다."

"나는 여러 종교를 연구했습니다. 마지막으로 내가 깨달은 것은 결국 순수한 종교는 똑같다는 사실입니다. 사실상 차이가 없습니다."

세상이 달라졌어요

케네스 링 교수의 연구에서 또 하나 주목해야 할 점은, 임사체험 후 삶에 대한 태도가 확연히 달라졌다는 것입니다. 체험자의 목소리를 한데 모으면 다음과 같이 정리할 수 있습니다.

"체험 전에는 물질적 욕망만을 위해 살고 있었습니다. 자신에게만 관심이 있었습니다. 내 소유물과 내 욕구에만 관심이 있었습니다. 그러나 체험 후에는 이 지상에서 소유하는 것에 대해서는 관심이 사라졌습니다. 욕망도 사라졌습니다. 지금은 내일의 일 따위로 고민하지 않습니다. 하나님이 어떻게든 해결해줄 거라고 생각합니다."

미국 코네티컷주 하트퍼드에서 운송 일을 하고 있는 앨런 설리번 씨의 경우 심근경색 발작을 일으켜 응급수술을 받을 당시 체외 이탈로 임사체험을 했습니다. 그는 이 체험을 통해 자신의 인생관이 뿌리째 바뀌었다고 증언합니다.

"나는 무신론자는 아니지만 불가지론자로서 하나님이 있는지 없는지 알 수 없다고 생각했어요. 그렇지만 그 체험을 한 후 하나님이 있다고 생각하게 됐지요. 물론 종교를 믿게 된 것은 아닙니다. 내가 벽 너머에서 보았던 에너지와 사랑으로 가득 찬 빛 자체, 그것이야말로 신일 거라고 생각해요. 그렇게 생각하면서부터 나는 완전히 마음이 바뀌었어요. 그때까지 나는 인종차별주의자로서 흑인이나 호모를 대단히 싫어했고, 여러 사람을 편견 어린 시선으로 보고 있었지만 지금은 누구라도 사랑할 수 있게 됐지요."(다치바나 다카시 지음《임사체험》상권)

임사체험자들은 "죽는 것이 두렵지 않게 됐다."라는 말과 함께 "임사체험을 한 후 삶을 아주 소중하게 여기게 됐다. 더욱더 잘 살려고 생각하게 됐다."라는 말을 이구동성으로 합니다. 그들은 "어쨌든 죽을 때는 죽는다. 사는 것은 사는 동안에만 가능하다. 살아 있는 동안에만 할 수 있는 일을 하고 싶다."라고 말합니다. 임사체험자들은 죽음을 경험하면서 삶에 대해 다시금 인식하게 되는 계기가 됐습니다. 특히 살아 있는 동안 사후에 가야 할 세계에 대해 철저히 준비하는 생활을 해야 한다는 것을 새롭게 깨닫게 된 것입니다.

| 제4장 |

사후세계의 여행

❖❖❖

　사후세계에 대한 자료가 많이 있지만, 가장 실감 나는 증언은 영국의 명설교자 몬시뇰 로버트 휴 벤슨(Robert Hugh Benson 1871~1914년)이 지상인과 교신한 내용을 기록한《영계에서의 삶》입니다. 이 책은 그동안 나온 여러 서적과 비교할 때 서술이 매우 합리적일 뿐만 아니라, 기존의 주장과 공통점이 많다는 점에서 높은 평가를 받고 있습니다. 18세의 청년 로저(Roger)가 지상생활을 마감한 순간부터 사후세계에 이르는 과정, 그리고 영계에 막 도착해 여러 곳을 여행하면서 관찰한 이야기를 담고 있습니다. 로저는 영계를 여행하면서 영계의 구조와 영인들의 생활을 자세히 알게 되고, 몬시뇰은 그를 통해 영계의 삶을 지상에 생생하게 전합니다.

1. 임종과 영계 여행 준비

로저, 그는 지상생활을 마감하고 곧 영계의 생활을 시작하게 됩니다. 그의 영계 여행은 몬시뇰 로버트 휴 벤슨이 안내합니다. 몬시뇰은 영국 켄터베리 주교를 지낸 에드워드 화이트 벤슨의 아들로서 명설교자로 명성을 떨쳤습니다. 또 이 여행에는 루스(Ruth)라고 하는 미모의 젊은 여자가 동행합니다. 이들의 주된 임무는 지상인이 세상을 하직하는 순간 그들을 찾아가 영계로 인도하는 것입니다.

이 여행 기록은 몬시뇰이 지상인 앤서니 보르지아(Anthony Borgia)와 교신한 내용을 대필하게 함으로써 가능했습니다. 몬시뇰의 임무는 보통 영인을 영계까지 인도하는 것으로 끝나지만, 로저에 대해서는 달랐습니다. 지상생활을 마감한 젊은이를 새로운 생명으로 깨어나게 하고, 그가 완전히 회복된 이후에도 미지의 새로운 세계로 안내하는 임무를 맡은 것입니다. 로저는 이들과 함께 영계를 여행하면서 영계의 구조와 영인들의 생활을 자세히 알게 되고, 몬시뇰은 그를 통해 영계에서의 삶을 지상에 실감 나게 전해주고 있습니다.

한 젊은이의 죽음과 몬시뇰의 임무

검소하게 꾸며진 로저의 침실. 간호사와 친척들이 로저 곁을 지키고 있습니다. 그들은 모두 이 청년의 임종이 다가왔음을 알았고, 의사는 젊은이가 최후를 맞기까지 최선을 다한 것으로 보입니다. 가족이 다니는 교회의 목사도 방금 다녀갔습니다. 담임 목사는 로저의 영이 하나님 품 안에서 안주할 수 있게 해달라고 간절히 기도를 올렸습니다. 그러나 그 기도는 통속적인 내용에 불과했고, 이제부터 새롭게 전개될 로저의 영적 삶에는 전혀 도움이 되지 못했습니다.

영인의 안내 담당 본부의 지시를 받고 로저를 돌보기 위해 내려온 몬시뇰과 루스도 여행 준비를 서둘렀습니다. 특별히 본부장은 두 사람에게 로저의 인도에 대한 임무를 맡기면서 다음과 같이 말했습니다.

"임종을 맞은 자가 있군요. 나이가 18세인 젊은이예요. 쾌활하고 정신이 똑바로 박힌 젊은이랍니다. 특별히 당신 둘을 뽑아서 일을 맡기는 것입니다. 이 젊은이가 나중에 영계의 사정에 익숙해지게 되면 두 사람에게 도움이 될 사람이기 때문입니다. 이 젊은이를 인도하여 당신 집으로 데리고 가지 않겠습니까? 아주 좋은 일이 있을 것입니다."

몬시뇰이 정보를 종합해 확인한 결과 로저는 다른 사람과는 달리 사후의 생에 대해 전혀 편견을 갖고 있지 않았습니다. 그리고 그가 신봉하던 종교의 교리도 평범한 내용을 넘어서지 않았고, 임종을 당하여 특별히 문제를 일으킬 만한 감정적 동요도 보이지 않았습니다. 그의 부모는 그가 젊은 나이에 타계하는 것을 하나님의 뜻으로 받아들이고 이해하는 듯했습니다. 마지막 순간까지 질질 끌면서 진통을 겪게 되는 임종은 아니었습니다.

몬시뇰과 루스는 상부에 연락해 힘과 능력을 보완해줄 추가 영력의 협조를 요청했습니다. 이 영력은 영인들의 눈에는 발광체의 빛줄기 형태로 보입니다. 그것이 에너지로 변해 영력을 발휘하는 것입니다.

로저의 임종이 가까워오자 몬시뇰 일행은 순서에 따라 몇 가지 준비를 했습니다. 루스는 로저의 머리에 쉽게 손이 미칠 수 있도록 침대 맡에 가까이 자리 잡고, 두 손을 그 젊은이의 눈썹 위에 얹은 다음 조심스럽게 관자놀이를 쓰다듬어주었습니다. 루스가 두 손을 이마에 얹자 그것을 감지한 로저는 두 눈을 위로 향해 움직이면서 어디에서 이처럼 즐겁고 평안한 느낌이 오는가를 찾았습니다.

두 사람은 옛날 지상에서 입던 옷을 입고 현장을 지켰습니다. 자신들의 모습이 천사와 같이 보이지 않도록 하기 위해서입니다. 그것은 로저를 위한 배려입니다. 몬시뇰이 침대 끝에 자리를 잡고 시선을 로저에게 집중하자 로저는 그의 출현을 알아차렸습니다. 몬시뇰은 미소를 지으면서 가볍게 손을 흔들어 그를 안심시켰습니다.

영계를 향한 고속 여행길

영계에서는 모든 메시지가 영감을 통해 전달됩니다. 몬시뇰은 본부로부터 오는 영감의 빛을 감지하게 되고, 그도 그 '생각의 빛줄기'에 합류하게 됩니다. 이러한 절차를 통해 임종 현장의 영인과 의사를 교환할 수 있게 됩니다. 초과학적인 표현을 빌린다면, 몸을 솟구쳐 그 '생각의 빛줄기'를 따라 그들이 해야 할 일이 있는 그곳으로 가면 되는 것입니다. 지시하는 책임자와 일을 맡은 안내자들 사이에는 교감신경 같은 영적 회로가 있습니다. 즉 사고매체를 통해 정확히 그리고 신속하게 정보를 교환하는 것입니다. 영계가 지상세계보다 훨씬 단순하다는 사실을 여기서도 확인할 수 있습니다.

물론 영계에서는 무슨 일이든 절대로 얼렁뚱땅 해치우는 식은 통하지 않습니다. 철저하고 빈틈없는 절차들이 육신을 쓰고 있는 지상인들에게는 번거롭게 보일지 모르지만, 영인에게는 꼭 필요한 과정입니다. 그래서 영계 생활과는 전혀 상관도 없는 얼토당토않은 관념이나 믿음을 버리지 못한 채 끈덕지게 고집을 피우는 자들을 상대해야 할 때면 안내원들은 엄청난 인내가 필요합니다. 그러한 관념에 사로잡힌 채 영계에 도착하면 그들은 영적 문을 닫습니다. 영적으로 퇴화하는 상태에서 벗어나게 해주는 데 굉장히 힘이 든다는 것입니다. 따라서 그러한 영인의 성격과 상황에 적합한 자를 안내원으로 뽑아서 처리하는 것이 영계의 임종 담당 부서가 하는 일입니다.

로저의 생애에서 중대한 마지막 순간이 왔습니다. 몬시뇰은 루스의 맞은편 침대 중간 지점으로 자리를 옮겼습니다. 로저는 조용히 수면 상태로 빠져들었습니다. 그와 동시에 그의 영혼이 조용히 시들어가는 육신으로부터 빠져나왔습니다. 그 영혼에는 은빛이 밝게 나는 실, 생명선이 달려 있었습니다.

몬시뇰은 공중에 떠 있는 젊은이의 영혼을 밑에서 두 팔로 받쳐주었습니다. 미미한 경련을 느끼는 듯하더니, 그의 생명선은 자동적으로 끊겨 움츠러들면서 자취를 감추고 말았습니다. 이 순간을 기점으로 로저의 임종을 지켜보는 부모 형제들에게는 '그는 벌써 딴 세상 사람'이 됐고, 몬시뇰과 루스에게는 '살아서 함께 있는 사람'이 됐습니다.

몬시뇰은 어린아이를 안듯이 그를 두 팔로 받들었고, 루스가 다시 두 손으로 조심스럽게 어루만지자 그가 평온하게 안정감을 느끼는 듯했습니다. 두 안내원은 로저의 영혼을 보호하면서 자신들의 보금자리로 고속여행을 할 준비를 서둘렀습니다.

2. 임종의 잠에서 깨어나다

로저가 영계를 향해 여행하는 중에 몬시뇰은 계속해서 두 팔로 그를 떠받쳤고, 루스는 그의 한쪽 손을 꼭 붙잡고 에너지를 공급해주었습니다. 모든 여행이 그렇듯이 로저의 여행도 곧 끝이 났습니다. 그는 침울한 침실을 떠나 영계에 있는 아름다운 몬시뇰의 집으로 간 것입니다. 조용히 그리고 조심스럽게 로저를 아주 안락한 소파에 눕힌 루스는 그의 곁에 앉았고, 몬시뇰은 다른 의자를 하나 갖다가 그의 발끝 쪽에 놓고 그를 향해 앉았습니다. 루스가 아주 만족스러운 듯 말을 건넸습니다.

"자, 어떻게 생각하세요? 나는 이 젊은이가 잘 회복되리라고 확신합니다."

이제 두 사람은 그가 깨어나기를 조용히 기다리는 일뿐인데, 대개의 경우 오래 걸리지 않습니다. 간단하나마 적절한 준비도 마쳤습니다. 즉 그들은 로저를 눕힌 소파를 활짝 열린 창문 바로 밑에 놓았습니다. 그가 누운 채로 고개를 전혀 움직이지 않고도 아름다움이 절정에 달한 정원을 내다볼 수 있을 뿐만 아니라, 줄지어 선 나무들 틈새로 그리 멀지 않은 곳에 자리 잡은 아름다운 도시를 볼 수 있도록 배려한 것입니다. 또 맞은편 벽에는 커다란 거울을 걸어두어 그가 눈을 뜨면 눈동자를 움직일 필요 없이 안락하게 꾸며진 방 전체의 모양을 볼 수 있도록 했습니다. 여느 때와 마찬가지로 즐겁게 노래하는 새소리와 멀리서 떠들고 노는 어린아이들의 소리도 들을 수 있도록 했습니다.

잠에서 깨어난 로저

로저가 눈을 떴을 때 먼저 말을 꺼낸 것은 루스였습니다.

"자, 로저! 기분이 좀 어떠세요?"

로저는 루스를 향해 시선을 돌리더니 점점 눈을 크게 뜨면서 말했습니다.

"어디선가 당신을 봤는데, 언제였지요? 그렇지! 조금 전에 봤군요. 그런데 당신은 누구세요?"

"당신을 돕기 위해 온 친구랍니다. 루스라고 부르세요."

"그리고 선생님은 내 발끝 침대 곁에 계시던 것을 본 기억이 납니다."

"맞아요. 조금만 있으면 로저의 기억이 더 생생해질 거예요."

루스가 대답했습니다. 로저가 똑바로 일어나 앉으려고 하자, 루스가 조심스럽게 만류하면서 다시 소파에 눕혔습니다.

"로저, 오늘 당신이 할 일은 그 소파에 조용히 누워 있으면서 되도록 말을 하지 않는 것입니다."

로저는 창밖을 내다보고 있었습니다.

"정말 경치가 아름답지요?"

몬시뇰이 창밖을 가리키며 말했습니다.

"불편하지 않아요…. 조금도 걱정하지 마세요. 도대체 뭐가 뭔지 어리둥절하겠지요. 지금까지 당신에게 어떤 일이 벌어졌는지 아세요? 기억이 아른아른할 거예요. 그러나 중요한 것은 현재 당신의 기분이 좋다는 것이지요. 모든 통증과 고통이 사라지지 않았습니까?"

로저는 몬시뇰의 말에 동감을 하는 듯이 고개를 끄덕이며 미소를 지었습니다. 몬시뇰은 그간의 경과를 이야기해주었습니다.

"로저, 잘 들어요. 아주 기쁜 소식이 있답니다. 당신의 기억이 정확해요. 조금 전에 루스와 나를 본 것은 사실입니다. 우리가 당신의 침실에 갔었으니까요. 그때 당신은 굉장히 아팠지요. 의사까지도 당신을 구할 수가 없었어요. 그래서 루스와 내가 당신을 이렇게 새롭고 아름다운 세계로 인도해온 것이지요. 아시겠어요?"

그제야 로저는 "그렇다면 내가 죽었단 말이군요. 그렇지요?"라고 말했습니다. 그리고 몬시뇰이 무섭지 않으냐고 묻자 그렇다고 대답했습니다.

영계는 심판관이 없다

몬시뇰과 로저의 대화는 계속됐습니다. 영계가 어떤 곳인지 지상인들은 거의 모르고 있다는 것에 대해 이야기를 나눴습니다.

"(지상인들이 생각하는 것처럼) 커다란 날개를 단 천사들, 나와는 상관없는, 딱딱한 표정에 엄한 얼굴을 한 그런 자들을 만났다고 가정해보세요. 무엇을 느끼고 생각했을까요?"

몬시뇰은 계속 말을 이어갔습니다.

"당신은 아마 그들이 당신을 끌고 가서 하늘나라 어딘가에 있는 최고법원의 근엄한 재판관 앞에서 심판받게 되리라고 생각했을 것입니다. 당신이 평소에 죄지은 것이 있다면 벌을 받게 될 것이고…. 그렇지요, 로저?"

로저는 그 말이 무엇을 의미하는지 알고 웃었습니다.

"로저, 내가 사실대로 얘기해주겠어요. 우리가 살고 있는 이 영계에는 판사들이 없습니다. 세상에서 흔히 말하는 그 대심판관도 없어요. 누구나 심판을 받아야 할 일이 있으면 자기 스스로 처리합니다. 아주 잘하고들 있어요. 우리 모두가 그렇듯이 당신도 당신 자신에 대해 굉장히 비판적으로 될 것입니다. 그러니 끝날의 심판에 대해 무슨 생각을 하고 있었든지 간에 말끔히 씻어버리세요. 그런 날은 예전에도 없었고, 지금이나 미래에도 없을 것입니다."

로저는 다른 사람들과는 달리 자신의 죽음을 인정한 이후 안내자들이 인도하는 대로 새로운 세계에 잘 적응해 나갔습니다.

몬시뇰은 "나 자신의 임종을 통해, 그리고 오랜 기간 수많은 사람의 임종 과정을 보살피면서 인간이 지상세계에서 마지막 호흡을 마치는 순간이 영계에서 새로운 생이 시작되는 순간이라는 것을 잘 알고 있다."라고 말합니다. 그리고 이러한 결정적인 순간에 누구든지 평소에 배우고 익힌 신학적 용어를 빌리거나 경건한 표현으로 만족해하는 모습을 전혀 보지 못했다고 합니다. 영계의 삶에 대한 사전 지식이 전혀 없이 도착한 사람들은 어느 급에 속하게 되든 상관없이 모두 한결같이 다음엔 무슨 일이 일어나나 하는 한 가지에 대해서만 염려한다고 합니다.

영계는 생명과 활력, 진리의 세계이지 거짓이나 환영, 위선이 존재하는 세계는 아니라고 강조합니다. 이곳 '하늘나라'는 세상 사람들이 멋대로 생각하고 가정해서 믿고 있는 '하늘나라'보다 훨씬 더 좋은 곳이라고 말합니다.

3. 경이로운 실체세계

로저가 소파에서 일어나고 싶어했습니다. 그가 원기를 회복하고 있다는 증거로 볼 수 있습니다. 그가 먹은 과일이 큰 도움을 주었던 모양입니다. 몬시뇰과 루스는 로저가 좀 더 소파에 머물러 있기를 권유했습니다. 그들은 로저를 안심시키고 위로해주는 것이 무엇보다 중요한 일이었습니다.

로저는 갑자기 파닥거리는 새의 날갯짓 소리에 창문 쪽으로 눈길을 돌렸습니다. 그 새는 방 안으로 날아 들어와 그의 발끝에 앉았습니다. 로저는 혹시라도 그 귀여운 방문객이 놀라 도망가버릴까 봐 꼼짝하지 않고 지켜보고만 있었습니다. 그런데 루스가 새를 부르자 즉시 날아와 내민 손가락 위에 사뿐히 앉는 것이었습니다.

새는 로저의 손가락에도 올라앉았습니다. 몬시뇰은 새가 갓 태어난 새끼 상태에서 고통받고 있을 때 친구들이 치료해주었답니다. 그 친구들이 작은 생명체에 대해 쏟은 사랑 때문에 영원한 생명을 얻게 됐다고 설명했습니다.

마침 그때 몬시뇰 친구 두 명이 찾아왔습니다. 한 사람은 '오마르(Omar)'라는 갈데아 출신이고, 다른 한 사람은 이집트 출신입니다. 오마르는 영계 옷을 입고 있었습니다. 몬시뇰과 루스는 로저가 놀랄까 봐 그동안 그러한 옷을 입지 않았습니다.

지붕 위에서 본 교외 풍경

로저에게는 이제 환자 같은 모습은 전혀 찾아볼 수 없습니다. 그에게는 젊음이 넘쳐흘렀습니다. 오마르가 방문해 그의 손을 잡아주면서 생기를 불어넣어준 것이 결정적 요인이었습니다. 로저의 뇌는 이제 깨끗이 정리돼 전혀 옛것이 남아 있지 않았습니다. 그래서 그는 새로운 것을 많이 배우고 싶다고 했습니다.

로저가 몬시뇰의 말을 듣고 유쾌하게 웃을 수 있다는 것은 자신의 모습을 확인하는 일이기도 했습니다. 몬시뇰과 루스의 임무도 훨씬 가벼워져 그에게 영계의 경이로운 풍경을 보여주는 일만 남았습니다. 로저 일행은 지붕에 올라가 아득하게 펼쳐진 황홀한 교외 풍경을 구경했습니다.

"자, 로저! 눈을 똑바로 뜨고 바라보세요. 이런 절경을 지금까지 본 적이 있어요?"

로저는 말문이 막혀 한동안 아무 말도 하지 않은 채 천천히 한 바퀴 주위를 돌아본 후, "기가 막히게 아름답군!" 하고 중얼거렸습니다. 교외의 여기저기에 많은 사람이 보였습니다. 가까이 혹은 멀리, 군중이 군데군데 앉아 있거나 걷는 모습들이 보였습니다.

로저는 앞으로 자신이 해야 할 일이 무엇인지 물었습니다. 그러자 루스가 이제 갓 이곳에 도착했으니까 그렇게 서두르지 않아도 된다고 말했습니다. 로저는 루스에게 이곳에 온 지 얼마나 됐느냐고 물었습니다.

"40년이 다 돼 가는군요."

몬시뇰도 40년쯤 돼 가는데 루스와는 10분쯤 차이가 난다고 말했습니다. 그러나 오마르는 2천 년간 이곳 영계에서 살고 있다고 설명했습니다.

로저는 공중으로부터 푸른 빛줄기가 내리비치는 건물이 무엇이냐고 몬시뇰에게 물었습니다. 그는 지상세계를 작별하고 갓 도착한 영인들이 쉬는 집이라고 설명했습니다. 몬시뇰과 루스도 그곳으로부터 지시를 받아 지금까지 영인들을 안내해왔습니다. 아주 아름다운 곳인데 그곳에 도착하면 갖가지 친절이 베풀어진다고 덧붙였습니다.

여기저기에 영인들이 사는 집들이 보였습니다. 이곳에는 누구든지 일단 집을 소유할 자격을 얻게 되면 그 누구도, 그 어떤 조건도 소유권을 막지 못한다고 설명했습니다. 물론 집이 필요 없다고 생각하는 사람들도 있다고 합니다. 매서운 바람이나 추위가 전혀 없어 보호막이 필요 없기 때문입니다.

로저는 영계 생활을 위한 각종 학습관도 볼 수 있었습니다. 그곳에서는 어떤 지식을 막론하고 습득할 수 있다는 것입니다.

생각만으로 모든 의사 전달

로저의 눈앞에는 지상세계의 시골에서 맛볼 수 있는 아침의 신선함과 탁 트인 공간이 극치를 이루고 있었습니다. 그는 호수나 강물 위의 잔잔한 물결을 타고 반짝거리는 모습을 보았습니다. 그리고 잘 가꾸어진 정원의 아름다운 꽃과 그 위를 나는 새들, 그리고 푸른 하늘과 조화롭게 펼쳐진 자연의 모습에 넋을 잃었습니다.

로저는 아래층으로 내려오면서 잘 정돈되고 안락하게 꾸며진 방들의 모습에 감탄하면서 "그런데 제가 살 집은 어딘가요?"라고 물었습니다.

"로저, 우리는 어느 특정한 장소를 배정받아 살게 되진 않아요."

몬시뇰이 소유할 집은 아직 없지만, 어디든지 좋아하는 곳에 기거하라고 말했습니다. 그러면서 만일 집을 갖고 싶다면 소유할 수도 있다고 덧붙였습니다. 그러나 집을 소유하게 되면 방문객들이 많이 드나들기는 하겠지만, 그래도 혼자 사는 느낌이 들 것이라고 설명했습니다. 물론 이곳에서는 외롭게 될 수가 없을 것이라고 덧붙였습니다. 집이 생겨도 곧장 밖에 나가 사람들을 사귀면 된다고 했습니다.

몬시뇰은 로저에게 "우리와 함께 이 집에서 살고 싶지 않으세요?"라고 말했습니다. 몬시뇰과 루스, 그리고 에드윈(Edwin)이라는 사람이 수년 동안 이 집에 함께 살아왔고, 앞으로 다른 일을 하더라도 이 집에 살고 싶다고 말했습니다.

"로저, 우리가 보다 높은 급으로 올라가면 거처를 옮기게 될지도 몰라요. 그러나 그 단계는 지금으로서는 생각할 필요가 없다고 봐요. 우리 가족의 일원으로 합류하세요. 가진 물건이나 가구 같은 짐이 없는 몸이니 어려울 것도 없겠군요."

로저가 두 사람의 제의에 감사의 뜻을 전하려고 했으나 몬시뇰은 만류했습니다. 그처럼 속마음을 전혀 표현할 필요가 없기 때문입니다. 생각 자체로도 충분히 의사가 전달된 것입니다.

4. 어둠에서 부활한 사람들

몬시뇰은 로저에게 자신들이 머무르고 있는 곳과는 달리 사람들이 심한 고통을 받으며 살아가는 곳이 있다고 말했습니다. 그러나 로저에게는 아직 그러한 어둠의 지역을 보여주고 싶지 않다고 했습니다. 일단 그곳을 가보면 기분이 여간 나빠지는 것이 아니라고 합니다. 그러나 여기서 말하는 어둠의 지역이란 지상에서 생각하는 그런 신학적 용어의 지옥, 즉 한번 저주받으면 영원히 나올 수 없는 구렁텅이는 아니라고 합니다.

"누구든지, 설사 그가 지금은 그런 소름 끼치는 곳에 떨어져 살고 있다 할지라도 마음을 바로잡고 허물을 벗을 수 있다면 언제든 그 영역을 벗어날 수 있도록 돼 있습니다. 우리가 지금 생활하는 이곳에서 좀 더 아름답고 숭고한 곳으로 올라가기 위해 열심히 살아가는 것과 마찬가지로, 어둠의 지역에 떨어져 살고 있는 그들도 자신들의 진로를 열어갈 수 있습니다. 영계의 천법은 어디서나 동등하게 적용되니까요."

몬시뇰은 어둠의 지역에서 살다가 이곳으로 온 사람을 통해 로저에게 영계의 실상을 소개했습니다.

지상에서 누린 부와 영계에서의 처참한 삶

일행은 어둠에서 부활한 사람을 소개하기 위해 큰 나무 밑에 아담하게 자리 잡은 오두막집을 찾았습니다. 오두막 주인은 한때 어둠의 지역과 비슷한 급의 고통스럽고 참담한 지역에서 살다가 그곳에서 빠져나온 사람입니다. 몬시뇰은 오두막 주인이 자기가 재생의 길을 개척해온 이야기를 다른 사람에게 들려주는 것만으로도 조금이나마 자기의 고마운 마음을 알리는 길이라 믿고 있으니 그를 축복해 달라고 로저에게 말했습니다. 그도 이제는 맑은 정신으로 살아가고 있다고 덧붙였습니다.

일행을 반갑게 맞이한 집주인은 오두막을 보여주면서 자신이 처음 영계에 왔을 때 머무르던 곳에 비하면 하늘과 땅 차이라면서 자신의 과거를 들려주었습니다. 그는 먼저 자신이 어떻게 해서 그런 처참한 곳으로 떨어지게 됐는지 이야기했습니다.

"나는 지상세계에 사는 동안 크게 성공한 사업가였습니다. 나에게는 사업이 인생의 전부였으며 다른 것에는 전혀 가치를 부여하지 않았습니다. 법에 저촉되지 않는 범위에서 수단과 방법을 가리지 않았습니다. 사업이 번창하는 동안 그 무엇도 두려울 게 없었습니다. 따라서 무엇이든 내가 원하는 것을 얻기 위해서는 무자비한 사람이 됐고, 수완가로서 사업에는 성공했지요."

그는 가정생활에 전혀 관심을 두지 않았고, 가족은 누구든 자신이 명령하는 대로 그저 따라야 했습니다. 그러면서도 자선단체에 큰돈을 기부하는 것은 잊지 않았는데, 그것도 자신의 신용이나 명성에 도움이 된다고 판단했을 때만 했습니다. 물론 교회도 많이 도왔습니다. 그가 돈을 대서 교회를 증축하기도 했는데, 그를 통해 자신을 과시하기도 했습니다. 그는 영원한 안식처인 영계에 들어오고 나서야 위선과 독선의 삶을 살아온 자기가 얼마나 비열하고 부끄러운 모습인가를 깨닫게 됐다고 말했습니다.

그는 중년을 갓 넘긴 나이에 지상세계를 하직했습니다. 그가 죽자 장엄하고 화려한 전통 장례식이 거행됐고 많은 사람이 의식적인 애도의 뜻을 표했습니다. 그는 그 많은 조문객 중에 진심으로 자신의 죽음을 애석해하는 사람이 단 한 사람도 없다는 사실을 뒤늦게 알게 됐습니다.

처절한 회개와 새롭게 태어남

오두막 주인은 죽음에서 깨어나 보니 도저히 상상할 수 없을 정도로 더럽고 비참한 곳에 와 있었습니다. 거처는 가축우리 같은 곳으로 아주 협소했고, 주변에 살아 있는 생물이라고는 전혀 볼 수 없는 황량한 곳이었습니다. 그는 몸서리나는 지하 감옥 같은 그 소굴에서 자신에 대한 분노를 삭이지 못해 처절하게 울부짖기도 하고 자신을 학대하며 살고 있었습니다. 그가 그렇게 어쩔 줄 모르며 나날이 몸부림치다가 에드윈이라는 사람의 눈에 띄었습니다.

우연히 에드윈이 그를 찾아가자 그는 수하 사람들을 대하듯 몸에 밴 거만한 태도로 맞았습니다. 에드윈은 그의 어처구니없는 태도를 전혀 개의치 않았지만, 그는 그대로 에드윈에게 굽힐 뜻이 없었습니다. 그는 처절한 상태에 떨어지게 된 사실에 대해 누군가 원망할 사람조차 없다는 자책감에서 그저 분노에 휘말려 있는 상태였습니다.

그는 자신도 모르게 심사를 요청하는 내용을 생각을 통해 위로 띄웠던 모양입니다. 에드윈은 첫 방문 후에도 헤아릴 수 없는 날들을 찾아왔지만 언제나 결과는 마찬가지였습니다. 그는 조금도 굽히지 않았고 무례한 언행도 서슴지 않았습니다. 그런데도 전혀 동요되거나 기분 나빠 하는 기색을 보이지 않았습니다. 마침내 에드윈은 몬시뇰과 루스를 데리고 그를 찾았습니다.

에드윈과 그가 이야기를 주고받는 동안 두 사람은 방 뒤쪽에서 정중한 자세로 서 있었습니다. 그는 분노가 약간 누그러지는 것을 느끼기 시작했고, 무엇인가 한 줄기 빛이 어렴풋이 나타나는가 했는데 자꾸만 루스에게서 눈을 뗄 수가 없었습니다. 루스를 보면서 지상세계에 남겨둔 딸을 생각한 것입니다.

그들이 떠나간 후 그는 형언할 수 없는 고독감에 휩싸였고, 처절한 비애 속에 허덕여야 했습니다. 얼마나 고독하고 슬펐던지 에드윈에게 당장 와 달라고 소리치며 울어댔습니다. 그렇게 통한의 눈물을 보이자 에드윈이 지체 없이 그의 처소를 다시 찾아왔고, 에드윈을 봤을 때 그의 놀라움과 기쁨은 상상조차 할 수 없을 정도였습니다. 남에게 고맙다는 말 한마디 제대로 안 해보고 살았던 그가 문간까지 달려 나가 자신을 위해 다시 와준 것에 대해 감사했습니다. 그리고 그동안의 무례한 행동에 대해 사과했습니다.

에드윈은 즉시 자리에 앉아서 그가 어떻게 해야 그와 같은 참담한 곳으로부터 해방될 수 있는지 설명했습니다. 에드윈이 떠난 후 다시 거처를 둘러보는데 웬일인지 전에 없이 밝고 아늑하며 깨끗하게 느껴지는 것이었습니다. 그때부터 그의 충고에 따라 행동 지침을 정했습니다. 우선 한동안 지난날을 회개하는 생활에 들어갔습니다. 뼈를 깎는 참회의 생활을 시작했고, 모든 고통을 즐거운 마음으로 감내하면서 죄악의 사슬을 끊기 위해 몸부림쳤습니다. 그는 당시에 비하면 밤이 낮으로 변한 것이나 다름없다고 말했습니다.

그리고 지금도 열심히 노력하며 기쁘게 살고 있다고 했습니다. 그도 에드윈처럼 어려운 처지에 있는 사람들을 도와주고 있다고 덧붙였습니다.

5. 영급의 상승과 고급 영계

영계에서는 지상세계의 철학자들이나 종교인들이 잘못 가르침으로 말미암아 사람들의 사고가 굳어 있는 것에 대해 가장 염려하고 있습니다. 루스는 "그 유명하다는 철학자들도 우리가 살고 있는 이곳에 오게 되면 우리 가운데 누군가가 맡아서 굳을 대로 굳어버린 그들의 사고를 바로잡아주기 위해 따분하고 힘든 일을 해내야 합니다."라고 말했습니다. 문제는 그 잘났다고 하는 철학자들에게만 끝나는 게 아니라 그와 같은 부정적이고 왜곡된 견해를 제자들이 읽고 받아들인다는 것입니다. 그래서 심오한 진리라도 되는 양 믿게 돼 누군가가 잘못을 바로잡아주지 않는 한 마침내 그들도 그들의 선생처럼 독선자가 돼 영계에 들어온다는 것입니다.

영계에서 가장 골치 아픈 존재는 영계에 대한 사전 지식이 전혀 없이 들어오는 사람들입니다. 더구나 얼토당토않은 엉터리 관념에 사로잡혀 있으면 교정하기가 어렵다고 합니다.

영계에서는 생각을 통해 의사소통을 하기 때문에 언어의 장벽을 초월하며 국적도 필요 없습니다. 그런데도 프랑스 사람들은 자신들이 교통하는 사람들이 프랑스어를 쓰기 때문에 전 영계가 프랑스어만 쓴다고 생각하고, 영국 사람들은 영어를 쓰는 사람과 교류하기 때문에 전 영계가 영어만 쓴다고 한다면, 그리고 각각의 언어를 사용하는 철학자라는 사람들이 자기주장만 편다고 하면 과연 어떤 일이 벌어질까요? 영계가 초월적인 세상인데도 지상에서 굳어진 고정관념을 버리지 못하면 적응하기 어렵다는 것이 이곳 사람들의 지적입니다.

끼리끼리 모여 사는 영계

지상세계에서 온 사람들은 저마다 영계의 어딘가에 정착해 살아가고 있습니다. 자연히 같은 언어와 풍속을 가진 사람들끼리 모여 살게 마련입니다. 그 모든 필요조건이 이곳에서는 원하는 대로 충족되는 것입니다.

그러나 높은 영계일수록 국가에 대한 관념이 없습니다. 국적을 초월합니다. 그리고 지상인과 교통하거나 다른 언어권 사람들을 지도하는 등 필요에 따라서는 다른 나라 언어를 배울 수도 있습니다. 기억력이 뛰어나 무엇이든 듣거나 보기만 하면 영원히 잊어버리지 않는다는 것입니다. 그런데도 대부분 사람이 다른 나라 언어를 배우지 않는 것은 필요성을 전혀 느끼지 못하기 때문입니다.

영계는 지상과 달리 국경이 없기 때문에 누구나 오가는 것이 자유롭고 어디를 가든지 환영을 받습니다. 사실 이곳저곳 두루 돌아다니며 살펴보아도 집의 구조나 전원 풍경에서 약간의 차이를 느낄 수도 있지만, 그 외에는 다를 바 없습니다. 다만 한 가지 장벽은 있습니다. 그것은 눈에 보이는 것은 아니지만 서로 다른 급끼리는 엄연한 경계가 있다는 것입니다. 빛의 강약에 의해 구분되고 있습니다. 만일 그러한 구분이 없다면 한 급의 불쾌한 요인 등이 상위급에까지 영향을 미치게 될 수 있고, 또 어떤 사람은 분수에 넘치는 생각을 할 수도 있을 것이기 때문입니다.

영계는 천리원칙에 따라 움직이며, 자연법칙과 마찬가지로 모든 다른 분야에서 부작용이나 충돌 없이 잘 운행되고 있습니다. 의견 충돌이 있을 수 없고 권리 주장이 나올 수 없습니다. 몬시뇰과 루스, 로저가 머물고 있는 영계는 모든 정당성이 집합된 국제도시 같은 곳입니다.

영계에서는 영급이 밝고 높아지면 더 높은 급으로 올라가도록 되어 있습니다. 그러나 높은 급으로 올라갈 수 있는 상황인데도 개인적인 사정으로 현재의 자리에 머물러 있는 사람도 있습니다. 서로 떼려야 뗄 수 없는 두 사람이 각기 다른 급에 속했을 때, 높은 급에 속한 사람이 낮은 급에 내려와 그가 아끼고 사랑하는 사람과 함께 기다리면서 지내다가 낮은 급에 있는 사람의 영급이 높아지면 함께 올라가는 것입니다. 또 일 때문에 낮은 급에 그대로 머무르는 이들이 있는데, 미국 인디언 출신 레이디언트 윙(Radiant Wing)이 그런 사람입니다. 그는 두 군데 다 소속된 셈입니다.

가문이나 성보다는 그 자신이 누구인가가 중요

영계에서는 성씨를 사용하지 않고 이름만 부르고 있습니다. 영계에서 중요시하는 것은 그가 누구인가 하는 그 개인의 모습이지, 그가 속해 있던 가문이 아닙니다. 그런데 알고 보면 각자의 이름은 마음대로 짓는 것이 아니라 영계의 천법과 질서에 따라 정해지고 있습니다. 이름마다 독특한 의미가 있지만 지상세계의 언어들과는 전혀 상관이 없습니다. 이름은 누구든 자격이 갖춰졌을 때 비로소 받게 됩니다. 이름은 아무나 마음대로 지어줄 수 있는 것이 아니라 가장 높은 급에 계신 분들만이 행사할 수 있습니다.

로저 일행이 만난 푸른별(Blue Star)은 완성급 고급 영계에서 온 분입니다. 그의 휘장은 지상세계 그 어느 보석과도 견줄 수 없는 아름다운 보석으로 만들어졌습니다. 그 보석들은 빛나는 푸른빛을 띠면서 성좌 모양을 이루고 있었습니다.

이 방문객은 긴급한 일이 벌어지면 생각의 힘을 빌려 지체하지 않고 현장에 출현하기도 하지만, 오늘은 보통사람과 마찬가지로 정원을 걸어 들어왔습니다. 지상세계의 친구들을 만나 무엇인가 도와야 할 일이 있어 가는 중이라고 했습니다. 그는 이곳에 온다고 메시지를 보낼 때 집에는 아무도 없었다고 했습니다. 그리고 푸른별이라는 이름을 갖게 된 증표를 보여주었습니다. 그가 입고 있는 도포 속에 영계의 보석으로 만든 푸른별이 눈부시게 빛났습니다.

지상세계의 보석들은 아름답기는 하지만 광채가 없어 캄캄한 곳에서는 볼 수가 없습니다. 그러나 영계의 보석들은 자체의 아름다운 색상과 광택으로 어두운 곳에서도 밝게 빛납니다. 이 보석은 지상세계에서 돈 있는 사람이 소유할 수 있는 값비싼 보석과 달리 사거나 팔 수 없고, 각 분야에서 공헌하는 만큼 상으로 받는다고 했습니다.

푸른별은 지상세계의 친구들을 찾아가 영력으로 격려해줘야 한다면서 로저 일행이 손을 흔들어주는 가운데 지상세계로 떠났습니다. 지상세계 전체가 너무 침체돼 용기를 불어넣어줘야 한다는 것이었습니다. 그리고 '지상세계 친구들이 정말 우리 일행의 말에 귀 기울여준다면 상황은 쉽게 전환될 수 있을 텐데…' 하는 기대도 표시했습니다.

6. 영계에서 본 종교의 문제점

지상에서 성직자 생활을 한 적이 있는 몬시뇰은 로저에게 영계에서 종교를 어떻게 보고 있는지 자세히 설명해주었습니다. 그는 한마디로 지상의 종교가 제 역할을 하지 못하고 있다고 말했습니다. 그것은 각 종교가 영계의 실상을 제대로 파악하지 못한 채 자신들의 교리적 관점에서만 이해하고 있기 때문이라는 것입니다. 그리고 지상세계의 거의 모든 종교가 영계와 무관한데도 그들은 영계에 대해 절대적 권한을 갖고 있는 듯이 말하고 있다고 지적합니다.

더구나 한 인간이 지상세계를 떠나 영계에 들어오는 현상은 종교적 행위가 아니라 순전히 본연의 현상이나 다름없고, 어느 누구도 피할 수 없는 숙명이라고 합니다. 몬시뇰은 다음과 같이 설명합니다.

"지상에서 보람된 생을 사는 것은 종교적 차원이 아닙니다. 왜 종교와 결부시켜야 하나요? 로저, 당신도 이곳에 와서 어떤 종류든 종교적 글귀가 붙어 있는 것을 봤어요? 그렇다고 어떤 사람이 감히 우리 생활을 선하고 보람된 생활이 아니라고 말할 수 있겠어요?"

몬시뇰은 "수많은 종교가 어느 분야에서든지 약간씩은 진리를 터득해 가르치기 때문에 모든 종교의 가르침을 합친다면 진리 전체를 가지게 되는 셈"이라고 설명합니다. 어떤 종교도 절대적인 진리 전체를 가르치지 못하는데, 그 모든 종교에 흩어진 진리의 파편들을 주워 모을 수 있겠느냐고 반문합니다. 각 종교가 영계의 일부를 보고 전체인 양 오도하고 있는데, 영계의 실상을 올바로 소개하지 않으면 안 된다는 것입니다.

영계에서 본 종교

로저는 몬시뇰에게서 지상 종교들이 사후세계에 대해 너무 무지하며 잘못 가르치고 있다는 이야기를 들었습니다. 영계에 와서 보니 주일예배에서 행하는 목사의 설교나 기도가 엉터리라는 것입니다. 몬시뇰의 이야기를 다시 들어봅시다.

"목사들의 설교는 지금 당신이 알고 있는 사실과 거리가 먼 내용이었지요. 어떻게 평범한 인간인 목사로부터 진리를 기대할 수 있겠어요? 어떻게 평범한 인간, 아니 목사라도 다른 사람들의 문제점이나 여타의 관심사에 대해서 바른 가르침을 줄 수가 있겠습니까? 더구나 그 설교자가 그러한 문제점이나 관심사에 대해서 전혀 아는 것이 없을 때 말입니다. 정작 문제점은 거기에 있어요. 무지 또는 진리의 결핍, 바로 이것입니다."

몬시뇰은 진리를 가장 먼저 터득해야 할 사람이 성직자라고 말합니다. 물론 성직자였던 그 자신도 지상에서 이런 사실을 몰랐다고 고백합니다.

"지상에서 나처럼 성직자의 위치에 있었던 사람이라면 루스나 로저, 당신 같은 일반 교인들에게 지금 우리가 이곳 영계에 대해 알고 있는 진실을 가르쳐줄 수 있어야 합니다. 그들이 하려고만 들면 이 정도의 진실은 터득할 수 있는 길이 얼마든지 있지만, 그렇게 하지 못하는 지상세계의 현실을 생각하면 마음이 아프고 슬프기 그지없습니다. 우리는 지금 이처럼 영계에 살고 있는데, 지금도 지상세계에서는 이 영계를 장막으로 덮어놓고 거짓된 신앙생활을 강요하고 있어요. 성직자들이 저마다 자꾸만 영계의 실상을 모호하게 만들어 놓고 있지요."

몬시뇰은 종교들이 영계에 대해 전혀 모르고 있다는 것을 안타까워했습니다. 그들의 의식구조는 영계가 과연 어떤 곳인가 하는 상상이나 환상을 가져 볼 수 없도록 돼 있다는 것입니다. 그리고 각 종파들은 서로 물과 기름처럼 화해나 통합이 전혀 불가능하다고 지적했습니다. 서로가 옳다고 주장하는 것을 보면 참 딱하기 그지없다는 것입니다.

영계의 실상을 수용할 수 없는 교회

몬시뇰은 교단들이 안고 있는 근본 문제로 그들의 신학으로는 영계의 실상을 수용할 능력이 없다는 점을 지적했습니다. 무엇이든 자신의 신학과 일치하지 않으면 도매금으로 쓸어버린다고 합니다. 그들은 실체보다는 환상을 중시하고 교리, 신조, 계율만을 좇고 있다고 합니다. 그러면서 다음과 같이 지적합니다.

"우리는 지금 이렇게 영계에 와서 멀리 몇 마일씩이나 뻗쳐 있는, 그야말로 산 곱고 물 맑은 전원 가운데 미의 극치를 보이는 아름다운 나무 밑 부드러운 잔디 위에 앉아 있습니다. 이것은 모두 의심할 여지가 없는 영계의 실상이요 불변의 사실입니다. 그들이 종교적인 뜻으로 논하는 영적인 경험이 아닙니다. 우리가 날마다 겪는 지극히 평범한 삶의 현상입니다. 우리 세 사람 모두가 여기에 와 있는 것은 우리의 영적인 운명에 의한 것이요, 우리의 정당한 권리일 뿐, 결코 우리가 지상세계에서 가졌던 믿음 때문이 아닙니다."

그러고 나서 루스와 로저를 예로 들어 설명합니다. 그들의 논리대로라면, 루스는 교회를 다니다가 그만뒀고 교회로부터 형편없는 이방인으로 몰렸던 사람이기 때문에 '지옥'으로 떨어진다고 봐야 합니다. 로저도 아직 젊기 때문에 교회로 봐서는 중진 교인이 아닙니다. 그들의 잣대로라면 두 사람 다 여기에 올 수 없는 사람들입니다. 이곳은 몬시뇰처럼 성직 생활을 오래한 사람이나 올 수 있도록 예약돼 있을 테니까, 급이 다른 그들은 들어올 자격이 없다는 것입니다. 신학적으로 보거나 지상에서의 선행으로 보거나 아무리 생각해도 두 사람은 자신과 어울릴 수 있는 사람이 못 되고 하등 상관이 없는 것 같다는 것입니다.

몬시뇰은 "그러나 엄정한 사실은 당신 둘이 다 여기에 와 있고, 나도 이렇게 이곳에 와서 함께 있다는 것입니다. 그렇다면 결론은 무엇입니까? 단 하나! 세상의 종교를 지도하는 그 신학이라는 것이 틀렸다는 겁니다. 이 말을 지상세계의 신학자와 교인들이 듣는다면 모두 발끈하겠지만 신학이 실제에 맞지 않다는 말입니다."라고 덧붙였습니다. 그리고 그는 다음과 같이 결론을 짓습니다.

"이곳에서는 경건, 신성 또는 종교성을 느낄 만한 확실한 흔적을 볼 수 없으며, 그렇다고 서로 성경이나 교훈적인 책에 관해서 묻고 응답하는 것도 아닙니다. 어떤 상황에서나 자연스러운 행동 외에는 하지 않습니다. 간단히 말해서 어떤 종교단체나 종교적인 세계에서도 살고 있지 않습니다. 우리가 살고 있는 이곳은 건전하고 지각 있는 인격적인 세계입니다. 지상세계 어디서도 볼 수 없는 아름다운 곳이지요. 웃고 싶으면 웃고, 어디든지 가고 싶으면 가고, 그저 마음이 원하는 대로 산다는 것입니다. 지상 사람들이 우리가 어떤 곳에 사로잡혀 있을 것이라고 제멋대로 생각하는 것과는 전혀 다릅니다."

7. 영적 무지와 영계 교회

로저가 첫나들이에서 가장 충격을 받은 것은 영계의 실상이 지상에는 전혀 알려져 있지 않다는 사실입니다. 영계에서는 그동안 수백억 인류 가운데 극소수이긴 하지만 지상인에게 영계의 실상을 전달하고자 노력해왔다고 합니다. 그리고 최근 계시를 받는 사람이 늘어나는 것은 사실이지만, 예수의 제자들이 세상을 떠난 후 지상세계에서 계시받는 사람 수가 급격히 줄었고, 괄목할 만한 신령역사도 더는 없었다고 합니다. 그 후로는 사실상 영적 세계의 침묵 시대라는 것입니다.

기독교인들은 지금도 사후세계에 대해 알고 있거나, 심지어는 알아보려고 하는 것까지도 성경의 가르침에 어긋난다고 믿는 것이 문제라고 합니다. 그들은 영계나 사후의 삶에 대해 인간들이 알지 못하도록 성경이 가르친다고 주장한다는 것입니다. 그렇지 않고서야 왜 자신들에게 가르쳐주는 자가 없겠느냐고 하면서 말입니다. 몬시뇰은 성경을 경건한 자세로 읽는다면 그 속에 함축적으로 내포된 영계에 대한 지식을 알 수 있을 것이라고 말합니다.

기독교 지도자들의 영적 무지

몬시뇰은 로저에게 종교들의 영적 무지에 대해 사례를 들어 자세히 설명해 나갔습니다. 종교가 영계를 올바로 알고자 하는 사람에게 방해를 놓고 있다는 것입니다. 그는 기독교의 주축을 이루는 두 교파 가운데 하나는 누구든지 신령역사를 부인하는 자는 어리석은 자이지만, 대부분의 신령역사는 악마의 농간이거나 아니면 악마의 부하들에 의해 일어나는 현상일 뿐이라고 주장한다고 합니다. 그리고 종교 지도자들이 로저나 루스, 몬시뇰 자신까지도 악마라고 부른다는 사실을 두고 볼 때 얼마나 엉터리 같은 것이냐고 강조했습니다.

다른 교파에 대해서도 설명했습니다. 그 교파는 대주교의 직권으로 영계와 지상세계 사이의 교통에 대해 전반적인 조사를 했고, 대다수 교직자가 영적 교통에 대해 긍정적 태도를 보이며 그러한 현상이 실제로 일어나고 있다고 주장했다는 보고서를 펴냈다고 합니다. 그러나 그 보고서는 끝내 세상에 공개되지 못했고, 그러한 조처를 취한 대주교가 영계에 와서 살고 있다는 이야기입니다.

몬시뇰은 지금과 같은 제도에서는 교회가 진리를 찾을 수 없으며, 신자들도 현재 상태에 만족해 있다고 주장했습니다. 루스도 거들었습니다.

"로저, 수십억을 헤아리는 지상세계 인간들이 이 아름다운 땅에 대해 아무것도 모르고 있다니 정말 측은하기 짝이 없지 않아요? 게다가 그들은 어처구니없는, 바보 같은 교리인지 뭔지 때문에 알 권리마저 박탈당하고 살고 있으니 말도 안 되는 일이지요. 사후세계에 대해, 우리가 사는 이곳 생활에 대해 알게 된다고 해서 그들에게 과연 무슨 해가 되겠어요? 혹자는 우리가 필요악 같은 존재요, 해괴망측한 자들이니 상대하지 않는 것이 좋다고 생각하겠지요. 그런 사고를 가진 사람이 있다는 것만 생각해도 화가 나서 견딜 수가 없어요."

몬시뇰은 수천 년간 내려오는 고질병, 그 무지가 너무 오랫동안 세상에 판을 치다 보니 사람들이 대부분 그들 자신의 종교나 신학적 외곬의 생각에서 벗어나지 못하고 있다고 설명했습니다. 그러나 막상 이곳에 도착해 진실을 접하게 되면 마치 신풍(神風)처럼 돌아다니면서 마침내 지상에 남겨 놓은 가족에게 돌아가서 이 모든 진리를 가르쳐주게 해달라고 애원하는 사람들이 헤아릴 수 없이 많다고 합니다. 어떤 사람은 정말로 돌아갈 수 있는 기회가 생겨서 가보지만, 결과는 양쪽이 모두 실망스러운 결과밖에 얻지 못한다고 합니다.

만일 몬시뇰이 로저와 동행해 자기 친구에게 현현한 뒤 그로 하여금 로저의 소식을 그 가족에게 전해주었다고 합시다. 그러면 로저의 가족이 몬시뇰 친구들을 쫓아내고, 이 문제를 의논하기 위해 담당 목사를 찾아갔을 것이라고 했습니다. 또 그 목사 역시 그들의 이야기를 들은 뒤, 예전에도 그와 비슷한 얘기를 들은 적이 있지만 전혀 신경을 쓰지 말고 잊어버리는 게 좋겠다고 충고할 것이라고 했습니다. 옛날이나 지금이나 그 문제에 대해서는 똑같은 결과로 끝난다는 사실에 대해 몬시뇰은 무척 안타깝게 생각했습니다. 그동안 영계에서 실상을 전달하려고 애썼지만, 종교계 지도급 인사들이 앞장서 막는 바람에 세상에 알려지지 않았다는 것을 자세히 설명했습니다.

교회는 고급 영계에서 내려와 지도하는 곳

로저 일행은 교회를 방문했습니다. 영계에도 지상과 마찬가지로 교회가 있습니다. 건물은 지은 지 수백 년이 됐지만 갓 지은 건물처럼 보였습니다.

이웃집과의 경계를 표시하는 나지막한 벽돌 담장으로 둘러싸여 있었습니다. 그러나 지상세계 사람들이 보고 참작하라고 지어 놓았을 뿐 예배를 보는 곳은 아니라고 몬시뇰은 설명했습니다. 다만 지상인에게 외형이나 주위 환경을 참작하라는 것입니다.

교회 안에 들어가니 역시 텅 비어 있었습니다. 흔히 볼 수 있는 장식물도 없었습니다. 설교단이나 성찬대도 보이지 않았습니다. 몇 개의 계단 위에 성소로 보이는 넓은 공간에 의자 몇 개가 놓여 있었습니다. 그중 가장 가운데 놓여 있는 의자는 다른 의자들보다 한층 더 아름답게 장식돼 있었습니다. 의자들 위로는 천연색 유리로 아주 정교하게 장식된 뾰족한 창문이 하나 있었고, 그 창문 유리들은 눈에 익은 성화 대신 벽에 거는 융단에서 볼 수 있는 것과 같은 호감이 가는 전원 풍경으로 장식돼 있었습니다.

의자들 바로 뒤에 있는 벽에는 모자이크로 된 두 줄의 문구가 나란히 새겨져 있었습니다. 그리고 두 줄기 빛이 벽에 새겨진 문구들을 비치고 있었습니다. 라틴어로 된 문구의 내용은 "천상의 하나님께 영광이 함께하시고 지상의 선한 자들에게는 평화가 충만하소서!"라는 것이었습니다.

몬시뇰은 이 교회의 건물과 정원은 본래 근처에 사는 분이 종종 고급 영계에서 내려와 이곳 사람들에게 생활 전반을 지도하고 가르치는 선생님을 모시기 위해 세운 것이라고 했습니다. 그 이후 변함없이 보통 같으면 제단이 있어야 할 곳에 의자들이 놓이고 그 중앙에 연사로 오는 분이, 주위 의자들에는 수행원이 앉게 된다는 것입니다. 벽의 문구는 이 건물을 세운 분에게 감사하는 뜻으로 그분들이 새겨 놓았다고 합니다. 영계에서는 기독교인들이 생각하는 것과는 전혀 다른 교회 형태가 존재함을 확인할 수 있었습니다.

| 제3부 |
실체를 드러내는 영계

| 제1장 |

스스로 찾아가는 천국과 지옥

◆◆◆

　종교는 대체로 사후세계를 천국과 지옥으로 구분하며, 그에 대한 여러 증언이 나오고 있습니다. 특히 영성신학자 스베덴보리의 《천국과 지옥》이란 책은 사후세계에 대해 구체적으로 설명하고 있습니다. 증언들 가운데는 우리가 일반적으로 생각하는 것과는 다른 새로운 내용들도 눈에 띕니다. 사후세계는 원리원칙과 자율에 따라 움직이는 곳이기 때문에 죄를 지었다고 해서 지옥으로 보내는 것이 아니라 스스로 찾아간다는 것이 대표적 사례입니다. 어떻든 지상에서 어떻게 살았느냐에 따라 사후에 자신이 갈 곳이 정해진다는 점에서 지상에서 바른 삶을 사는 것이 무엇보다 중요하다는 것이 각 종교의 공통적 주장입니다.

1. 천국과 지옥, 그리고 중간영계

그동안 영계가 있느냐 없느냐 하는 문제를 놓고 수많은 논란이 전개됐습니다. 특히 영생을 말하는 기독교조차 영계의 실상을 구체적으로 밝히지 못해 죽음은 인간에게 여전히 공포의 대상이 되고 있습니다. 인간이 죽어서 가게 된다는 영계는 영원한 미스터리일까요? 언제나 인간의 마음을 사로잡아 온 '인간이 죽으면 어떻게 될까?' 하는 문제는 수수께끼로 남을 수밖에 없을까요? 그 세계를 볼 수도 없고 만질 수도 없다고 해서 아무런 준비 없이 죽음을 맞이해야 할까요?

영계가 서서히 모습을 드러내고 있습니다. 그 미스터리가 점점 밝혀지고 있습니다. 그 세계는 먼 곳에 있는 것이 아니라 여러 가지 증거를 통해 점점 우리에게 다가오고 있습니다. 오랜 기간 죽음 이후의 세계에 대한 증언이 이어지면서 영계의 실상이 어느 정도 드러난 상태입니다.

스베덴보리의 《천국과 지옥》

성경을 비롯한 수많은 서적과 종교 지도자들이 천국의 존재를 증거하고 있습니다. 그중 하나가 지금부터 250여 년 전 자연과학자이자 영성신학자인 에마누엘 스베덴보리(Emanuel Swedenborg 1688~1772년)가 쓴 《천국과 지옥)이란 책입니다. 이 책은 영계 체험을 바탕으로 한 체계적인 보고서라는 점에서 세계적 베스트셀러로 자리매김해왔습니다. 특히 이 책은 문자 중심의 성경 읽기의 잘못을 지적하면서 자간에 숨겨진 성경의 비밀을 재해석하고, 영계와 관련된 성경 구절을 자세히 풀어주고 있다는 점에서 높이 평가할 수 있습니다.

스베덴보리는 55세 때 예수 그리스도를 만나면서 영안(靈眼)이 열려 영계를 직관하게 되고, 영적인 능력을 갖게 됩니다. 그는 천사들과 지내면서 천국의 경이롭고 아름다운 모습을 보았지만, 또한 지옥에서 악마들과 대화를 할 수 있는 기회도 갖게 됩니다.

그리고 스베덴보리는 이 책 서문에서 예수가 "나로 하여금 사람끼리 말 하듯 천사들과 대화할 수 있게 하시고 또 천국과 지옥의 실상을 보게 하셨다. 이것은 13년 동안 계속돼온 일이다. 그리고 이제 사람들이 모르던 것을 밝히 깨닫고 불신이 사라지기를 바라셔서 내가 거기서 듣고 본 바를 쓸 수 있도록 허락하셨다."라고 강조했습니다. 이는 예수의 명령에 따라 영계를 출입하면서 그 실상을 밝혀낼 수 있었다는 것입니다.

그러나 그는 기독교 신자들이 천국과 지옥, 사후 생활에 대해 너무 무지하다고 지적했습니다. 그러면서 그는 서문에서 "사실 이에 대한 것이 말씀에 다 드러나 있고 기록되어 있는데도 불구하고, 교회 안에서 태어난 많은 사람들이 그것을 믿기를 거부한다. 그들은 속으로 '누가 저 세상에서 와서 우리에게 알려주기라도 했단 말인가?' 라고 생각하는 것이다."라고 강조했습니다. 그런데 스베덴보리가 27년간 천국과 지옥을 오가면서 직접 보고, 체험한 기록을 놓고 가장 못마땅하게 생각하는 이들은 기독교 지도자들입니다. 정통 기독교 교리와 다르다는 것입니다.

예장 합동측이 2017년 9월 총회에서 스베덴보리에 대해 이단으로 결의한 것이 대표적 사례입니다. 오늘날 기독교가 기존의 교리를 가지고 영적 체험을 재단하고, 사후세계에 대해 관심을 가진 신자들의 길을 가로막고 있다는 점에서 우려스러운 일이 아닐 수 없습니다.

영계를 안다는 것은 쉬운 일이 아닙니다. 평상시 그것을 실감하면서 살지 못하기 때문입니다. 그동안 지상에서 살다가 영계에 간 사람들이 지상으로 되돌아왔다는 이야기를 듣지 못했습니다. 그러나 인간의 마음이 보이지 않지만 존재하는 것처럼, 영계도 볼 수는 없지만 살아 움직이고 있습니다. 많은 사람이 이승과 저승을 믿고 있지만 뭔가 잡히는 것이 없다 보니 아무런 준비 없이 생의 마지막 관문까지 가는 것입니다.

사실상 영계를 실감하게 되는 것은 죽음 이후입니다. 이승에서 저승을 이해한다는 것은 거의 불가능합니다. 어머니가 태아에게 바깥세상을 아무리 이야기해준다 해도 실감할 수 없는 것과 마찬가지입니다. 그리고 아이가 바깥세상이 궁금하고 또 보고 싶다고 해도 그 실상을 보여줄 수 없습니다. 구름 잔뜩 낀 날 비행기를 타고 지상을 내려다보면 구름에 가려 아무것도 보이지 않는 것처럼, 타락성이 우리 마음을 가리고 있어 영계의 실상을 파악할 수 없습니다.

천국은 어떤 사람이 가는 곳인가?

기독교인에게 천국이란 어떤 곳이냐고 물어보면 대부분 "예수를 믿는 사람이 죽어서 가는 곳"이라는 정도로 알고 있습니다. 막연하게 예수만 믿으면 천국에 갈 수 있다고 생각합니다. 그러나 영원한 삶을 살아가는 천국 문제가 그렇게 단순하지는 않습니다. 천국과 지옥은 있는가? 그렇다면 어디에 있는가? 어떻게 존재하는가? 어떻게 가는가? 천국과 지옥에 대한 궁극적 질문을 해보아야 합니다.

스베덴보리는 《천국과 지옥》에서 이에 대해 아주 구체적으로 설명합니다. 그는 "죽은 뒤에 사람은 이 세상에서의 모든 기억, 생각, 애정을 갖고 있다. 두고 가는 것은 오직 육체밖에 없다. 사람이 죽어도 사용하던 모든 내외의 감각을 사용한다."라면서 천국의 가장 일차적인 출발은 이 땅에서 육신을 갖고 사는 사람의 선한 의지에 달려 있다고 주장합니다.

천국에 이르는 방법 또한 다원주의적 관점으로 설명합니다. 천국은 분명 예수 그리스도의 인도로 들어가지만, 기독교인이라고 무조건 해당하는 것이 아니라, 진리를 찾아가는 모든 사람에게 동일하게 혜택이 부여된다고 합니다. 그는 비기독교인들이나 이교도들은 구원을 받을 수 없다는 기독교인들의 주장에 대해 "주는 사랑 자체이시고 그분의 사랑은 모든 사람의 구원을 바라신다. 따라서 주는 모든 사람에게 종교를 가질 수 있도록 섭리하시고 그 종교에 의해 신성과 내적 삶을 인식할 수 있게 섭리하셨다."라고 주장합니다.

그리고 비기독교인들은 영계에서 천사들로부터 선과 신앙적 진리에 대해 배우고 나면 "겸손하고 총명하고 지혜롭게 행하고 기꺼이 진리를 받아들이고 흡수한다."라고 말합니다. 그래서 그는 "오늘날 기독교인들보다 비기독교인이 더 쉽게 천국에 들어간다는 것이 확실하다."라고 강조합니다. 이는 천국과 지옥에 대해 이분법적으로 생각해온 기독교인들의 시각이 얼마나 잘못됐는지를 보여주는 지적입니다.

스베덴보리는 기독교의 신관과 구원관을 뛰어넘어야 한다고 강조합니다.

무한자이며 사랑의 현신인 절대자가 특정 종교의 이데올로기에 갇혀 있을 수 없다고 말합니다. 따라서 천국은 단순히 예수를 주님으로 시인한 데 대해 값없이 주어지는 결과물이 아니며, 이 세상을 떠나면 그저 가는 곳이라는 고정관념에서 벗어나야 한다는 것입니다. 그는 "하나님의 자비는 인류 전체를 향한, 그들을 구원하시고자 하는 순수한 긍휼이다. … 그러므로 구원될 수 있는 사람은 누구나 다 구원받는 것이다."라고 말합니다. 사람의 본분과 의무를 내팽개치고 예수 그리스도의 절대 은혜 아래 숨는 그리스도인의 특권의식을 꼬집은 것입니다.

스베덴보리는 형식적 신앙에 치우친 기독교인의 행태, 특히 성경을 문자 그대로 해석하는 것을 경계합니다. 그는 "말씀의 모든 부분에는 속뜻이 있다. 글자 그대로의 뜻으로 보면 자연적 차원, 세상의 일을 다루고 있지만, 그 속뜻은 영적 차원, 천국의 일을 다루고 있다."라면서 속뜻을 읽을 것을 권고합니다. 또 천사의 말을 빌려 천국과 지옥에 대한 잘못된 믿음을 다음과 같이 지적합니다.

"기독교 사회가 천국과 지옥의 구성에 대해 잘못 믿고 있는 것은, 해당 구절을 오로지 글자 그대로 이해했을 뿐, 말씀에서 이끌어낸 참된 교리로 깨우침이나 설명을 받지 못했기 때문이다. 말씀의 문자상 의미는 참된 교리로 설명되지 않으면 사람의 마음을 오도하고, 이것이 무지한 견해와 이설과 오류를 낳는 것이다."

그리고 그는 "지금 교회 사람들은 천국이나 지옥, 사후 생활에 대해 거의 모르는 상태에 있다. 사실 이에 대한 것이 말씀 안에 다 드러나 있고 기록돼 있는데도 교회 안에서 태어난 많은 사람이 그것을 믿기를 거부한다."라며 안타까워합니다. 그는 또 "교회에 빠짐없이 출석하고 기도하고 통회하는 등 외적으로 거룩하게 살았고, 그러면서 계속 자기만 염두에 두면서 그 모든 행위로 자신들은 존경과 영광을 받을 것이며 죽은 뒤에는 마침내 성자로 추앙될 거라고 생각한 사람들은 저세상에서 천국에 있지 않다."라면서 요즘 신앙인들이 꼭 새겨들어야 할 이야기를 합니다. 스베덴보리가 기독교인들의 가장 큰 문제점으로 지적한 것은 믿기만 하면 구원받는다는 식의 잘못된 시각입니다.

"그들은 천국이 무엇이고 천국의 기쁨이 무엇인지 전혀 모른다. 따라서 주님은 누구나 천국에 오는 것을 거부하지 않으신다는 것과 그들이 원하면 천국에 들어가 보고 머물 수도 있다는 것을 알려준다. 그것을 원한 이들은 실제로 들어가 보게 된다. 그러나 바로 문턱에서 천국의 열(천사들이 거하는 사랑)과 천국 빛(신적 진리)의 흐름이 닿자마자 그들은 속에서 천국의 기쁨 대신 지옥의 고통을 느끼고 머리부터 뛰어내린다. 이런 체험을 통해 그들은 방법을 떠나 자비로 천국이 허락되는 것은 불가능하다는 것을 배운다."

스베덴보리는 천국에는 신적 질서가 있기에 그러한 원칙을 떠난 자비나 구원은 있을 수 없다고 강조합니다. 특히 천국은 이 세상에서 산 삶의 본질 그대로 반영되며, 죽은 뒤에는 회개가 불가능하다는 주장은 눈여겨봐야 할 대목입니다.

천국과 지옥의 정거장인 중간영계

사람이 죽으면 가장 먼저 도착하는 곳은 천국도 지옥도 아닌 중간영계입니다. 스베덴보리는 "천국은 바로 그 사람 안의 선과 진리가 하나된 상태다. 또 지옥은 그 사람 안의 악과 거짓이 하나된 상태다. 영인 안에서 선이 진리와 하나되면 그는 천국에 이른다. 반대로 사람 안에서 악이 거짓과 하나되면 그는 지옥에 이른다."라고 말합니다. 중간영계는 이러한 것을 판별하는 기간에 머무르는 장소입니다.

"사람들이 사후에 중간영계에 들어가자마자 주님은 그들을 정확하게 분류하신다. 악인들은 이 세상에 살 때 그들 중심적 사랑으로 이어져 있던 바로 그 지옥 공동체에 즉시 연결되고, 선한 사람들은 이 세상에서의 사랑과 이웃 사랑과 신앙으로 이어져 있던 천국공동체에 즉시 연결된다. 그렇게 나뉘어 있지만 이 세상에서 살면서 친하게 알고 지내던 모든 사람, 특히 부부와 형제자매들은 원하면 언제든지 만나고 함께 얘기한다. 나는 어떤 아버지가 여섯 아들을 알아보고 그들과 얘기하는 것을 본 적이 있다. 또 친척과 친구들을 만나 얘기하는 이들도 많이 보았다.

하지만 이 세상 삶에서 형성된 성격들이 서로 달랐기 때문에 얼마 안 가 그들은 헤어졌다. 그러나 중간영계를 지나 천국이나 지옥으로 들어간 영들은, 그들의 사랑과 거기서 비롯되는 성격이 서로 비슷하지 않으면 더 이상 서로를 보지 못하고 알아보지도 못한다. 중간영계에서는 서로를 알아보지만, 천국이나 지옥에서 못 알아보는 이유는, 중간영계에서는 육신생활에서처럼 여러 상태를 거치게 되나 그 후에는 자신의 중심적 사랑에 일치하는 항구적 상태에 들어가고, 그 상태에서는 서로의 사랑이 비슷해야만 서로를 알아볼 수 있기 때문이다. 거기서는 비슷하면 함께 있게 되고 서로 다르면 멀어지게 된다."

중간영계에 머무르는 영들은 각자 천국과 지옥의 공동체로 가는 문으로 찾아가게 됩니다. 선한 영들은 동굴에서 발산되는 악취를 대하면 도망가지만, 악한 영들은 그 냄새를 즐기게 됩니다. 또 악한 영들은 천국에서 흘러오는 기운이 닿자 내적인 고통에 울부짖듯이 비명을 지르지만, 지옥에서 흘러나오는 기운이 닿자마자 흐뭇해하며 조용해지는 것을 보았다고 스베덴보리는 증언합니다.

스베덴보리는 사람이 죽은 뒤 천국이나 지옥으로 가기 전에 외면 상태, 내면 상태, 준비 상태의 세 상태를 거치게 된다고 주장합니다. 물론 곧바로 천국에 올라가거나 지옥으로 떨어지는 경우도 있지만, 이 모두는 중간영계에 머물면서 신적 질서에 따라 천국이나 지옥으로 가는 준비 과정을 거치는 사람들에 비하면 아주 적은 수입니다.

사후의 첫째 상태는 지상에서의 상태와 비슷합니다. 그 영인은 여전히 외면적 차원에 있고 얼굴이나 말씨와 태도도 비슷하며, 여전히 도덕적이고 사회규범에 맞는 생활을 하는 듯이 보입니다. 천사들이 말해주거나 거기에서 일어나는 일에 주의를 기울여야 자신이 더 이상 세상에 있지 않다는 것을 의식할 수 있습니다. 여기서는 친구들도 만나고 부부끼리도 만나게 됩니다. 그들은 자기가 몸을 쓰고 있고 감각도 세상 그대로이며, 눈에 보이는 것도 비슷하다는 사실에 놀랍니다. 천국과 지옥이 어떤 곳인지 알고 싶어할 때 친구들이 여러 곳을 소개하기도 합니다.

그러나 둘째 상태에 들어가게 되면 외면들은 휴면 상태가 돼 그의 의지와 사고 안으로 들어가게 됩니다. 사람의 내면은 그의 영에 속해 있고 몸은 영으로 말미암아 살아가게 돼 있기 때문에 외면 상태를 거치고 나면 영인은 내면 상태로 들어가게 된다는 것입니다. 자기도 모르게 이 상태로 점차 진입하게 됩니다. 세상에서 속생각에 잠겨 있을 때와 비슷합니다. 영이 그의 내면에 들어오게 되면 그가 세상에 살 때 어떤 사람이었는지 명백하게 드러납니다. 이제 매였던 육신에서 풀려났고 구름처럼 그를 가로막고 흐리게 했던 지상의 물질로부터 자유로워져 세상에 있을 때보다 더 지혜롭게 행동합니다.

감춰진 것이 드러나고 숨은 것이 알려지면서 자신이 속해 있는 공동체로 들어가게 되는 것입니다. 악한 영들은 자신과 비슷한 영들이 있는 지옥으로 스스로 몸을 던집니다. 이 둘째 상태에서 악한 영들이 선한 영들로부터 분리되는 과정이 진행됩니다.

셋째 상태는 교육을 받는 단계입니다. 천국에 들어갈 사람들을 위한 것입니다. 지옥에 갈 사람들은 이 단계가 없습니다. 그들을 가르치는 것은 불가능하기 때문입니다.

선한 영들은 가르침을 통해 천국에 합당한 준비를 하게 됩니다. 사람은 가르침을 받아야만 영적 선과 진리가 무엇인지, 그에 반대되는 악과 거짓이 무엇인지 알 수가 있습니다. 영적 선과 진리는 세상으로부터가 아니라 천국으로부터 배우며, 사람은 가르침을 통해서만 천국에 합당한 준비를 하게 된다는 것입니다. 주님은 사람의 삶 속으로 유입하는 정도만큼 가르치고 사랑으로 불붙이며 진리를 앎에 따라 그의 사고를 깨우칩니다. 이것이 이루어지는 만큼 사람의 내면은 열리고 천국이 그 안에 심어지는 것입니다. 천국의 교육이 지상의 교육과 다른 점은 지식이 기억으로 들어가지 않고 삶 속으로 들어간다는 것입니다.

스베덴보리는 하나님의 구원은 질서의 법칙에 따라 이루어지는 것이지 자비로 이뤄질 수 없다고 주장합니다. 만일 사람이 질서의 법칙을 통하지 않고 구원을 받을 수 있다면 모든 사람이 다 구원받을 것이며 지옥도 없어질 것이라고 말합니다. 만일 주님이 이 모든 사람을 그러한 방법을 거치지 않고 구원하실 수 있는데도 구원하지 않는다면 그것은 그분의 신적 본질에 모순되는 것이라고 지적합니다.

"주께서는 질서에 어긋나는 것은 어떤 것도 하지 않으신다. 주님 자신이 질서 자체이시기 때문이다. 질서를 이루는 것은 주님으로부터 나오는 신적 진리다. 신적 진리는 질서의 법칙이다. 그러므로 방법을 무시한 채 자비로 사람을 구원하는 것은 신적 질서에 위배되는 일이고, 신적 질서에 위배되는 일은 신에 위배되는 일이다."

여기서 자연스럽게 천국과 지옥의 문제가 제기됩니다. 영계에 대해 무지한 일부 기독교인은 성경의 글귀에만 매달려, 혹은 자신의 부정확한 신념에 따라 천국과 지옥 문제를 함부로 말하지만, 영계를 정확히 알고 나면 이 문제를 그렇게 쉽게 입에 담을 수 없다는 것입니다. 하나님은 원리와 질서적인 분이며 사랑으로 인간을 대하시기 때문에 자식이 조금 잘못을 저질렀다고 해서 마구잡이로 지옥에 보낼 수도 없으며, 지옥에 갔다고 하더라도 회개의 조건을 통해 더 높은 영계로 인도하신다는 것이 영계를 경험한 사람들의 한결같은 주장입니다.

2. 사랑으로 결정되는 천국과 지옥

스베덴보리는 하나님으로부터 나오는 신성(神性)이 천국을 이룬다고 주장합니다. 하나님으로부터 나오는 것은 신적 선과 신적 진리밖에 없으며, 이를 믿고 생활 안에 받아들이는 사람에게는 천국이 찾아오고, 이를 거부하고 질식시키는 사람은 지옥으로 가게 된다고 합니다. 그는 "신적 사랑과 거기서 나오는 신적 진리는 태양의 불과 거기서 나오는 빛과 같다. 사랑은 태양의 불과 같고 진리는 태양의 빛과 같다."라고 말합니다.

또한 천국을 이루는 신성은 사랑이라고 합니다. 사랑은 영적 결합력이기 때문입니다. 그는 "사랑은 생명의 본질"이라면서 "사랑이 있을 때 사람은 따스해지고, 사랑이 없으면 차가워지며, 사랑이 완전히 박탈되면 죽는다."라고 덧붙입니다.

천국에는 두 가지 사랑, 즉 주님을 향한 사랑과 이웃을 향한 사랑이 있다고 강조합니다. 천국에서 하나님을 사랑한다는 것은 하나님 자체만 사랑하는 것이 아니라 하나님으로부터 오는 선을 사랑하는 것이며, 이웃을 사랑한다는 것도 이웃을 개인적으로 사랑하는 것이 아니라 말씀에서 나오는 진리를 사랑하는 것, 즉 진리를 추구하고 실천하는 삶이라고 합니다.

천국의 사랑

스베덴보리는 방금 세상에서 도착한 몇몇 영인들과 영원한 삶에 대해 다음과 같은 요지의 대화를 나눴습니다.

"지금 그대들이 있는 이 나라는 하나님 나라이고 이 나라의 법은 영원한 진리라는 것을 알아야 한다. 모든 진리는 하나님을 가장 사랑하고 이웃을 자신보다 더 사랑해야 한다는 법칙에 기초하고 있다. 뿐만 아니라 그대들이 천사같이 되기를 원한다면 이웃을 자신보다 더 사랑해야 한다."

"천국에서는 남에게 좋은 일을 할 때 기쁨이 있지만, 자기 자신에게 좋은 일을 하는 것은 전혀 기쁨을 주지 못한다. 이것이 이웃을 자기보다 더 사랑해야 하는 이유다."

"사랑의 본질, 사랑의 기쁨은 자기를 위하는 것이 아니라 남을 위하고 섬기는 데 있다. 그러나 남보다 자기를 더 사랑한 사람들은 사랑의 본질을 이해할 수 없다. 또 육신 생활에서 재물이 목적이었던 사람들, 특히 탐욕스러운 사람들은 사랑의 참뜻을 이해하지 못한다."

스베덴보리는 세상에서 자기 사랑과 세상적인 사랑에 젖어 있는 사람들은 천국의 문턱에 다가가는 순간 내적으로 고문당하는 것 같은 심한 고통을 느낀다고 합니다. 그에게는 천국이 아니라 지옥이 된다는 것입니다. 그래서 그들은 머리를 아래로 하고 뛰어내리며, 자기와 같은 사람들이 있는 지옥에 들어가서야 비로소 숨을 돌린다고 합니다.

천국에서의 아름다움, 기쁨, 행복은 사랑과 신앙의 성장 속도에 비례한다면서, 그는 "(천국 사람들은) 얼굴의 미세한 부분까지 이웃 사랑의 기쁨과 아름다움이 빛처럼 뿜어져 나오며, 그들은 이웃 사랑의 모습 그 자체다. 이 모습을 본 어떤 이들은 너무 감탄해 충격을 느끼기도 했다. 주님을 사랑하고 이웃을 사랑하며 산 사람은 저세상에 가면 확실히 그런 아름다운 모습으로 변한다."라고 설명합니다.

기독교인들은 하나님을 믿음으로써, 또 그의 은총으로 천국에 들어가고 구원을 받을 수 있다고 생각하지만, 스베덴보리는 단호히 그렇지 않다고 말합니다. 그것은 사랑에 의해 결정된다는 것입니다.

"그 사람이 어떠한가 하는 것은 그의 삶이 어떠한가에 의해 결정되고, 그의 삶은 그의 사랑이 결정하는 것이다. 이것은 사람의 의지와 사고력에 속하는 내면에 있어서나 그의 몸에 속하는 외면에 있어서나 마찬가지다. 또 몸은 단지 내면의 결과로 나타난 형태일 뿐이다. 따라서 사랑은 그 사람의 전부다. 이 모든 것을 모르면 구원이 오로지 하나님 마음대로 베푸시는 자비와 은총에 달렸다고 믿게 되는 것이다."

특히 신앙도 사랑에서 나오지 않으면 안 된다고 강조합니다. 생각만이 아니라 의지에서 나오는 실천적 삶으로 연결될 때라야 올바른 신앙이 이뤄질 수 있다는 것입니다. 그는 믿음만으로 모든 것이 해결된다는 주장에 대해 다음과 같이 설명합니다.

"사랑을 떠난 믿음은 단지 지식이자 고정관념일 뿐이다. 그런 고정관념은 삶 속으로 스며들지 못하고 분리돼 있다. 사랑으로 하나되지 않은 것은 분리될 수밖에 없기 때문이다."

그는 이웃 사랑만이 천국으로 이끈다고 단호히 말합니다. 다시 말하면 지상에서 얼마나 사랑을 실천했느냐가 천국인의 조건이라는 것입니다.

"천국에 이르는 생활은 세상을 떠난 삶이 아니라 세상 속의 삶이며, 이웃 사랑의 생활은 이 세상에서만 가능하다. 오직 이웃 사랑의 삶만이 천국으로 인도한다. 이웃 사랑의 삶이란 직업, 사업, 모든 일에서 내적인 동기, 즉 천국적인 동기로 정직하고 올바르게 행하는 것을 말한다. 사람이 하나님의 법에 따르기 위해 정직하고 올바르게 행할 때 그 생활의 동기는 내적이고 천국적인 것이 된다. 그런 생활을 하는 것은 어렵지 않다. 그러나 이웃 사랑을 떠난다면 경건한 생활도 있을 수 없다. 그런 생활이 천국으로 이끈다고 믿는 정도만큼 그것은 오히려 천국으로부터 멀어지게 하는 것이다."

우리는 여기서 사랑의 위대성을 다시금 확인하게 됩니다. 만일 사랑에 반대되는 것이 존재한다면 거기에는 파괴와 멸망이 존재할 뿐이기 때문입니다. 스베덴보리는 "천국 안 주님의 신성이 사랑인 이유는 평화, 지성, 지혜, 행복 등 천국의 모든 것을 받는 그릇이 바로 사랑이기 때문이다."라고 설명합니다. 사랑으로 다져진 영혼이 그대로 옮아 사는 곳이 천국이기 때문에 이 땅에 사는 동안 남을 사랑하고 선한 생활을 하라는 것입니다.

자기 사랑과 세상적인 사랑

지옥은 이 세상에서 죄악을 저지른 사람이 가는 곳이라는 점에는 누구나 이의가 없습니다. 스베덴보리는 다만 하나님이 죄인들을 그곳으로 보내는 것이 아니라 스스로 찾아가게 된다고 증언합니다. 그곳에 머무르고 있는 영인들의 특색은 괴물 같은 형상, 즉 남을 경멸하고 자기를 받들지 않고 존경하지 않는 모든 사람을 위협하며, 자기를 좋아하지 않는 이들에 대한 미움과 복수심에 가득 찬 형상을 하고 있다는 것도 잘 알려져 있습니다.

"하나님 사랑과 이웃 사랑이 천국을 이루는 지배적인 두 사랑인 것과 마찬가지로, 자기 사랑과 세상적 사랑이 지옥을 이루는 두 지배적 사랑이라는 것, 그리고 지옥의 두 사랑과 천국의 두 사랑이 서로 정반대가 된다는 것을 나는 천국에서 들었고 또 많은 경험을 통해 확증했다."

스베덴보리는 지옥의 실상을 자세하게 들려줍니다. 지옥은 다른 곳에 있는 것이 아니라 이 세상에 살면서 남을 해치고 자기 이익을 위해 혈안이 됐던 사람이 그 모습 그대로 찾아가는 곳이라고 합니다. 따라서 이 세상에 사는 동안 개인적 욕망에 사로잡히지 않고 이웃과 인류를 위해 자신을 희생하는 공적 삶을 살아가는 것이 영계 생활의 중요한 요소가 된다고 강조합니다. 그러면서 자기 사랑과 세상 사랑의 문제가 어디에 있고, 거기에 빠져 있던 사람이 왜 지옥을 갈 수밖에 없는지 자세히 설명합니다.

"자기 사랑이 이웃 사랑에 반대되는 것은 두 사랑의 본질을 보면 이해할 수 있다. 자기 사랑 안에 있는 사람이 베푸는 이웃 사랑은 자기 자신에게서 출발한다. 다른 사람은 모두 자기를 위한 이웃이라고 하기 때문이다. 그의 이웃 사랑은 자신을 중심으로 하여 자기와 결탁하는 사람 모두에게 이르며, 자기와 사랑으로 결탁된 정도에 반비례하여 줄어든다. 또 그는 자기 집단 외의 사람은 전혀 중요시하지 않고, 그 집단에 반대하는 사람은 아무리 지혜롭고 공정하고 정직하고 올바른 사람이라고 해도 원수로 여긴다.

그렇다면 분명 자기에게서 출발한 이웃 사랑은 하나님으로부터 출발하는 이웃 사랑에 반대되는 것이다. 전자는 악에서 나온다. 그것은 인간적 욕망에서 나오기 때문이다. 반대로 후자는 선에서 나온다. 선 자체이신 하나님으로부터 오기 때문이다. 또한 자기중심적 욕망에서 나오는 이웃 사랑은 육신적이고, 하나님으로부터 나오는 이웃 사랑은 천국적이다.

한마디로 자기 사랑이 우세한 사람에게는 자기 사랑이 머리가 되고 천국적 사랑은 발이 된다. 그는 천국적 사랑 위에 올라서 있고, 만일 그것이 자기에게 도움이 되지 않으면 짓밟아버린다. 지옥에 떨어지는 사람이 머리를 아래로 하여 지옥을 향하고 발은 위로 천국을 향하는 것처럼 보이는 이유가 여기에 있다."

그는 자기 사랑은 고삐가 풀리면 법과 형벌, 명예에 대한 두려움도 사라지고, 나중에는 온 세상뿐만 아니라 천국과 하나님까지 자기가 지배하려고 한다고 말합니다. 영토를 무한히 확장하고 한없는 권력과 영광을 탐하는 군왕을 그 예로 듭니다. 자기를 사랑하는 사람들은 온갖 종류의 악에 사로잡혀 있고, 그래서 신성이 그들 안으로 들어갈 수가 없다는 것입니다. 자기 사랑 안에 있는 사람들의 악은 일반적으로 남을 업신여기고 질투하며, 자기를 좋아하지 않는 모든 사람을 적대시하며 증오와 복수심, 교활, 속임, 무자비함, 잔인함이 가득 차 있다고 합니다.

지옥은 스스로 찾아가는 곳

스베덴보리는 자신이 행하는 악은 결국 그 자신에게 고착된다면서 "그 자신이 악의 원인이므로 그는 하나님이 아니라 자기 자신에게 이끌려 지옥에 들어간다."라고 말합니다. 하나님은 악한 사람은 끊임없이 악에서 떼어 놓으시고 선한 사람은 끊임없이 선으로 이끄신다는 것입니다. 형벌도 주님이 내리시는 것이 아니라 악과 벌은 결합돼 있고 벌은 악 자체이기 때문에 악한 영들이 그 행악자를 공격하고 징벌할 뿐이라고 강조합니다. 하나님은 결코 아무도 지옥에 던지시지 않고 누구에게도 화를 내시지 않는다고 합니다. 선함 자체이신 분이 누구에게도 악하게 하실 수 없고, 사랑과 자비 자체이신 분이 사람을 당신으로부터 떼어놓을 수 없다는 것입니다.

천국의 위정자들은 군림하거나 명령하지 않고 섬기고 봉사합니다. 그들은 사회와 이웃의 유익을 첫째로 생각하고 자신의 유익을 가장 나중으로 여기기 때문입니다. 그러나 지옥은 그 반대라고 합니다.

"지옥에도 다스림이 있다. 다스림이 없으면 지옥을 제어할 수 없기 때문이다. 그러나 그 다스림은 천국과 정반대되는, 자기 사랑에서 나온 지배다. 거기서는 모두가 다른 사람 위에 군림하고 명령하려고 한다. 그들은 자기를 좋아하지 않는 이들을 증오하고 복수와 분노의 대상으로 삼는다. 그것이 자기 사랑의 본질이기 때문이다. 따라서 보다 더 악한 이들이 지배자가 되고 나머지는 그들이 두려워서 복종한다."

　스베덴보리는 인간이 수명이 다하면 육신은 땅에 남겨두지만, 영혼은 결코 죽지 않으며, 지상에서의 삶이 그대로 옮아간다고 증언합니다. 영계가 지상과 다른 점은 시공을 초월하고 모든 것이 투명해서 스스로 지상에서 살아온 삶을 기준을 해서 자신의 위치를 깨닫고 영원히 살 곳을 찾아간다는 것입니다. 보다 선하게 산 사람은 선한 곳으로 가고, 악하게 산 사람은 악한 곳으로 간다는 것은 자명한 논리입니다. 천국과 지옥이란 개념이 여기에서도 도출되는 것입니다.

3. 영계와는 어떻게 소통하나?

사람은 대부분 영계를 실감하지 못하고 살아갑니다. 하지만 조금만 관심을 가지면 주변에서 영적 현상을 어렵지 않게 목격할 수 있습니다. 꿈도 시공을 초월하는 세계에서 일어난다는 점에서 영적 현상과 다를 바 없습니다. 꿈속에서 자신이 한 번도 만나지 못한 조상과 상면을 한다거나 평소에 상상조차 하지 못했던 세계를 보는 등 일상과 전혀 다른 경험을 하게 됩니다.

사람들은 흔히 자신이 꾼 꿈을 '개꿈'으로 여기지만, 정신상태가 맑고 수행력이 높은 사람은 예언적인 꿈을 꿉니다. 꿈은 영화와 같이 주제와 목적이 뚜렷하다는 점에서 더 많은 연구와 관심이 필요합니다.

꿈과 유체 이탈, 그리고 빙의

꿈을 꾸면서 가위눌림을 경험한 사람들의 이야기를 자주 듣게 됩니다. 전문가들은 가위눌림 현상이 수면과 각성의 중간 상태에서 일어난다고 합니다. 수면과는 관계없이 의식이 있는 각성 상태이지만 육체가 의지대로 움직이지 않을 때, 즉 수면에서 깨어나는 중에 영혼과 신체의 교류가 잘 이뤄지지 않아 일어나는 현상이라는 것입니다.

가위눌림에서는 대부분 공포를 느낍니다. 어떤 강력한 기운에 점령당하는 느낌이 들거나 유령 같은 것을 보기도 합니다. 여기서 더 진전되면 영혼이 육체로부터 이탈될 수도 있습니다. 그때 영안이 열리고 자신의 육체를 1~2m 위에서 바라보게 된다는 것입니다. 모든 신비적인 일은 이 중간 상태의 의식에서 일어난다고 합니다. 최면 상태나 임사체험도 마찬가지입니다.

유체 이탈이 일어나면 육체의 기능, 즉 눈 코 귀 등의 모든 감각은 정지돼 죽음의 상태에 들어가게 됩니다. 그러나 모든 감각은 더욱더 각성돼 뚜렷해진다고 합니다. 이때의 감각은 육체적인 감각이 아니라 영적 감각으로 볼 수 있습니다. 이 상태가 되면 자기 영이 육체 안에 있는지 혹은 육체 밖에 있는지 분간하기 힘들 수도 있습니다. 이것이 바울이 이야기한 것과 같이 환상, 즉 영계를 본 것("그가 몸으로 그렇게 했는지 몸을 떠나서 그렇게 했는지를, 나는 알지 못하지만, 하나님께서는 아십니다." 고린도후서 12장 2절)입니다.

그 후 육체로부터 완전히 이탈한 영혼은 다른 영인이나 영계의 모습이 조금씩 눈에 보이기 시작한다고 합니다. 이 상태가 좀 더 진행되면 영계를 자유롭게 왕래하고, 또 지상에서 사람들과 어울리는 것과 똑같이 다른 영인들과 어울릴 수 있게 됩니다.

스베덴보리가 다른 사람들의 출입을 금하고 며칠씩 밥도 먹지 않은 채 자기 방에 틀어박혀 지낸 사실은 유명한 일화로 남아 있습니다. 하숙집 주인은 그가 런던에 머무르고 있는 동안 일어난 이 일을 놓고 이상하게 여긴 것입니다. 그가 바깥출입을 하지 않은 기간은 2~3일에서 10일 정도였다고 합니다.

지상인이 영인들과 접촉하는 사례도 다양하게 나타납니다. 대표적 사례가 빙의(憑依)입니다. 빙의는 영혼이 다른 사람의 몸에 옮겨붙는 현상입니다. 다시 말하면 육신을 잃은 영혼이 고혼이 되어 갈 곳을 찾지 못하고 우주 법계를 떠돌다가 적당한 사람을 만나 그 육신에 깃들이는 것입니다. 이를 두고 흔히 '귀신에 씌었다.'라고 합니다. 이때 그 사람은 자신의 생각과 의지대로 행동하지 못하고 남의 힘에 의해 조종되는 비정상적인 모습을 보입니다.

빙의가 진행되면 정신적인 변화가 나타납니다. 꿈이나 예지 능력이 생기기도 하고, 평상시에는 없었던 영감을 얻기도 합니다. 시공을 초월하는 영적 세계에 머무르고 있는 빙의령(몸주)이 자신이 본 것을 그대로 알려주는 것입니다. 감정의 기복이 심해져 쉽게 흥분하거나 지나치게 우울해지기도 합니다. 감정이 마음대로 통제되지 않아 화가 치밀기도 합니다. 신체적으로는 눈이 충혈되고 몸에 반점이 생긴다거나 눈 주위에 검은빛이 돌기 시작합니다. 추위도 많이 타고, 온몸에 벌레가 기어다니는 것 같은 가려움을 느끼며 늘 피로감에 젖어 있습니다. 분명 몸은 아픈데 병원에 가서 진단받아 보아도 원인을 알 수 없습니다.

이때 빙의령의 모습이 직접 보이기도 하고 다른 사람의 말이 불쑥불쑥 튀어나오기도 합니다. 남들이 볼 때는 정신 나간 사람처럼 혼자서 중얼거리기도 합니다. 빙의령이 자유자재로 몸을 드나들게 되고, 그럴 때면 몸에서는 경련이 일어나기도 합니다. 빙의령이 몸을 완전히 지배하면 자신의 영혼은 빙의령과 하나가 돼 버립니다. 이럴 경우 거의 비몽사몽 상태가 돼 자신의 의지는 찾아볼 수 없습니다. 무당도 이와 똑같은 과정을 거칩니다.

하지만 정신의학에서는 영적 현상이나 귀신의 존재를 인정하지 않습니다. 귀신이 인간의 몸에 들어간다는 빙의는 더욱 인정하지 않습니다. 정신의학자들은 "귀신은 사람의 암시성이라는 체질 때문에 사회적 암시를 받아서 생기는 정신 현상"이라고 분석합니다. 즉 환각이라는 생리적 현상이라는 것입니다.

지금까지의 사례는 우리가 흔히 경험할 수 있는 영적 현상의 한 단면일 뿐입니다. 특히 빙의는 온갖 부작용을 일으키기 때문에 경계해야 하지만, 그 원인을 제대로 파악하지 않으면 대처할 수가 없습니다. 다시 말하면 영적 현상에 대한 정확한 진단 없이는 얽히고설킨 영적 문제를 풀어나갈 수 없다는 것입니다.

초능력과 계시

인간은 영적 동물이라고 합니다. 영적 체험이나 영적 능력은 누구에게나 있을 수 있습니다. 무당이 굿을 해서 병을 고치고 점을 쳐서 미래를 예측하지만, 그러한 능력은 누구에게나 잠재돼 있습니다. 바빌론과 이집트 등 고대 문명에서는 영성술과 강신술, 점성술, 주문, 마법, 부적, 예언, 저주 등이 있었습니다. 인간은 누구나 영적 능력을 계발한다면 귀신이나 마귀와 접한다거나 시공을 초월해 미래를 보고, 초능력을 이용해 사물을 조종하는 것이 충분히 가능합니다.

돌이켜 보면, 인간은 영적 현상을 종교적으로 승화하기 위해 노력해왔습니다. 그 예가 신비주의(Mysticism)입니다. 이는 신이나 절대자 등 궁극적 실재와의 직접적이고 내면적인 일치 체험을 중시하는 철학 또는 종교사상이라고 할 수 있습니다. 신비주의는 이성적 인식보다는 자연적인 능력을 초월하여 신과의 접촉을 시도합니다. 기독교에서는 기도와 수도를 통해 신으로부터 주어지는 신비적 체험을 말로써 표현하고 체계화하려고 했는데, 이것이 신비주의, 신비신학입니다.

신지학(神智學, Theosophy)도 마찬가지입니다. 신의 심오한 본질이나 행위에 관한 지식을 신비적인 체험이나 특별한 계시로 알 수 있다고 보는 것입니다. 즉 영적 체험으로 진리에 도달할 수 있고 이를 추구해야 한다는 것입니다.

근래에 '초능력(super power)'이란 말이 자주 매스컴에서 거론되고, 이를 소재로 한 책, 영화, 비디오, 만화 등도 많이 나오고 있습니다. 초능력은 현대과학으로는 합리적으로 설명할 수 없는 초자연적인 능력을 말합니다. 하늘이나 벽면에 예수상과 마리아상, 십자가상이 나타난다거나 구리나 돌로 된 마리아상, 불상 등에서 눈물이 나는 등의 초상현상(paranormal phoenomena)과 초감각(ESP, extrasensory perception)도 있습니다. 초감각은 우리의 오감을 초월하여 텔레파시, 투시, 예지 등 육감으로 외부세계를 인지하는 것을 말합니다.

인간은 누구나 이처럼 영적 세계와 교류하는 일이 가능하다고 봅니다. 그리고 꿈속에서 현실에 얽매이지 않고 영적 세계와 교류하기도 하고, 소수이긴 하지만 영통인들이 영인들과 만나고 있습니다. 초능력도 그러한 세계의 힘을 빌려 일상에서 갖지 못한 능력을 발휘하게 되는 것입니다.

일본의 하시모토 겐(橋本健) 공학박사는 예술이나 발명 영감 등은 인간만이 할 수 있는 기능으로서, 영감의 수신기는 인간의 잠재의식이고 마음의 주인은 영혼이며, 기적은 영이 일으키는 것이고, 우리가 사는 3차원의 세계는 우리가 보지 못하는 4차원 세계의 투영이라고 하였습니다. 그는 또 관념은 에너지이고, 그 관념이 실현되면 에너지는 사라진다고 하였습니다. 염력의 원리는 3차원 세계의 지식과 기술로는 해명할 수 없는 4차원의 문제라고 말합니다. 쥐는 집이나 배에 화재나 침몰의 위험이 있으면 미리 알고 대피하는데, 쥐의 이러한 능력은 4차원 세계에서 주어진다는 것입니다.

두 번째 천년이 막바지에 이른 2000년 5월 13일 로마교황청이 마침내 무거운 입을 열었습니다. 성모 마리아가 어린 양치기들에게 전해준 '하늘의 메시지'가 83년 만에 공개된 것입니다. 안젤로 소다노 바티칸 국무장관은 포르투갈 파티마에서 거행된 옥외 특별미사에서 그동안 철저히 비밀에 부쳐온 '파티마의 세 번째 계시' 내용을 발표했습니다. 발표를 들은 신도 중 일부는 비밀의 내용을 더 자세히 알려줄 것을 요청했고, 일부는 제3차 세계대전 발발 등 세상의 종말에 관한 내용이 없다는 데 실망감을 감추지 못했습니다.

1917년 5월 13일 성모 마리아가 프란시스쿠 마르투(Francisco Marto, 당시 9세)와 여동생 자신타(Jacinta, 7세), 사촌누이 루시아 두스 산투스(Lucia dos Santos, 10세) 등 양치기 어린이 3명에게 발현해 '파티마의 계시'란 것을 내립니다. 그 가운데 지금까지 공개되지 않았던 마지막 계시는 '교황 요한 바오로 2세에 대한 암살 기도'였습니다. 소다노 추기경은 "파티마의 세 번째 계시는 충격을 받고 땅바닥에 쓰러진 흰옷 차림의 사제에 관한 것"이라고 발표했습니다. 교황청은 성모 마리아로부터 계시를 받았던 양치기 어린이 2명에 대한 시복(諡福)식을 거행하기 위해 파티마를 방문한 교황 요한 바오로 2세의 요청에 따라 이를 공개했습니다. 계시를 받은 양치기 어린이 중 유일한 생존자인 루시아 수녀(93)는 세 번째 계시도 로마교황청에 알려줬으나 역대 교황들은 이를 공개하지 않았던 것입니다.

다른 두 가지 계시는 앞서 공개됐습니다. 그중 하나는 계시 후 22년 뒤 발발한 제2차 세계대전으로 해석되는 지옥의 모습이었고, 다른 하나는 신의 존재를 부인하는 러시아 공산주의의 성쇠에 관한 것이었습니다. 마지막 비밀은 바티칸 내부에서도 교황 요한 바오로 2세와 최측근에게만 회람됐습니다. 교황과 요제프 라칭거 추기경(베네딕토 16세 교황) 등 5~6명은 그동안 이 비밀에 대해 철저히 함구했습니다. 다만 라칭거 추기경은 1993년과 1996년

두 차례에 걸쳐 "세 번째 계시는 세상 종말에 관한 것이 아니다."라고 언급해 구구한 해석을 가라앉혔습니다.

교황은 세 번째 계시 내용을 발표하는 이날 성모 마리아의 계시가 있은 지 2년 만에 폐렴으로 사망한 프란시스쿠와 자신타에 대한 시복식을 집전했습니다. 뜨거운 태양 아래 2시간 반 동안 진행된 특별미사에서 교황은 파티마에 대한 특별한 애정을 표시한 뒤 신도들을 향해 "마리아는 1981년 피격 당시 나를 죽음에서 구해주신 좋은 분"이라고 말했습니다.

파티마의 마지막 계시는 그동안 수백 권의 책과 수천 건의 웹사이트를 양산했고, 비밀을 캐내기 위한 광신도들의 단식투쟁이 꼬리를 물었습니다. 1981년에는 세 번째 계시 내용 공개를 요구하는 비행기 납치사건이 터졌고, 이듬해엔 스페인의 한 신부가 교황에게 칼을 들이대며 파티마의 비밀을 확인하려다가 경호원들과 몸싸움을 벌이기도 했습니다. 포르투갈의 수도 리스본 북쪽 140㎞에 있는 인구 8천여 명의 한적한 시골 마을 파티마는 '양치기 어린이들에게 나타난 기적'이 알려진 뒤 해마다 5~6월이면 병 고침과 마리아의 자비를 기원하는 순례자들이 600만 명씩 찾아가는 명소가 됐습니다.

하나님의 영향력 아래 있는 영감

기독교에서 주로 사용하는 계시(revelation)란 말은 '자기를 현시하다(apokalypsis)'라는 의미의 그리스어에서 유래했습니다. 본래 '벗기다, 드러내다' 등의 뜻이 있습니다. 어떤 종교도 제 나름의 형태로 계시가 있습니다. 특이한 환상적 영상으로 나타낼 수도 있고, 또한 지적·윤리적으로, 또는 정신적 내면의 소리로 나타낼 수도 있습니다.

기독교에서는 계시를 인간의 지성으로는 도달할 수 없는 초자연적인 진리들이 나타난 것으로 이해합니다. 예를 들어, 삼위일체와 같은 신의 본질에 관한 형이상학적인 명제들이 이 계시에 포함되고, 따라서 이는 도그마(dogma)로서 보존된다는 것입니다. 신앙이란 이러한 도그마에 대해 지성적으로 동의하는 것을 가리킵니다.

때때로 개신교의 전통적인 스콜라 신학자들과 구속사(救贖史)를 말하는 신학자들은 신적 본질의 계시에 초점을 맞추기보다는 하나님이 역사 속에서 행하시는 우주적 계획에 강조점을 두었습니다. 그러나 이는 강조점의 이동일 뿐 계시의 기본적인 개념에는 변함이 없습니다.

마르틴 루터는 그 개념의 결과를 충분히 인식하고 있었는가는 논외로 하고서, 계시를 신의 숨은 본질의 나타남이나 우주적 계획의 나타남으로 파악하지 않고 하나님의 의와 자비의 나타남으로 보았습니다. 하나님은 인간을 상벌 관계를 통해서 다루지 않고 자비와 용서로 대하신다는 것입니다. 그리하여 하나님의 본질은 숨겨져 있으나 그의 '마음'은 그리스도 안에서 드러나 있다고 말할 수 있다는 것입니다.

하나님이 자신을 보여주는 방법은 두 가지가 있습니다. 자연계시와 특별계시입니다. 자연계시란 자연을 통해 하나님의 존재와 능력과 성품을 보여주는 것을 뜻합니다. 특별계시는 하나님이 자신의 구체적인 뜻을 보여주는 것을 의미합니다. 구체적으로 하나님 자신이 사람의 모습으로 나타나거나(창세기 18장 2절) 천사를 보내기도 하며, 환상이나 꿈 혹은 음성이나 선지자의 영감 등 많은 방법이 동원돼왔습니다.

영감(inspiration)의 사전적 의미는 "신의 계시를 받은 것같이 머릿속에 번득이는 신묘한 생각"입니다. 여기에는 신이라는 행동의 주체가 등장합니다. 이렇듯 영적 교류에 의해 영감이 나타나고 있습니다. 어떤 사람이 영감을 받았다고 할 때 그것을 판단하는 문제를 놓고 논란이 많습니다. 기독교에서는 전통적으로 "하나님의 영향력 아래에 있음"을 의미하였고, 그래서 한 사람의 말이나 행위가 신적인 인가나 보증을 소유하고 있음을 강조합니다. 따라서 영감의 개념은 기독교 역사에서 무오류, 권위의 문제와 직결됐습니다.

하나님은 많은 성경 기자에게 성령의 감동을 주시어 자신의 뜻을 정확하게 쓰도록 하셨다는 것입니다(디모데후서 3장 16절). 성령의 영감설은 세 가지가 있습니다. 목적영감설은 하나님이 성경 기자에게 성경에 기록해야 할 최종 목적만을 영감으로 주셨다는 것입니다. 그리고 그 목적에 부합하기만 하면 내용의 취사선택은 기자가 한다는 것입니다. 이 학설은 자유주의 신학자들이 주장합니다. 이들은 예수의 동정녀 탄생을 부인하며 성경의 모든 이적을 합리적으로 해석합니다.

축자영감설은 성령의 감동을 받은 성경 기자들이 무아지경에서 성경을 기록하였다고 합니다. 이 학설은 신비주의적 경향을 띤 신자들이 주장합니다.

유기적 영감설은 인간이 할 수 있는 모든 노력을 배제하지 않으나 하나님의 영이 그를 인격적으로 감화해 성경을 기록할 때, 모든 사료에서 오류가 전혀 없도록 하였다는 설입니다. 정통적 장로교의 주장입니다.

영감은 창작 과정을 통해서도 나타납니다. 창작의 구체적 동인이나 생산되는 예술 형상에 대해 창작자 자신도 설명할 수 없습니다. 유사한 사실은 발명이나 발견 등의 지적 과정에서도 볼 수 있고, 문제 해결이 막혀버린 상태에서 홀연히 해결책이 떠오르는 통찰의 비약적 전개에서도 나타납니다.

4. 죽음, 그리고 영원히 산다는 것

17세기 프랑스의 과학자 블레즈 파스칼은 인간의 불멸성과 사후의 생명에 대해 나름대로 설득력 있는 논리를 펼쳤습니다. 그는 '사후의 생명을 믿는가, 믿지 않는가?'라는 문제를 놓고 도박을 해보자고 주장했습니다.

"만일 어느 누가 사후 생명의 존재를 믿었다면 실제로 존재하지 않을지라도 특별히 손해 볼 것은 없다. 그러나 손에 넣을 수도 있었는데, 사후 생명이 존재함에도 이를 믿지 않아 그러지 못하게 된다면 다시 복원할 수 없다. 그 사람은 영원히 모든 것을 잃게 된다. 사후 생명을 믿으면 모든 것을 손에 넣는 것이 가능하고 그 일에서 잃는 것은 아무것도 없기 때문에 사후에 찾아올 영원한 생명을 믿는 쪽에 거는 도박을 해야 한다."

죽은 뒤 마주치는 상황은 두 가지로 가정해볼 수 있습니다. 죽으면 끝이라는 것과 죽어도 끝이 아니라는 것입니다. 파스칼이 말한 대로 죽음은 끝이 아니라는 것에 거는 도박을 하고 사후세계를 위해 준비해온 사람은 손해 볼 것이 없지만, 죽으면 끝이라고 생각한 사람은 죽은 후에 또 다른 세상이 전개된다면 크게 당황하지 않을 수 없을 것입니다. 따라서 지금 그것을 증명할 수 없더라도 죽으면 끝이 아니라는 것에 거는 도박을 하고 사후세계에 대비

할 필요가 있다는 것입니다.

스위스의 심리학자 카를 구스타프 융도 "의사로서 말하면, 나는 죽음을 자신이 지향하는 목표로 설정하는 것이 정신 위생상 중요하다고 생각한다. 죽음을 불길한 것으로 여기는 것은 인생 후반기를 무의미하게 만들어버릴 수도 있다는 점에서 불건강하고 병적이라고 믿는다."라고 역설했습니다.

'죽음이 끝이다, 아니다.'라고 하는 것은 단지 관념에 불과한 것이 아닙니다. 죽으면 끝이라는 생각을 가진 사람은 그가 삶을 영위하는 방식이나 죽음을 맞이하는 방식은 물론 죽음 이후 상황에까지 영향을 끼치기 때문입니다. 죽음의 문제는 도박일 수는 없습니다. 사후세계에 대해 심각히 생각하고, 그것이 사실일진대 우리 삶도 달라져야 할 것입니다.

영혼은 살아 있다?

스베덴보리는 지상에서 알고 지내던 사람과 영계에서 교류하는 시간을 자주 가졌습니다. 그중 몇 명과는 며칠간, 몇몇과는 몇 달간 혹은 몇 년간 만남이 계속됐습니다. 그런데 지상의 삶을 마감한 지 얼마 되지 않은 이들은 대부분 자신이 죽었다는 사실을 실감하지 못합니다. 그러나 영계에서 자신이 죽기 전과 같은 상태, 즉 살아 있음을 발견하고서는 기쁨에 넘쳐 어쩔 줄 모릅니다. 그러면서 그들은 사후의 삶에 대해 그토록 무지하고 눈먼 상태로 살아왔다는 것에 대해 안타까워합니다. 특히 교회에 다닌 사람들은 이 문제에 대해 세상 그 누구보다 더 훤히 알고 있어야 마땅한데도 자기들이 그런 무지와 맹목적 신앙 속에서 살아온 것에 대해 굉장히 놀라워한다고 합니다.

한번은 죽은 지 이틀째 된 사람들을 만나 이야기를 나눴는데, 그는 그동안 영계에 대해 무지했던 것을 안타까워하면서 지상의 가족에게 영계의 실상을 전해달라고 간곡히 부탁했습니다.

"그에게 지금 당신을 땅에 묻기 위해 장례식과 하관식을 하고 있다고 말했더니, 이 세상에서 육체적 기능을 위해 몸으로 사용되던 것을 벗어버리는 것은 당연하다면서, 나에게 자기는 죽지 않았고 전과 똑같이 살아 있으며, 단지 한 세상에서 다른 세상으로 옮아왔을 뿐이라고, 또 잃어버린 것 없이 세상에서와 마찬가지로 몸과 오감, 사고력과 의지, 생각과 애정, 감각과 욕구가 그대로 있다고 전해달라고 부탁했다."

영계의 실상을 가족만이라도 분명히 깨닫게 해달라는 하소연입니다. 지상에 있을 때 영계가 존재한다는 것을 알고 준비했다면 이렇게 당황하지 않았을 것이라고 안타까워하고 있는 것입니다.

스베덴보리는 "깊이 생각하는 사람은 생각의 주체가 육신이 아님을 알 수 있을 것"이라면서 "생각하는 것은 영적 존재인 영혼이며, 영을 이루는 모든 존재는 죽지 않는다."라고 말합니다. 그러면서 인간의 육신을 움직이는 것은 영혼이며, 영혼은 죽지 않고 사후 세계에서 영원히 산다는 것을 여러 사례를 들어 증언합니다.

"육신 안에서 이루어지는 모든 이성적 활동은 영혼에 속한 것이지 몸에 속한 것이 아니다. 자연계의 모든 것은 물질로 돼 있고 그 자체로는 생명력이 없다. 생명이 있는 것은 오직 영적인 것이기 때문에 사람 안의 생명 있는 모든 것은 그의 영이라고 볼 수 있다. 몸은 영에 의해 사용될 뿐이다. 마치 사람의 힘으로 도구를 사용하는 것과 같다. 물론 도구들이 움직이고 내리친다고 말할 수는 있지만, 자세히 살펴보면 그것을 쓰는 사람에 의해 움직이는 것이다. 그런데도 도구 자체가 움직이는 것이라고 한다면 잘못된 말일 것이다."

그는 "사람은 본질적으로 영이며, 사람에게 덧입혀진 육체는 자연적 물질계에서 활동하기 위한 영의 도구이지 실제의 그가 아니다."라면서, 사람은 죽은 뒤에도 전과 하나도 다를 바 없이 사람으로 살아간다고 설명합니다.

"사람은 몸이 그 영의 생각과 애정에 상응하는 육체적 기능을 이 세상에서 더 이상 발휘하지 못하게 되면, 즉 폐의 호흡과 심장의 박동이 그치면 죽는다고들 한다. 그러나 사람은 죽지 않는다. 단지 이 세상에 살 때 필요했던 육체에서 분리됐을 뿐 사람 자체는 계속 사는 것이다. 사람이 계속 산다는 것은 몸 때문이 아니라 그의 영 때문이다. 사람 안에서 그의 영이 생각하는 것이며, 생각과 애정이 사람을 이루는 것이다. 사람이 죽는다는 것은 단지 사람이 한 세상에서 다른 세상으로 건너가는 것일 뿐이다."

그는 "사람의 영혼이 몸을 벗은 후에도 여전히 사람이고 사람의 모습을 갖고 있다는 것을 여러 해 동안 매일의 경험으로 내게 입증됐다. 그 모습을 보고 그들의 얘기를 들은 것이 천 번은 될 것이다."라고 말했습니다.

그대로 옮겨지는 영계

스베덴보리는 사람이 죽어서 자연계에서 영계로 갈 때 물질적인 육신을 제외하고 자기의 모든 것, 즉 사람을 이루고 있는 모든 것을 가지고 간다는 것은 다방면의 경험으로 입증된 사실이라고 강조합니다. 사람이 영계, 즉 사후 생활에 들어가면 이 세상에서처럼 몸을 입고 있기 때문에 전과 다른 점을 전혀 찾아볼 수 없다는 것입니다.

"영인은 세상에서 사용하던 내적·외적 모든 감각을 사용한다. 전처럼 보고 듣고 말하고 냄새 맡고 맛보며 만질 때 촉감을 느낀다. 또 전처럼 바라고 원하고 갈망하며 생각하고 성찰하고 감동하고 사랑한다. 학문을 사랑한 사람들은 전처럼 독서하고 저술한다. 한마디로 이 삶에서 저 삶으로, 즉 이 세상에서 저세상으로 가는 것은 한 장소에서 다른 곳으로 옮기는 것과 같다. 이때 사람으로서 지니고 있던 모든 것을 그대로 가지고 가는 것이다. 따라서 죽음은 단순히 세상 육신의 죽음일 뿐이므로 그가 지닌 것을 죽음으로 인해서 하나도 잃었다고 할 수 없다."

지상의 모습이 고스란히 영계로 이전되기 때문에 지상의 삶에 대한 평가도 그대로 내려지게 된다는 것입니다. 특히 영계는 모든 것이 투명하고 질서에 따라 움직이므로 어느 것 하나 숨길 수도 없습니다. 여기서 심판이란 말과 천국과 지옥의 문제가 자연스럽게 불거집니다. 심판이란 하나님이 하시는 것이 아니라 자기 스스로 하는 것이며, 하나님이 악인을 지옥으로 보내는 것이 아니라 스스로 찾아간다는 것입니다.

"우리가 알아야 할 것은, 사람의 사후 모습은 그가 내적으로 신적 진리를 사랑하고 그 진리에 따라 산 정도만큼 더 아름답다는 점이다. 사람의 내면은 그의 사랑과 생활에 따라 열리고 형성되기 때문이다. 그러므로 그의 애정이 내적일수록 더 천국같이 되고, 따라서 그 얼굴도 더 아름다운 것이다."

영계에서 아름답다거나 추하다는 것은 지상에서 삶을 선하게 살았느냐, 악하게 살았느냐에 따라 결정된다는 것입니다. 선하게 산 사람은 아름다운 모습으로 보이지만, 반대로 지상에서 악한 일을 많이 했다면 사후 모습이 추해 보인다는 논리가 성립합니다. 천국이 아름다운 것은 법과 질서를 지키면서 남을 위해 아름다운 삶을 산 사람이 모이는 곳이기 때문입니다. 따라서 지상생활은 천국인의 기본 소양을 갖추고 영혼을 아름답게 가꾸는 훈련장이라는 점에서 너무나 소중한 기간이라고 할 수 있습니다.

5. 선다 싱, 헬렌 켈러, 카를 융이 말하는 영계

에마누엘 스베덴보리는 《천국과 지옥》이란 저서를 통해 영계의 실상을 자세히 전해주고 있습니다. 그는 한 인간의 사망 직후부터 사흘 후에 영혼이 저세상에서 깨어날 때까지의 과정은 물론 오랫동안 영계 체험을 통해 천국과 지옥에 대해 자세히 설명합니다. 예수 그리스도로부터 사후세계가 어떤 곳인가를 밝혀내라는 소명을 받았다는 스베덴보리는 천국과 지옥이 어떻게 구성돼 있고 그곳에서의 삶이 어떤지를 '듣고 본 사실대로' 묘사하고 있습니다. 뿐만 아니라 사람이 죽으면 우선 머무른다는 천국과 지옥 사이의 중간 영계에 대해서도 자세히 기록하고 있습니다.

스베덴보리는 당시 유럽 지성계에서 다섯 손가락 안에 들었던 사람입니다. 이마누엘 칸트, 존 웨슬리와 동시대 사람입니다. 그의 전반기 삶은 엄밀한 이성에 기대지 않으면 영위할 수 없는 과학자였습니다. 수학·광물학·천문학·생리학·해부학·화학 등 방대한 분야에 걸쳐 큰 업적을 남겼고, 더구나 11개 언어를 능숙하게 구사할 수 있었던 언어의 귀재였습니다. 그러다가 그는 어느 순간 신학과 형이상학으로 돌아섰습니다. 이 전향은 여느 신학자나 철학자와 달리 이성의 영역을 완전히 초월해버린, 근본적 신비주의로 치달을 만큼 큰 변화였습니다.

스베덴보리는 자신이 하나님으로부터 성경의 참뜻을 전해 들었다고 주장합니다. 그의 세계관은 기존 교회와 상당한 차이를 보입니다. 그는 우선 전통적 삼위일체론을 부정했습니다. 또 예수 그리스도가 십자가에 못 박힌 사실이 인류의 죄를 대속한 것은 아니라고 주장했습니다. 그래서 그의 지옥에는 사탄이 없었고, 그의 천국은 현세와 크게 다를 바 없었습니다.

정신분석학자들은 스베덴보리를 정신분열증 환자라고 추정하기도 하지만, 당대 지식인들은 그를 '뛰어난 정상인'으로 존경했고, 그의 신학 저작들은 윌리엄 블레이크, 오노레 드 발자크, 샤를 피에르 보들레르, 제라르 드 네르발 같은 문인들에게 큰 영향을 끼쳤습니다. 스베덴보리가 만년을 보낸 런던에서는 그의 사후인 1787년 그의 교리를 바탕으로 새 예루살렘교회가 설립됐고, 이 종파는 이내 미국으로도 퍼져나갔습니다.

스베덴보리의 영향을 받은 선다 싱과 헬렌 켈러

인도의 성자 선다 싱(Sundar Singh 1889~1929년)과 장애를 극복하면서 인간 승리의 상징이 된 헬렌 켈러의 공통점은 이들이 모두 스베덴보리의 가르침을 받은 사람들이라는 것입니다. 선다 싱은 신교회(The New Church, Swedenborgianism)의 감독 존 고더드(Jhon Goddard)와 서신을 교환하는 가운데서 "가장 존경할 수밖에 없는 스베덴보리는 … 그는 우수한 과학자이며 철학자이며 동시에 주님에게 선택받은 인물이다. 그의 교설은 확실히 주님으로부터 계시된 것이라 믿는다. 그는 대성도였고, 사람을 인도하는 데 극히 뛰어난 능력을 가졌다."라고 강조했습니다. 선다 싱도 영계를 경험한 후에 스베덴보리의 저서를 접했습니다. 그는 자기가 경험한 것과 다른 것이 하나도 없다고 밝혔습니다.

선다 싱은 원래 힌두교 신자였지만 하나님을 간절히 찾다가 예수를 만났습니다. 그는 힌두교의 일파인 시크교를 독실히 신봉하는 가정에서 태어났습니다. 그는 힌두교에서 진리를 발견하거나 마음의 평화를 얻지 못했습니다. 그는 어느 날 3일 동안 두문불출하고 하나님에게 간절히 기도했습니다.

"하나님 정말 계십니까? 정말로 계시다면 확실한 증거를 보여주십시오. 그러면 제가 하나님을 위하여 살겠습니다."

그때 마침 기차가 기적을 울리며 지나갔습니다. 그는 기적 소리를 들으며 '내일 아침 5시까지 응답이 없으면 5시 열차에 투신자살하고 말겠다.' 라고 결심했습니다. 그러면서 "하나님! 당신이 정말 계시다면 제가 죽기 전에 그 증거를 보여주십시오."라고 간절히 기도했습니다.

그런데 새벽 5시 15분 전에 밝은 빛이 방 안에 환하게 비치더니 예수가 나타나서 "너는 언제까지 나를 원망하려느냐? 나는 너를 구원하러 왔다. 너는 바른길을 알게 해달라고 기도하고 있구나. 내가 네게 바른길을 가르쳐주겠다. 내가 바로 그 길이다."라고 말했습니다. 그리하여 선다 싱은 예수 그리스도를 위해 살았습니다.

선다 싱에게 유명한 일화가 전해지고 있습니다. 그가 히말라야산맥을 넘어 네팔 전도에 나섰을 때 이야기입니다. 혹독한 추위에다 눈보라와 싸우며 티베트인과 걷고 있을 때 추위에 떨며 죽어가는 사람을 만나게 됐습니다.

선다 싱은 동행하는 사람에게 저 사람을 살려야 한다면서 두 사람이 번갈아 업고 가자고 제안했습니다. 그러나 티베트인은 그 사람을 살리려다 모두 죽을 수 있다면서 혼자 가버렸습니다.

선다 싱은 눈더미 속에 처박힌 사람을 간신히 둘러업고 비틀비틀 힘겹게 발걸음을 옮겼습니다. 몇 번이나 미끄러지고 넘어지면서 눈물겨운 등반을 하고 있을 때 그의 등에 업힌 사람이 정신을 차렸습니다. 업은 자와 업힌 자 두 사람의 체온 때문에 얼었던 몸이 녹아 소생한 것입니다.

두 사람이 한참을 걸어가다가 또 한 사람이 눈 속에 쓰러져 있는 것을 발견하게 됐습니다. 선다 싱의 제의를 한마디로 거절하고 혼자 갔던 티베트인이었습니다. 혼자 살겠다고 부지런히 먼저 갔지만 추위에 못 이겨 얼어 죽은 것입니다. 선다 싱은 '자기를 위하여 살고자 하는 자는 죽게 된다.' 라는 교훈을 얻게 됐습니다.

선다 싱은 40일 금식기도를 했고, 그 후로도 예수의 십자가 고통에 조금이라도 동참하고자 눈 덮인 산맥을 맨발로 걸어 다니며 복음을 증거해 "예수 그리스도를 닮았다."라는 말과 성자라는 칭호를 듣게 됩니다. 그가 그렇게 할 수 있었던 것은 스베덴보리처럼 입신해 영계의 실상을 깨달았기 때문입니다. 그는 항상 환한 미소가 흐르는 얼굴로 세상을 살다가 43세를 일기로 짧은 생을 마치게 됩니다.

인간 승리의 표본으로 일컬어지는 헬렌 켈러는 보고, 듣고, 말하는 감각 기능을 모두 잃어버렸지만, 시각·청각장애인을 위한 봉사와 사형제도 반대, 인종주의 거부, 노동자 파업권과 투표권 지지 등 열정적인 활동으로 세상을 놀라게 했습니다. 그녀가 그토록 정열적인 활동을 펼 수 있었던 힘의 원천은 영혼 불멸과 사후세계에 대한 흔들림 없는 믿음이었습니다. 헬렌은 사후세계에서는 자신이 보고 들을 수 있으리라는 확고한 희망을 품고 있었고, "죽음이란 이 방에서 저 방으로 옮아가는 것일 뿐"이라고 말했습니다.

보통 사람들과 달리 헬렌은 노년과 죽음을 즐겁게 맞이했습니다. 여든 한

살 되던 1961년에 접어들어 건강이 급속히 나빠지기 전까지 헬렌은 거의 온종일 앉아서 죽기 전에 읽고 싶었던 책들을 읽었습니다.

그가 쉬지 않고 공부에 전념하는 모습을 보고 친구들은 놀라워했습니다. 헬렌이 이 세상과 저세상이 크게 다르지 않다고 여기고 있음을 아는 친구들은 그가 이미 죽음을 준비하고 있다고 느꼈습니다. 그는 죽음을 고대하지도 않았지만 그렇다고 두려워하지도 않았습니다. 그저 자연스럽게 다가올 일을 반갑게 기다리고 있을 뿐이었습니다.

헬렌은 사후세계가 즐거운 곳이라고 믿었습니다. 그는 그곳에서 보고 들을 수도 있고, 먼저 세상을 떠난 스승 설리번 선생님과도 다시 만날 수 있을 것으로 생각했습니다.

헬렌이 스베덴보리를 알게 된 것은 1893년, 즉 13세 때 스위스 태생으로 주미 스위스 총영사를 지낸 존 히츠(John Hitz)라는 노신사를 만난 뒤부터였습니다. 헬렌과 서신을 교환하기 위해 일부러 점자를 배운 그는 날마다 아침식사를 하기 전 따로 시간을 내어 스베덴보리의 저술들을 부지런히 점자로 옮겨 적었습니다. 헬렌은 스베덴보리의 책에서 수많은 영감과 통찰력을 얻었습니다. 그는 스베덴보리의 저작들을 "내 어둠 속의 빛이며, 내 침묵 속의 음성"이라고 말할 정도였습니다.

그는 자신의 신체적 장애가 천형이라고 생각해본 일이 한 번도 없다고 말합니다. 오히려 장애로 말미암아 하나님께 감사했다고 강조합니다. 장애를 통해 "나와 나의 일, 나의 하나님을 발견했기 때문"이라는 것입니다. 헬렌에 의하면 인간에게 주어진 모든 제약과 한계는 자기 계발과 자발적 활동을 격려하고 응원하고자 위로부터 가해지는 채찍질이었습니다.

전 세계를 누비며 장애인들의 어려운 처지를 호소하던 헬렌이 1937년 한국을 방문해 지금의 서울특별시의회(시청 옆) 자리에 있던 부민관에서 강연을 했습니다. 그는 "하나님이 나의 앞뒤에 계시니 두려울 것이 없고, 또한 모든 일이 거룩한 섭리대로 되어 갑니다."라고 신앙고백을 했습니다. 그는 "나를 장애인이라고 가엾게 보는 이들이 많으나 실상 가엾은 것은 내가 아니요, 눈 뜨고도 바른 대로 볼 줄 모르는 사람들입니다."라고 역설했습니다.

죽은 자를 만난 심리학자 융

카를 구스타프 융은 스위스의 정신과의사이자 분석심리학의 창시자입니다. 그는 자기 자신의 무의식과 수많은 사람의 심리 분석을 통해 얻은 방대한 경험 자료를 토대로 원시 종족의 심성과 여러 문화권의 신화, 민담, 동서양의 철학과 사상, 종교 현상들을 비교 고찰했습니다. 그 결과 인간 심성에는 자아의식과 개인적 특성을 가진 무의식 너머에 의식의 뿌리이자 정신활동의 원천이며 인류 보편의 원초적 행동 유형의 많은 원형으로 이루어진 집단무의식 층이 있음을 확인하였습니다. 더 나아가 모든 사람의 무의식 속에서 의식의 일방성을 자율적으로 보상하고 개체로 하여금 통일된 전체를 실현케 하는 핵심적인 능력을 갖춘 원형, 즉 자기 원형이 작동하고 있음을 증명하였습니다.

융은 인간 내면의 가장 깊은 곳에 고여 있는 '자기'의 세계에 주목합니다. 의식은 우리의 중심이 아닙니다. 우리 의식은 문명화된 의식입니다. 의식은 '자아'의 세계입니다. 이 '자아'는 '자기'에서 떨어져 나온 것입니다. 따라서 자아는 우리의 중심인 자기를 향해 나아가야 합니다. 우리는 자아의 세계가 전부인 것처럼 착각하면서 주인의 자리에서 노예의 자리로 추방되고 말았습니다. 중심을 상실한 것입니다. 특히 자아 세계 안에서 이성은 지극히 불완전하기에 우리 이성으로는 마음의 전체성을 결코 파악할 수 없습니다. 융은 다음과 같이 말합니다.

"비판적 이성이 지배하면 할수록 인생은 그만큼 빈곤해집니다. 그러나 무의식과 신화를 의식하면 할수록 우리는 더 많은 삶을 통합할 수 있습니다."

융은 정신 문제에 대해 끊임없이 탐구했습니다. 그러기에 그는 정신의 불멸과 맞닿아 있는 '신의 문제'와 정신의 사멸과 맞닿아 있는 '죽음의 문제'를 결코 외면할 수 없었습니다. 자신의 삶 가운데 죽음을 아주 가깝게 체험하곤 하였습니다. 실제로 융은 죽은 자를 만나기도 하고 대화를 나누기도 했습니다.

어느 날 융은 기이한 환상을 경험합니다. 밤중에 깨어 전날 장례를 치른 친구를 곰곰이 생각하고 있었습니다. 그러다 문득 죽은 친구가 방 안에 있는 듯한 느낌을 받았습니다. 이후 친구는 수백 미터 떨어진 자신의 집으로 융을 데려갔습니다. 융은 그 친구를 따라갔습니다. 친구는 서재에서 적색 표지의 책 한 권을 가리켰습니다. 너무도 기이한 체험이어서 융은 다음날 아침 죽은 친구의 서재를 직접 찾아가 환상에서 가리킨 적색 표지의 책을 보았습니다. 그 책의 제목은 《사자(死者)의 유산》이었습니다. 융은 실제로 《죽은 자를 위한 일곱 가지 설법》이란 저서를 마흔한 살이 되던 1941년에 내놓았습니다. 이 설법은 죽은 자들이 질문하고 융이 대답하는 형식으로 돼 있습니다.

융이 어느 날 호텔에서 휴식을 취하고 있는데, 뒷머리에서 참을 수 없는 통증을 느꼈습니다. 그 순간 그가 돌보는 환자 가운데 한 사람이 권총 자살을 한 것입니다. 총알은 마침 융이 심한 통증을 느낀 부위에 박혀 있었습니다. 융은 이러한 정신적 사건과 물질적 사건의 의미 있는 일치를 동시성(synchronicity) 이론이라고 불렀습니다. 실제로 융에게는 텔레파시나 예언 현상은 신비한 체험이나 주관적 환상이 아니라 자명한 현실이었습니다.

이렇듯 그는 어린 시절부터 경험한 강렬한 꿈과 환상 등 자신의 신비한 경험은 물론, 여러 문화권의 신화, 동서양의 철학과 사상, 종교 현상들을 집중적으로 연구하면서 인간 심성에는 자아의식과 인류 보편의 원초적 행동 유형인 많은 원형(原型)들로 이루어진 집단적 무의식의 층이 있음을 확인했습니다. 융은 심혼(心魂)의 의사로서 자기실현의 가설을 몸소 실천하였을 뿐만 아니라, 20세기 유럽이 낳은 분석심리학의 창시자로서 동양사상을 누구보다도 깊이 이해함으로써 동서 간에 다리를 놓기도 했습니다.

사람들은 대부분 영계를 의식하지 못하고 살아갑니다. 그러나 우리가 무지해서 알지 못할 뿐이지 그 세계는 분명히 존재합니다. 영계는 먼 곳에 있는 것이 아니라 우리 가까이 있는데도 그것을 느끼지 못할 뿐입니다. 그리고 앞에서 살펴본 것처럼 영계를 체험한 사람들은 놀라운 변화를 겪게 됩니다. 마찬가지로 우리도 언젠가는 가야 할 세계이기 때문에 관심을 갖지 않을 수 없고, 그 세계가 요구하는 것이 무엇인지 알게 될 때 우리 생활도 180도 달라질 것입니다. 이 지상에서 살아가는 동안 영계 생활에 합당한 모습으로 각자의 영혼을 성장시키는 일에 게을리해서는 안 될 것입니다.

| 제2장 |

영계의 일상생활 모습

◆◆◆

영국의 명설교자 몬시뇰 로버트 휴 벤슨(Robert Hugh Benson 1871~1914년)이 지상인과 교신한 내용을 기록한 《영계에서의 삶》에서는 18세의 청년 로저(Roger)가 지상생활을 마감한 순간부터 사후세계에 이르는 과정, 그리고 영계에 막 도착해 여러 곳을 여행하면서 관찰한 이야기를 담고 있습니다. 제2부 제4장에서는 로저가 임종 이후 영계를 여행하기 위한 준비하는 과정을 비롯해 영계의 구조를 살펴보았다면, 여기서는 로저를 통해 영인들의 일상생활 모습을 자세히 소개하고 있습니다. 우리는 지금 로저와 함께 신비로운 영계 여행을 떠나고자 합니다.

1. 생각대로 움직이는 영계

영국의 명설교자 몬시놀 로버트 휴 벤슨이 지상인과 교신한 내용을 기록한 《영계에서의 삶》에는 영계의 생활 모습이 구체적으로 그려져 있습니다. 특히 18세의 청년 로저가 영계에 도착해 루스와 함께 여러 곳을 여행하면서 관찰한 이야기를 소개하고 있습니다.

로저는 몇 마일씩 펼쳐지는 평원이 수천 곳이나 되지만 아무리 보아도 자동차나 기차와 같은 교통수단이 보이질 않자, 일행에게 걷는 것 외에 교통수단이 없느냐고 물었습니다. 그러자 몬시놀이 대답했습니다. 영계에서는 지상과 달리 각자 교통수단을 가지고 있다는 것입니다.

"이곳에서는 누구나 각자 자신의 교통수단이 있는데, 그 교통수단이야말로 전 우주에서 가장 빠르고 효과적인 것입니다. 물론 걷는 방법 이외에 말입니다. 우리가 당신을 영계로 인도해온 후 지금까지는 우리 모두 두 다리에 의지해서 돌아다녔습니다. 그러나 이제 당신에게도 우리가 여기서 실제로 행하는 것이 무엇인가를 보여주어야 할 때가 온 게 분명합니다. 개인적 이동은 '생각 매체(Thought Process)'에 의해 이루어지는데, 누구든지 배우기만 하면 그렇게 쉬울 수가 없습니다. 일단 익혀만 놓으면 제2의 천성이 됩니다. 모순된 이야기처럼 들릴지 모르지만, 익숙해지기만 하면 생각 매체를 이용해 이동하는 데는 거의 불편이 없을 정도입니다."

그리고 그는 지금 의자에 앉아 있다가 일어서서 다른 방으로 가려고 할 때 생각이 먼저 움직이고, 몸은 거기에 따라 이동한다고 했습니다. 생각 매체를 통해 이동하려면 처음에는 생각을 해야 하고 의식적으로 노력해야 한다고 덧붙였습니다. 그렇게 조금만 연습하고 나면 생각하자마자 그 목적지에 이동한 자신을 발견하게 된다고 했습니다.

생각은 의식세계의 실제

루스는 생각은 의식세계의 형상이지만 실제라고 설명했습니다. 그리고 지상세계 사람들의 생각이 영계에 전달될 수 있고 영계 사람들의 생각도 지상세계에 쉽게 전달될 수 있다고 강조했습니다.

로저가 "어떻게 말로 설명해야 좋을지 모르겠지만, 어디론지 잘 모르는 곳으로 내가 끌려가는 듯한 느낌, 자꾸만 어디를 향해 가고 싶어지는 느낌이 들 때가 많습니다. 그럴 때면 나는 특별히 어디가 아픈 것은 아니면서도 안절부절못하고 곤혹스러운 의식세계에 빠지곤 했어요."라고 말하자 루스가 다음과 같이 대답했습니다.

"그러한 현상은 대개 친구들이나 친척들이 슬픈 생각들을 편편이 띄워 보낼 때 생깁니다. 당신이 그들을 뒤에 남겨두고 떠났기 때문에 그들이 당신과의 이별을 생각하고 애석해하는 것은 당연하지요. 그들의 슬픔이 짙은 것이면 당신도 깊이 체휼하게 되고, 심하면 당신에게 고통을 심어주기도 한답니다. 내가 보기에는 당신의 그런 느낌이 더 이상 짙어질 것 같지 않지만, 만일 그런 경우가 생기면 지체 없이 우리에게 얘기해요. 우리가 도와서 그런 느낌을 쫓아버릴 테니까요. 당신이 지금 이곳에 와 있는 사실에 대해서는 전혀 후회 같은 것은 없지요?."

루스는 천사들이 날개로 이동한다는 등 지상인들의 편협한 영인의 개념에 대해 설명했습니다. 지상의 유명한 화가들이 천사는 걷지 않으면 날 것이라는 기발한 아이디어로 작품을 만들어서 영계의 모든 사람은 커다란 날개를 갖고 있는 것으로 인식돼왔다고 덧붙였습니다.

로저는 생각 매체를 이용해 이동하는 방법을 시도했습니다. 처음에는 긴장이 됐지만 그 결과는 기쁨으로 돌아왔습니다. 몬시놀은 잔디밭에 앉아 로저에게 건너편 400미터쯤 떨어진 곳에 서 있는 나무 아래까지 이동하고 싶은 욕망을 가져보라고 부추겼습니다. 그리고 대단한 의지가 필요한 것은 아니며 단순히 확실한 생각을 품어보라고 말했습니다. 로저는 두말할 필요도 없이 예상한 대로 몬시놀과 루스 곁에서 사라졌는가 했더니 바로 그 나무 아래에 서서 손을 흔들고 있었습니다. 몬시놀과 루스도 손을 흔들어주고 곧장 그가 있는 곳으로 이동했습니다.

이동은 생각과 동시에 순간적으로 이루어졌습니다. 로저는 지상에서 이러한 일이 일어났다면 어머니께서 기절초풍했을 것이라고 말했습니다.

이사도 손쉽게 처리한다

로저는 자신이 방향감각을 상실해 루스나 몬시놀과 연락이 두절되는 경우가 없느냐고 물었습니다. 몬시뇰은 로저에게 그런 경우가 있다면 자신의 의지력이 쉽게 해결해줄 것이라고 했습니다. 그리고 로저가 찾아가야 할 집이 생각나지 않더라도 세 사람 사이에는 연결선이 있어 로저 자신이 마음을 모아 루스나 몬시뇰을 깊이 생각하게 되면 즉시 그들이 보내는 응답을 보고 느낄 수 있게 된다고 했습니다.

이곳에서는 방향감각을 잃어버리는 경우는 있을 수 없으며, 기억은 영원히 간직될 것이라고 강조했습니다. 그리고 이사를 하는 경우에 대해서도 설명했습니다.

"전혀 어려울 것이 없지요. 여기에 사는 우리는 거인은 아니지만 힘이 있습니다. 언제라도 쓰고 싶다 생각하면 쓸 수 있는 힘이 있지요. 우리 둘이서 집에 있는 모든 가구를 힘 안 들이고 쉽게 옮길 수 있고, 작업이 끝난 후에도 전혀 피곤함을 느끼지 않지요. 지상세계 같으면 어떻게 할까 하고 생각하는 동안 전혀 소동을 피우거나 집기가 파손되는 일 없이 열두 번도 더 그 물건들을 옮겨놓을 수 있습니다."

영계에서는 가재도구를 옮기는 일이 전혀 문제가 되지 않는다고 합니다. 화물을 나르는 트럭이나 짐차도 필요 없고, 혼자서도 약간의 노력만으로 산처럼 큰 가구를 옮길 수 있다고 합니다. 영계에선 모든 물건이 다 생명력을 보유하고 있기 때문에 자력으로 움직이지 못하는 것이 하나도 없다고 덧붙였습니다.

그들은 이사를 하고 싶으면 이사하게 된다고 했습니다. 그들이라고 해서 일정한 장소에서만 살라는 법이 없다는 것입니다. 그리고 이사를 하는 데는 절차 같은 것은 전혀 거치지 않고, 어딘가에 한번 살겠다고 결심하고 자리를 잡으면 그곳에서 살다가 때가 되어 소속된 급(realm)을 떠나게 될 때 옮겨간다고 했습니다. 그리고 거주지역의 환경을 개선하거나 변화를 느끼게 하는 크고 작은 환경미화 작업이 조경사들에 의해 언제나 진행되므로 주위 환경 때문에 갈증을 느끼는 경우는 없다고 덧붙였습니다. 필요하면 집을 늘릴 수도 있다고 합니다.

그리고 영계에서는 급히 서두르는 사람이 보이지 않습니다. 만일 누구든지 급히 어디를 가야 한다면 생각하자마자 그가 원하는 곳에 가게 될 터인지라 서두를 필요가 없습니다.

2. 질병 치료법 개발자

로저는 몬시뇰, 루스와 함께 교외를 산책하다가 또 한 차례 경이로운 모습을 목격합니다. 아름다운 경치와 매혹적인 풍경은 말할 것도 없고, 어디를 가나 모두 친절하게 인사를 하는 것에 큰 감명을 받았습니다. 몬시뇰은 영계에서는 처음 만난 사람들이라도 전혀 소개할 필요가 없다고 말했습니다. 로저는 영계의 새로운 삶에 대해 흥미와 호기심을 감추지 못했습니다.

로저는 지금 레이디언트 윙(Radiant Wing)이라는 미국 인디언의 집을 찾아가고 있습니다. 로저는 처음으로 큰 저택을 방문하는 것입니다. 레이디언트 윙의 주 임무는 지상세계의 협조자와 함께 병든 자를 치료해주는 것입니다. 그는 또 위대한 실험가로서 그의 재량으로 수많은 화합작용을 거쳐 영계에 존재하는 많은 자원의 응용법을 연구하고 있습니다.

첫나들이에서 만난 미국 인디언 출신

레이디언트 윙의 저택은 아름다움이 극치를 이루고 있는 정원 중앙에 자리 잡고 있었습니다. 주위는 잘 가꾸어진 화단과 맑은 물이 반짝이며 빛나는 연못, 그리고 수목들로 잘 조경돼 있었습니다. 건물도 벽돌, 석회를 자재로 써서 지어진 지상세계의 무겁고 우중충한 건물과는 너무나도 달랐습니다.

석재의 색상과 배열이 완벽하게 조화된, 그야말로 영계에서나 있음직한 걸작품이었습니다.

그는 지상에서처럼 깃털로 된 모자 같은 것을 쓰고 있었습니다. 영계에서도 무엇이든지 아름다운 것은 보전됩니다. 어떤 용모나 형태가 지상세계에서 아름답게 비친다면 영계라고 해서 그 아름다움을 거부할 이유가 없기 때문입니다. 그리고 영계에선 아름답다고 생각하는 것을 착용하는 데는 누구도 반대하지 못합니다. 자신의 신념이나 감정이 손상되는 것을 피하고 싶으면 자유롭게 자기 적성에 맞는 곳을 찾으면 됩니다. 마찬가지로 언제든지 자신의 판단이 옳지 못했다고 생각되면 다시 돌아올 수 있는 자유가 보장돼 있습니다. 그 깃털은, 이곳에서는 죽은 새란 있을 수 없기 때문에 전적으로 영계의 자재로 만들어졌습니다. 물론 그와 같은 장식모는 언제나 쓰는 것이 아니고 공식적인 모임에서만 착용합니다.

레이디언트 윙은 로저 일행이 알고 싶어 하는 것이 무언인가를 알아차리고 그의 부서에서 어떤 일들이 처리되는지 보고 싶지 않으냐고 물었습니다. 그러고는 자신이 사용하고 있는 아주 산뜻하게 꾸며진 방으로 안내했습니다.

실험실에는 그의 지도를 받는 견습생들이 있었습니다. 곳곳에 각양각색의 기구들과 약병들, 작은 용기들이 정돈돼 있고, 병들은 각기 다른 다채로운 색을 띤 물질이 채워져 있었습니다. 한쪽에는 인간의 구조를 분야별로 잘 묘사해 놓은 도표가 걸려 있었는데, 다른 쪽에 진열된 해부용 천연색 모델들과 조화를 이루고 있었습니다.

치료법 개발과 양처럼 순한 퓨마

레이디언트 윙은 로저 일행에게 자신이 개발 중인 치료법에 대해 설명했습니다. 그는 인체의 구조와 낱낱의 기능, 그리고 인간에게 고통을 주는 질병들에 대해 자세히 알아야만 병을 치료할 수 있다는 점에서는 지상세계의 의사들과 다를 바 없다고 했습니다. 그러나 영계에서는 지상세계의 의사들이 경험하지 못한 독특한 재료들과 권능을 쓰고 있다고 했습니다. 그리고 영계의 방법들이 더 간단하다고 합니다.

예를 들어, 각종 연고를 배합해서 각 질병에 맞게 적용할 때 그들은 색깔을 보고 어떤 연고가 얼마만큼 들어갔는지 확인하게 된다고 합니다. 조제된 연고의 색들을 구별할줄 아는 사람은 상당한 전문가입니다. 그는 지상세계에서 병으로 고생하는 사람들을 고칠 수 있는 치료약을 발명하기도 한답니다.

다음으로는 광선 치료법을 소개했습니다. 로저 일행은 밝고 푸른 광선이 내리비치자 곧바로 편안해지면서 최상의 안정감 같은 것을 느낄 수 있었습니다. 그는 그 빛줄기를 연필 정도 크기로 줄여 로저 일행의 손바닥에 차례로 비춰 보았습니다. 그 빛줄기는 병세에 따라 달라질 수 있다고 합니다. '촉진의 빛' 이라는 붉은 광선도 보여주었습니다. 이 빛은 에너지를 공급하기도 하고, 병이나 상처가 치유된 후에는 치료 부위의 기능만 촉진하는 것이 아니라 몸 전체에 촉진제 역할을 한다고 합니다. 지상에서 지금 절실히 요구되는 치료법이라는 말도 덧붙였습니다. 이어서 열 치료에 사용하는 열선도 소개했습니다.

레이디언트 윙은 일행에게 가족을 소개하겠다면서 정원으로 안내했습니다. 그러나 아무리 둘러보아도 아무도 보이지 않았습니다. 그가 어떤 신호를 하자 큰 개와 퓨마가 달려왔습니다. 로저는 눈에 띌 정도로 겁에 질렸지만, 레이디언트 윙은 전혀 두려워할 필요가 없다면서 안심시켜주었습니다. 루스가 허리를 굽혀 퓨마를 쓰다듬으면서 함께 노는 모습을 보니 퓨마는 귀엽고 양처럼 순했습니다. 윙은 "영계의 모든 동물들이 다 양순하고 해를 끼치지 않습니다."라고 했습니다. 그도 그럴 것이, 영계에 살고 있는 동물들은 지상세계의 동물처럼 생존을 위해 약육강식의 투쟁을 할 필요도 없고, 다른 동물이나 인간에 대한 두려움이 없다고 합니다. 동물들은 인간에게 기쁨의 대상이라 했습니다.

로저도 루스 곁에서 허리를 굽혀 퓨마를 쓰다듬어주다 보니 어느새 두려운 생각은 사라지고 푹신한 털의 촉감에 넋을 잃고 말았습니다. 이 퓨마야말로 말괄량이로서 다른 친구들에게 언제나 익살맞게 군다고 했습니다. 일행은 참새와 퓨마가 노는 모습을 보고 박장대소했습니다.

3. 나이는 의미 없고, 통치는 자율로

로저에게는 아직까지 이해하기 어려운 것이 있습니다. 영계에서는 모두가 젊어 보인다는 사실입니다. 물론 지상세계의 시간관념에 입각한 젊음과 늙음을 말합니다. 그래서 몬시뇰에게 나이를 물었습니다. 그는 이곳에서는 어느 누구도 나이에 관심을 갖지 않는다면서 자기는 43세에 영계에 와서 지금까지 37년을 살았다고 말했습니다. 80세인데도 로저 눈에는 30대의 완숙한 모습으로 보였습니다. 루스도 25세에 이곳에 왔지만, 당시의 연령대를 유지하고 있었습니다. 로저 역시 중병에 걸려 임종할 당시와는 비교가 되지 않을 정도로 건강을 되찾아 젊음을 유지하고 있습니다. 몬시뇰이 나이에 대해 설명했습니다.

"이곳 영계에서는 지상에서 말하는 나이가 전혀 영향을 주지 못합니다. 누구나 자기 일생의 절정기였다고 생각되는 때의 모습으로 영원히 살아가게 되는 것이지요. 누군가가 그러한 인생의 절정기에 도달하기도 전에 지상세계를 떠나 이곳에 오면, 사실은 당신도 그렇고 다른 많은 사람, 예를 들어 갓난아이들이 그런 경우인데 그들은 이곳에서 점차 인생의 절정기까지 성장한답니다. 일단 절정기에 도달하면 그 상태로 다른 사람들과 같이 영원히 삶을 누리게 됩니다. 인생의 절정기를 훨씬 지나 80세, 90세까지 살다가 온 사람들은 거꾸로 그들의 절정기까지 거슬러 가지요. 쉽게 말해서 다시 젊어진다는 것입니다."

나이보다 중요한 지혜의 비중

영계에서는 외모로 나이를 측정할 수 없다고 합니다. 다만 살다 보면 지혜가 절로 얻어져 그 연령을 짐작할 수 있는 기미를 발견할 수 있다고 합니다. 그 사람의 이야기를 들어보면 외모로는 늙었다거나 나이가 많다는 것을 전혀 알 수 없지만, 무엇인가 깊고 심오한 지혜의 비중 같은 것을 감지할 수 있다는 것입니다. 몬시뇰은 질병 치료법 개발자 레이디언트 윙이 몇 살쯤으로 보이느냐고 로저에게 물었습니다. 물론 로저는 짐작할 수 없었습니다. 몬시뇰은 레이디언트 윙은 600살, 그리고 오마르는 2천 살이나 됐다고 하면서 이렇게 설명했습니다.

"이곳은 그야말로 나이를 먹지 않는 세상입니다. 하여튼 우리도 동년배로 보일지 모르지만, 지상에서의 주름투성이 얼굴, 성성한 백발, 체중 초과로 겪는 고생, 아니면 늙어 쭈그러드는 현상, 몸이 제대로 말을 듣지 않아 활동이 부자유스럽고 목소리조차 쉬어버리고, 나아가 삶의 활기조차 잃어버리는 부정적인 현상들을 이곳에서는 전혀 상상할 수 없습니다. 우리는 다시 어린애와 같은 시절로 돌아가는 게 아니고 생애 최상의 시기로 돌아가 살게 되는 것입니다."

그러면서 이곳에서는 모두가 절대적인 영원성과 영생의 즐거움을 느끼며 살고 있으며, 오늘보다 더 즐겁고 화려한 내일이 기다리고 있다고 강조했습니다.

몬시뇰은 지상세계 이전부터 영계가 존재했다면서, 그렇다면 지금 이곳에 살고 있는 사람 중 누군가는 영계만큼이나 나이 든 사람도 있지 않겠느냐고 반문했습니다. 그러니 이곳에서 나이를 따진다는 것은 무의미하다는 것입니다. 몬시뇰은 "수십억 년을 살아온 그분들의 나이를 생각하면 숨이 막힐 지경인 것은 사실이지만, 무엇보다도 나를 사로잡고 경악스럽게 하는 것은 그분들이 체득한 전 우주에 관한 지혜"라고 말했습니다.

천리원칙에 따라 통치하는 영계

영계에는 통치기구가 분명 존재하지만 통치하지는 않습니다. 이곳에는 모든 것이 자율 원칙에 따라 움직입니다. 정부도 천리원칙에 의해 운영됩니다. 우주를 통틀어 최상의 통치 제도라고 할 수 있습니다. 인간의 머리에서 나온 어떤 형태의 정부보다 수억 배 좋은 제도입니다. 천리원칙은 강요하지 않습니다. 스스로 절차에 따라 집행하도록 돼 있습니다. 물론 천리원칙만이 영계의 유일한 통치 방법은 아닙니다. 여기에서도 지켜야 할 법규들이 있습니다.

영계는 여러 계층의 급으로 나뉘어 있는데, 급마다 통치자가 따로 있습니다. 명칭이 통치자일 뿐 실제로 통치하는 것은 아닙니다. 지상에서 사용하는 통치 개념과는 너무나 거리가 멀다는 것입니다. 영계의 급은 빛의 강약에 따라 구별되는 인격적 급이며, 지상세계에서 말하는 빈부 격차와 권력구조 등에 따른 계층이나 지위를 말하는 것은 아닙니다. 정치가랍시고 얼토당토않은 주의나 주장을 부르짖는 독선자도 없으며, 더구나 자격과 실력도 없이 권세를 부리기 위해 자리를 차지하고 있는 부도덕한 사람은 존재할 수가 없습니다.

영계의 실질적인 통치자들은 이곳에서 수천 년을 살아온 분들입니다. 그런 자리에 오르기까지는 어느 누구도 따를 수 없는 자격을 갖춰야 합니다. 또 충심으로 만유의 창조주이신 절대자의 심정적 대변자가 되고, 그분의 섭리를 위해 희생적 생애를 산 분들입니다. 그리고 다른 사람들보다 지식이 해박합니다. 각급의 통치자들은 그들이 통치하는 급보다 더 높은 급에 속하는 분들입니다. 통치자의 책임을 완수하기 위해 낮은 급에 내려와 일을 하고 있습니다. 그러나 한 가지 분명한 것은 이 모든 통치자 위에 군림하여 전 영계를 다스리는 유일한 최고 통치자가 계시다는 것입니다.

로저 일행은 전 영계의 최고 통치자를 만났습니다. 그분은 지상세계가 존재하기 이전부터 계셨던 분입니다. 그분은 영계의 모든 급을 하나로 묶어 방대한 천상세계를 형성하도록 하는 작업을 하십니다. 그분의 모습에서 무한한 지식과 영력 그리고 지혜를 확인할 수 있었습니다. 물론 전 존재세계는 만유의 어버이이신 하나님의 주관 하에 있습니다.

그분은 얇고 영롱하며 눈처럼 흰 도포를 입으셨는데, 도포에 찬연한 황금빛 단을 대었고 도포 위에는 빛나는 푸른색 망토를 걸쳤습니다. 허리에는 순수하기 이를 데 없는 진주 같은 보라색 띠를 두르고 있었습니다. 그러나 이 모든 것보다 로저를 황홀경으로 몰아넣은 것은 그분의 인자하고 자비로운 얼굴이었습니다. 모두가 그분과 농담 섞인 대화를 하였습니다. 로저에게는 앞으로 화원 생활을 열심히 하고 전체 목적을 위해 봉사하라고 당부하셨습니다. 로저는 기쁨이 넘쳐 어쩔 줄을 몰랐습니다.

4. 예술의 향유와 연구 개발

로저 일행이 찾은 곳은 도시 풍경이 한눈에 내려다보이는 언덕이었습니다. 그들은 그곳에서 장엄하게 서 있는 빌딩들을 볼 수 있었습니다. 빌딩들은 아름다운 연못과 정원으로 둘러싸인 채 거대한 중앙 건물로부터 바큇살처럼 빛줄기를 받고 있었습니다.

도시에 도로라고는 전혀 볼 수 없고 대신 질 좋은 잔디로 덮인 넓은 통행로가 있었습니다. 로저는 중앙 건물의 둥근 지붕 위에 휘황찬란한 빛줄기가 내리비치는 것을 목격했습니다. 몬시뇰은 그 건물이 보다 높은 급의 영계에서 내려오는 위대한 분을 만나는 장소라고 했습니다. 그 빛줄기는 영원히 그렇게 비친다는 것입니다. 그리고 그 빛줄기는 우주의 가장 위대한 원천이신 창조주로부터 내려온다고 덧붙였습니다.

그는 이곳 영계가 지상세계의 도시와 어떻게 다른지 자세히 설명해 나갔습니다. 이곳에서 필요 없는 물품 목록은 잡화상의 물품 목록만큼이나 길게 작성할 수 있을 것이라고 말했습니다.

영계의 의식주와 예술

우선 집안 살림에 필요한 물건들부터 설명했습니다. 영계에는 음식이 필요 없습니다. 따라서 먹고 마시는 것에 관계된 거창한 산업도 없고, 음식을 날라다주고 시중드는 서비스 분야도 찾을 수 없습니다. 그리고 의복은 자연법칙의 작용에 따라 공급되므로 의류 산업도 볼 수 없습니다.

게다가 차량과 같은 교통수단도 필요 없어 포장도로도 보이지 않습니다. 상거래 역시 이루어지지 않아 상점을 찾아볼 수 없습니다. 만일 무엇인가 원할 때는 창조 본연의 법칙에 의해 자동 공급됩니다.

다음은 직물 전당이라는 큰 빌딩 한 곳을 소개했습니다. 이곳에서는 수천 가지의 아름답고 훌륭한 직물들이 있습니다. 그중에는 지상세계에서 수백 년간 사용됐던 각양각색의 직물을 대표하는 것도 있습니다. 도안이나 짜임새가 독특한 것들은 영계에서만 쓰이는 것입니다. 루스가 몬시뇰과 처음 이곳을 방문했을 때, 행복한 모습으로 융단을 짜는 영인들을 만났고 그녀도 당장 해보기로 마음먹고 그 방면의 전문가가 됐습니다. 루스는 어떤 분야의 일이든 전문가 수준에 도달하려면 먼저 마음속에 하고 싶다는 의지가 있어야 한다고 설명했습니다.

로저는 이곳의 수많은 전당이 지식들로 꽉 차 있다는 것에 대해 놀라워했습니다. 몬시뇰은 우리가 20여 권이나 되는 대백과사전 앞에 있을 때 자신이 아는 것이 너무나 적다고 느끼는 것처럼 수많은 전당 앞에서도 마찬가지 감정일 것이라면서 적당히 무지해지는 것도 좋다고 강조했습니다.

몬시뇰은 이 지식의 전당들은 대부분 지상세계에서 말하는 예술 분야를 위해 있다고 했습니다. 지상세계에서는 예술을 생활의 부수적인 방편으로 여기지만, 이곳에서는 필수적 요소로서 크게 장려되고 있다고 합니다. 지상에서 꼭 필요한 직종들이 없는 대신 다른 분야를 추구할 수 있는 기회가 폭넓게 열려 있어 훨씬 더 즐거운 마음으로 일할 수 있게 된다고 덧붙였습니다.

지식의 전당은 어떤 형식적 절차 없이 누구나 입소할 수 있습니다. 루스도 정문으로 걸어 들어가서는 융단을 짜는 사람들과 함께 일하고 싶다고 이야기하고 바로 그 일을 배우기 시작했습니다. 그녀는 "내 일생에 그렇게 기쁜 날이 없을 정도였다."라면서 "특히 나처럼 처음이라서 일에 서투른 사람에게는 최대한 지도를 베풀어준다."라고 말했습니다.

몬시뇰은 원하는 책과 자료를 찾기 위해 많은 시간을 중앙도서관에서 보냅니다. 그곳이야말로 한번 맛을 들이면 발을 빼기가 어렵다고 합니다. 여기에는 세상 어느 곳, 어느 분야의 책이든 다 비치돼 있습니다.

지상 과학자들이 가장 많은 도움을 받는 공학관

로저는 훌륭한 빌딩들과 뒹굴고 싶을 만큼 고운 잔디로 덮인 넓은 통행로들, 그리고 크고 넓은 건물 배치를 더욱 정교하게 받쳐주는 수많은 화원과 숲, 맑은 연못들이 조화를 이룬 도시의 아름다움에 경이로움을 감추지 못했습니다. 몬시뇰은 로저에게 "수많은 지상 사람이 이러한 내용을 알지 못한 채 어디에도 견줄 수 없는 영계의 아름다움을 오히려 조소하고 있다는 사실이 이상하게 느껴지지 않아요?"라고 물었습니다.

몬시뇰과 루스는 번갈아가며 로저에게 즐비하게 늘어선 건물의 용도에 관해 설명했습니다. 로저는 공학관에 들어가 좀 더 관찰해보고 싶다고 말했습니다. 공학관에 들어서자 수천수만 가지 연구와 작업을 책임지고 있는 분이 반갑게 맞아주었습니다.

안내자는 수많은 학술관 가운데 공학관만큼 지상세계와 밀접한 관계를 가진 곳이 없다고 설명합니다. 지상세계에서 수많은 공업·화학 분야의 신발명이 바로 이 공학관의 힘, 즉 도움을 받고 있다는 것입니다. 새로운 물건들은 영계에서 발명돼 지상세계에 전수된 후 전 인류에게 공헌하게 된다는 것입니다. 과학자나 예술가들이 '영감을 얻는다.' 라는 말이 실감 나는 대목입니다.

일행은 늘어선 방들을 통과하면서 많은 과학자와 조수들이 머지않아 그 목적에 맞는 새로운 물질을 발명하게 될 실험을 하는 모습을 목격했습니다. 안내자는 영계로부터의 간단한 암시가 지상세계 과학자들의 10가지 이상 발견이나 발명으로 연결되는 사례가 허다하다고 합니다. 이곳 과학자들이 심혈을 쏟는 일은 근본적인 발견이나 발명이고, 일단 그들이 연결해주면 지상 과학자들이 완결짓는다고 합니다.

일행은 가정에서 쓰는 간단한 용구로부터 산업계에서 사용하는 커다란 기계까지 많은 발명품을 보았습니다. 현재 지상생활이 복잡해지면서 사람들은 물질 추구에 혈안이 된 나머지 영적인 면은 망각하고 있습니다. 따라서 종국에는 지상세계의 생활도 더 간편하게 바뀌어야 하겠고, 그로 말미암아 더욱 즐거운 생활을 누릴 수 있어야 한다는 것입니다. 그러려면 영계에서 지상세계에 많은 도움을 주어야 하겠지만, 중요한 것은 지상세계가 먼저 수용 태세를 갖추지 않으면 안 된다고 합니다. 지구상에서 평화의 목적으로 전달받은 새로운 발명품들을 악한 일에 도용하는 어리석은 일을 해서는 안 된다는 지적입니다. 근본적 선택은 지상세계의 인간들이 할 수밖에 없다는 것입니다.

5. 집을 만들고, 꽃도 만들고

몬시뇰은 로저에게 지상세계와 영계가 실제로 어떻게 다른지 구체적으로 설명했습니다. 우선 영계에 대해 무지하고 편견을 가진 지상인들이 영계의 모든 사물을 생각이 빚어낸 환상으로 보는데, 이제 로저 자신은 이곳의 사물이 실제가 아니거나 순수한 것이 아니라는 생각을 하지 않느냐고 물었습니다. 물론 로저도 영계에 와서 처음으로 의자에서 일어났을 때 그것이 꿈이 아닌가 하고 생각할 정도였습니다.

몬시뇰은 영계와 지상세계가 다른 점은 지상세계에서는 무엇을 하나 만들기 위해서는 반드시 생각의 과정을 거쳐 계획을 세우고 때로는 설계도를 작성해 그것이 기존 물건보다 더 좋은가를 확인하고 나서야 손으로든 기계로든 제작하는 복잡한 과정을 거치지만, 영계는 생각 자체가 직접적인 힘으로 작용한다고 했습니다. 영계에서는 생각 자체가 직접적인 행동력을 수반하지만, 지상세계 사람들은 그와 같은 생각의 결과들도 실체적인 것이 아니요 꿈과 같은 것으로서, 약간의 자극만 가해도 쉽사리 분해되고 말거나 없어져 버리는 것으로 믿고 있다고 했습니다.

그렇지만 영계에서 생각의 힘은 지상세계에서보다 엄청나게 강하다고 합니다. 여기에서는 생각의 단계가 시작이요, 끝이기 때문에 더 이상 행동의 구체적인 과정이 필요 없습니다. 생각이 구체화하자마자 그에 따른 실제 물건이 창조된다는 것입니다.

생각의 단계가 시작이자 끝

영계에서는 물론 '돈 나와라 뚝딱' 하는 마술과 같은 방법으로 무엇이든지 원하는 것을 얻는다는 것은 아닙니다. 현재 몬시뇰이 살고 있는 집만 하더라도 신중하게 생각한 후 토목공과 건축가들이 뜻을 모아 완성한 것입니다. 물론 그들의 일도 생각의 작업으로 시작됐습니다. 자재를 조달하는 데도 전혀 중간 매체가 필요 없고, 공사 현장의 임시 계단 등을 세우는 데도 아무런 도움이 필요 없었습니다. 그 친구들이 구상했고 그들의 생각이 이처럼 실질적인 집을 지어낸 것이고, 이 집은 오래오래 건재하게 될 것입니다.

영계는 환상적 세계가 아닙니다. 무형의 세계이지만 분명한 실체세계라고 몬시뇰은 강조합니다. 그렇다고 무엇을 원한다고 해서 만들어지는 것은 아닙니다. 로저나 몬시뇰도 현재의 영계 지식으로는 앞에 놓인 식탁과 똑같은 것을 만들어낼 수 없습니다. 루스가 벽에 거는 융단을 만들기까지 전문가들이 만든 기계를 이용해 제작 기술을 익혔던 것입니다. 그리고 융단 가공에 쓰이는 재료들은 전문가들이 생산한 것입니다.

로저 일행은 꽃이 어떻게 만들어지는지 알아보기 위해 화원을 운영하는 사람을 만났습니다. 그는 지상세계에서 살 때도 비슷한 일에 종사했습니다. 일행은 전면에 드넓은 화원이 펼쳐지고 여기저기에 다채로운 빛깔의 꽃들이 눈부시게 피어 있는 곳에 도착했습니다. 몬시뇰이 생각 매체를 이용해 방문을 미리 알렸기 때문에 화원 주인은 일행이 도착하기를 기다리고 있었습니다.

영원히 시들지 않는 꽃들

로저는 화원 주인에게 여러 가지 질문을 던졌습니다. 우선 전 영계에 꽃을 공급하느냐고 물었습니다. 그는 이 지역에만 공급할 뿐 다른 지역에도 자신처럼 꽃을 재배하는 사람들이 수두룩하다고 했습니다. 주인은 일행에게 이미 완성된 작품을 보여주겠다면서 안내했습니다. 주변에는 수백 개의 화단이 널려 있었는데, 각각 다른 종류의 꽃들로 만발해 있었고 그 모든 화단이 질서정연하게 배열돼 있었습니다. 정원 주인은 지상의 꽃들과 다른 점에 대해 설명했습니다.

"지상에서는 일정 기간이 지나면 꽃들이 자연히 시들고 씨가 여물게 되지요. 대개 한쪽에서 꽃에 씨가 맺히면 다른 쪽에서는 새로 줄기가 나서 꽃이 피고 하면서 꽃의 아름다움을 보여주고 있지요. 그러나 보다시피 여기서는 지상세계와 같은 현상을 거치지 않고 줄기에 많은 꽃이 피어 있어요. 그 아름다움이야말로 어디에도 비할 수 없을 정도지요. 저기 접시꽃을 보세요. 저처럼 곱게 피어난 아름다운 접시꽃을 본 적이 있습니까? 더구나 저 꽃들은 한번 피면 시들거나 지지도 않아요. 원래 꽃을 만들 때 그렇게 만들기 때문에 저렇게 만발한 채 영원토록 피어 있답니다."

지상에서는 도저히 구경할 수 없는 아름다운 자태로 핀 꽃들이 화원마다 만발해 있었습니다. 몬시놀과 루스는 전에도 이곳을 자주 방문했지만, 로저는 첫나들이인지라 충격이 얼마나 컸던지 감히 입을 열지 못할 정도였습니다.

온갖 꽃들이 풍기는 향내는 더할 수 없이 좋았습니다. 이곳은 기후나 토양 등 모든 조건이 절대적인 상태여서 휴일에 놀면서 여가로 즐기는 작업으로도 충분히 화원을 꾸려나갈 수 있다고 주인이 설명했습니다. 그리고 이곳에서는 무슨 종류의 꽃이나 나무를 직접 창조합니다. 원하는 색깔이나 모양으로 꽃을 만들어내고 싶으면, 더는 따로 할 일이 없다는 것입니다.

몬시뇰은 이 정원 주인은 모든 정원을 창조한 천재적인 분이며, 이곳 영계의 조경을 책임지고 있다고 했습니다. 지금까지 일행이 본 아름다운 정원들이 모두 이분과 그의 조수들이 조성했다는 것입니다. 그리고 이곳에 있는 화초나 수목들은 정원을 꾸미거나 새롭게 단장할 때 공급되고 있습니다.

정원 주인은 일행에게 선반에 가득 꽂혀 있는 책 중에 한 권을 꺼내 무심코 한쪽을 펼쳐 보였습니다. 거기에는 정교하게 그려 놓은 튤립이 있었습니다. 견습생들은 그것을 보고 익혀 화초를 창조하는 작업에 들어갑니다. 또 주인이 안내한 강당 벽에는 정원의 그림이 걸려 있었습니다. 이 그림들은 실제로 이 지역 어딘가에 그대로 꾸며져 있다고 합니다.

끝으로 화원 주인은 꽃을 실제로 창조하는 현장으로 안내했습니다. 일행을 주위에 둘러앉게 한 뒤 화분 하나를 갖다 놓고 흙을 약간 부은 뒤 화분을 주시해보라고 일렀습니다. 그러자 점차 꽃나무의 형상을 이루더니 마침내 꽃이 활짝 핀 모습으로 변하는 것이었습니다. 그는 생각의 힘으로 꽃을 창조한 것입니다.

그는 꽃에 생기를 불어넣기 위해 상급 영계에 요청하였습니다. 그러한 힘은 만유의 근원이신 분으로부터 온다고 했습니다. 물론 그와 같은 에너지를 생기로 받을 때는 누군가 중간에서 그 일을 맡아서 하는 분이 있다고 합니다. 정원사는 로저에게 생명을 불어넣은 꽃을 건네주었습니다. 로저는 꽃을 받아 드는 순간 살아 움직이는 생명력을 느꼈고, 이곳에 견습생으로 입문해 꽃 창조 과정을 배우고 싶다는 생각을 갖게 됐습니다.

| 제3장 |

영계, 그것은 현실이다

❖❖❖

최근 한국에도 영적 현상이 많이 나타나고 있습니다. 그 대표적 사례가 의사 출신으로 승공사상 분야 연구에 한평생을 바친 이상헌 선생의 영계 교신 내용입니다. 그는 생전에도 사후세계에 관심이 많았지만, 별다른 업적은 남기지 못했습니다. 그러나 이 세상을 떠난 후 이러한 부담이라도 덜겠다는 마음으로 지상에서 사는 동안 가깝게 지냈던 여성에게 나타나 영계의 실상을 실감 나게 전해주고 있습니다. 그의 메시지는 지금까지 발표된 어느 증언 내용보다 생생하고 뛰어나다는 평가를 받고 있습니다. 특히 그가 직접 만난 하나님에 대한 증언이나 성인들의 영계 생활 모습도 아주 구체적입니다.

1. '영계론' 집필, 영계 메시지로 대신하다

　영계에 대한 지상인의 관심은 오래전부터 계속돼왔습니다. 수많은 사람이 영계와 교통을 해왔고, 그 내용을 책을 통해 공개하기도 했습니다. 그러나 국내에서는 영성신학자 스베덴보리의 《천국과 지옥》 같은 저서를 찾아볼 수 없습니다. 한국에서는 아직까지 영계에 대한 체계적인 연구가 진척되지 않고 있는 데에도 그 원인이 있을 것입니다. 한국인은 무속이나 기독교 신앙 등을 통해 영계와 끊임없이 연결성을 가져왔지만, 영계와 본격적으로 교류하면서 연구해온 사람은 많지 않습니다.

　최근 한국에서 끊임없이 영계와 교류하면서 영계의 소식을 전해주는 분들이 있습니다. 그 예가 교사 출신인 김영순 여사입니다. 그는 1997년 3월 타계한 사상가 이상헌 선생(1914~1997년)의 영계 메시지를 받아 지상에 전달했습니다. 이 선생이 보내오는 영계 보고서는 그동안 잘 알려진 스베덴보리와 같은 영능력자의 증언보다 더 구체적입니다.

　예를 들어 하나님에 관한 증언만 하더라도 기독교에서 그동안 가르쳐온 것과는 비교가 안 될 정도로 자세하고 실감 나는 내용을 담고 있습니다. 그렇다고 해서 그간 소개된 영계의 실상과 동떨어진 것이 아니라, 핵심 내용에서 맥을 같이하고 있습니다.

매일 찾아오는 이상헌 선생

　내과 의사 출신인 이상헌 선생은 《통일사상요강》《새공산주의 비판》《공산주의의 종언》 등 수많은 저서를 남긴 사상가였습니다. 그는 평소 영계에 관심을 갖고 '영계론' 집필에 의욕을 가졌지만, 별다른 책자를 남기지 못하고 세상을 떠났습니다. 그는 지상에서 이루지 못한 숙원을 풀기 위해 영계를 샅샅이 뒤져 지상인들이 알고 싶어 하는 내용을 아주 구체적으로 영매인 김영순 여사를 통해 전달했습니다.

　김 여사는 오래전부터 영적 체험을 하게 됩니다. 어느 날 잠시 침대에 누워 있는데 너무나 큰 손이 대형 오선지에 그려진 악보를 한장 한장 넘기면서 받아 적으라고 했습니다. 그때는 그것이 무엇을 뜻하는지 몰라 그냥 대수롭지 않게 넘어갔습니다. 그로부터 1년 뒤 잠결에 "이 불효자식아!" 하는 우레 같은 소리에 깜짝 놀라 일어나 남편과 함께 무릎을 꿇었습니다. 하늘로부터 "새 노래를 받아 적어라!" 하는 호통이 있었습니다. 그리고 며칠 후 탈진 상태에서 날마다 곡을 받아 100여 곡을 받아 적었습니다. 그것이 1992년 《야호 하나님》이라는 책으로 발간됐습니다.

　김 여사는 1986년부터 영계 메시지를 지상인에게 전달하는 역할을 하기 시작했습니다. 그리고 보통사람들과는 달리 '하나님의 음성'을 직접 듣게 됐습니다. 특히 하나님에 대한 증언이나 성인들의 영계 생활 모습도 생생하게 전달하게 됩니다.

　때마침 이 선생의 부인 김한숙 여사가 1989년 11월 24일 타계했습니다. 김 여사는 1993년 9월부터 김한숙 여사의 서신 내용을 지상에 있는 이 선생에게 전달하게 됩니다. 이 선생은 부인에게 "당신이 성화할 때 누가 마중 나왔으며 어떻게 그곳에 들어갔는가?", "지금 당신이 있는 영계는 어떤 곳인가?", "천국과 낙원 사이에 영계가 생겼다고 하는데, 당신도 그것을 알고 있는가?", "원리에서 말하는 영형체급 영계와 중간영계의 관계를 알면 알려달라."라고 하는 등 영계에 대한 궁금한 것을 묻기도 했습니다. 김 여사는 이러한 내용을 포함해 영인 10여 명으로부터 받은 서신을 간증과 묶어 1996년 《나를 찾아주신 하나님》이란 책으로 선보였습니다.

영계 서신을 본격으로 리포트하게 된 것은 1997년 4월, 그동안 가까이 지내던 이 선생이 타계한 이후부터입니다. 이 선생은 영결식장에서 김 여사에게 나타나 집으로 찾아오겠다는 말을 남겼습니다. 이 선생은 영결식 이후 밤낮을 가리지 않고 김 여사를 찾아왔습니다. 저녁식사 준비를 하든 무엇을 하든 찾아오는 것이었습니다. 그것은 그만큼 영계의 실상을 지상에 알려야 한다는 조급함 때문이었습니다.

그러다 보니 김 여사는 너무나 고통스러웠습니다. 하루는 하나님께 육체가 견딜 수 없다면서 하소연했습니다. 그랬더니 하나님께서는 "내자야! 상헌이는 내 자식이기 때문에 자기 마음대로, 멋대로 하고 싶은 대로 다 하게 해주고 싶다. 지금 영계에 와서 정신이 없다. 일생 동안 궁금해하던 사실을 눈으로 보니 정신이 어떠하겠니? 이곳 현실을 눈으로 보면서 연구 분석해 지상인에게 다 알려주고 싶다고 하는구나. 지금 영계와 지상을 구별하지 않고 정신없이 다니는 거야. 네가 이해해라."라고 하시는 것이었습니다.

이 선생은 김 여사에게 40일 동안 영계를 두루 살펴본 다음 메시지를 보내겠다고 약속했습니다. 그러고는 어느 날 찾아와 "새로 접하는 곳이라 내가 연구할 문제를 체계화하기에 너무 바빴고, 흥분과 감동의 시간이 많았습니다. 또 이 사실을 지상계에 빨리 알려주고 싶어서 그동안 예의를 차리지 못하였으니 이해해주기 바랍니다."라고 미안해하였습니다.

생각과 동시에 행동… 천국의 모습

생전에도 영계에 관심이 많았던 이상헌 선생은 영계를 샅샅이 관찰한 뒤 그 실상을 아주 자세히 들려주고 있습니다. 물론 처음에는 간략하게 소개하다가 차츰 구체적인 내용으로 바뀝니다.

1997년 5월 23일 이 선생은 처음으로 영계의 모습을 자세히 전해줍니다. 우선 이 선생은 "영계는 눈에 보이는 현상 세계와 똑같으나 그 방대한 규모는 지상과 비교가 안 된다."라고 말합니다. 영계의 모습을 자동차를 예로 들어 설명합니다. 지상세계의 자동차 모습은 한 가지뿐이지만 영계에서는 하나의 자동차가 여러 형태로 변한다는 것입니다. 아이들이 보는 공상영화나 신비한 우주세계의 모습처럼 차가 순간적으로 산을 뚫기도 하고, 운전자의 생각대로 움직이기도 한다는 것입니다. 그렇지만 철저하게 법도를 지키는 세계이기 때문에 교통사고는 없다고 설명합니다.

그러면서 영계의 지옥에 대해서도 설명합니다. 나체로 서 있는 여자를 두고 서로 자기 것이라고 하면서 싸운다거나 나막신을 신은 일본 여성이 넘어지자 그 신발을 감추면서 다툼이 벌어지는 장면도 소개했습니다. 그리고 손가락을 다친 노인이 음식을 잡지 못하자 주위의 젊은이가 그릇까지 가져가서 먹는 등 지옥은 부끄러워하는 모습을 찾아볼 수 없고 악으로 절어 있다고 설명했습니다.

이 선생은 일주일 뒤에 다시 찾아와 천국과 지옥에 관해 더욱 구체적으로 설명합니다. 지상세계에서 아침에 일어나서 저녁에 잠을 자는 것처럼 영계에서도 잠을 자고 일어나기도 합니다. 그러나 아침저녁은 생각에 따라 바뀐다는 것입니다. 그리고 천국에서는 생각과 동시에 행동이 일어나는 특징이 있습니다. 예를 들어 '내가 오늘 무슨 고기에 무엇을 먹고 싶다.'라고 생각하면 즉시 성찬이 차려져 있습니다. 오늘 누구와 함께 어느 곳에 가봐야겠다고 생각하면 그곳에 가 있습니다.

그리고 '지상에서 눈먼 사람과 눈 밝은 사람이 다 같이 천국에 와 있다면 지금 상태는 어떨까?'라고 생각하고 있는데, 벌써 꼬마 장님과 눈이 성한 할아버지가 눈앞에 나타나 "하늘나라에는 장님이란 표현도 없을뿐더러 안 보이는 것도 없습니다."라고 말하는 것입니다. 그리고 할아버지는 눈으로 볼 수 있는 것과 마음으로 볼 수 있는 것이 있다고 하면서 "마음으로 보는 것은 현재 나타나지 않지만, 마음을 읽으니까 눈으로 보는 것보다 더 밝게 보입니다."라고 덧붙였습니다.

이 선생이 지상에 보내오는 메시지는 상당히 구체적이고 기존의 증언들을 뛰어넘는 부분이 많습니다. 그리고 영계의 실상을 알고 나서 지상인을 생각하며 안타까워 어쩔 줄 모르는 심경이 담겨 있습니다. 누구도 피할 수 없는 영계의 길, 천도와 천법에 걸리지 않고 무사히 통과해 모두 하나님께 바로 올 수 있기를 간절히 당부하는 것입니다. 그는 "영계 법에 한번 걸리면 쉽게 풀 수 없으며, 이곳 영원의 나라에 와서 또 고생하게 된다."라면서 "영원의 삶을 위해 순간의 고생을 피해가지 말아 달라"고 부탁했습니다.

2. 분석할 수 없는 하나님

무형으로 계시는 하나님은 인간의 감각으로는 체험하기 어렵습니다. 만일 누군가가 하나님이 계신다는 증거를 대라고 하면 아무리 독실한 기독교 신자라 하더라도 주저하지 않을 수 없습니다. 각자 개성이 다르듯이 하나님을 느끼는 모습, 하나님에 대한 체험이 각기 다르다 보니 어느 누구도 하나님의 형상을 정확히 그려낸다고 볼 수는 없습니다. 어떤 사람은 눈부신 광채로 느끼고, 어떤 사람은 인자한 부모처럼 묘사하듯이 하나님은 여러 모습으로 나타나게 되는 것입니다.

기독교는 하나님을 신앙의 대상으로 삼고 있습니다. 물론 다른 종교에서도 하나님과 같은 근원적 존재를 상정하고 있습니다. 궁극적 실재가 하나님일 수도 있고, 브라흐만, 진여(眞如)일 수도 있지만, 인간이 궁극적으로 추구하는 것은 다를 수 없습니다. 특히 기독교에서 말하는 예수와 같이 '완전한 인간'이나 불교의 '참나(眞我)'는 서로 통하게 되며, 종국에는 궁극적 실재 절대자와 만날 수 있다는 것입니다.

이상헌 선생에게 나타난 하나님

인간이 하나님의 존재를 체험할 수 있는 방법은 크게 네 가지로 나눠볼 수 있습니다. 첫째는 성경 말씀을 통한 체험입니다. 성경에 몰두하다 보면 홀연히 그것이 하나님의 말씀으로 들려오는 체험을 할 때가 있습니다.

둘째는 삶의 현장에서 하나님의 사랑을 깨달을 때가 있습니다. 이럴 때 하나님의 사랑을 느끼면서 새롭게 살도록 격려받고, 변화시켜줍니다.

셋째는 하나님의 영, 곧 성령을 체험하는 것입니다. 성경에 "하나님은 영이시다. 그러므로 하나님께 예배를 드리는 사람은 영과 진리로 예배를 드려야 한다."(요한복음 4장 24절)라고 한 것처럼 성령을 통해 하나님의 권능을 체험하는 것입니다.

넷째, 예수를 통한 체험입니다. 예수를 영접했다는 뜻은 그의 가르침과 그의 삶을 따라 살겠다는 구체적인 각오와 노력을 의미합니다. 성육신과 같이 하나님이 예수 그리스도를 통해 자신을 보여주셨기 때문에 예수를 통해 하나님을 체휼할 수 있다는 것입니다.

기독교에서 말하는 성령 체험도 개인의 성향이나 믿음의 정도에 따라 그 강도가 다르기 때문에 하나님에 대한 직접적 체험을 말한다는 것은 거의 불가능한 측면이 있습니다. 하나님에 대한 체험은 대부분 자신의 기도나 열정적 신앙에 따라오는 감동적 수준에 머무른다는 것입니다.

영계도 지상세계와 다를 바가 없기 때문에 고정관념을 떨치지 못하면 하나님을 쉽게 체험할 수 없다는 증언도 있습니다. 그러나 하나님의 성전으로 창조된 인간이 하나님을 받아들일 수 있는 터전이 갖춰지고 하나님 중심권이 형성된다면, 하나님은 어느 곳에서나 체험할 수 있게 된다고 볼 수 있습니다. 그래서 인간이 하나님을 체험하기 위해서는 하나님이 함께하실 수 있는 터전을 갖춰야 합니다. 다시 말하면 하나님과 코드를 맞춰야 하나님의 사랑을 체휼할 수 있다는 것입니다.

영계에서는 하나님이 어떤 모습으로 나타나실까요? 영계 체험자들은 지상세계나 영계나 다를 바가 없다고 합니다. 인간이 영계에 가더라도 지상에서 형성된 사고방식을 오랫동안 바꾸지 않고 그대로 살아가기 때문입니다. 따라서 하나님은 영인에게도 그 영급에 따라 여러 모습으로 나타난다는 것입니다.

영계 체험자들의 의견을 종합하면 하나님은 빛으로 나타난다는 사실입니다. 이상헌 선생이 영계에서 첫 번째 전한 하나님에 대한 증언도 그렇습니다. 그는 타개한 지 1주일 만에 추도예배에서 가족에게 나타나 김영순 여사를 통해 영계 소식을 전합니다.

이 선생은 "지상의 삶은 아무것도 아니었구나. 아무것도 아니었구나. 아무것도 아닌데…. 하나님, 하나님!"이라고 하면서 영계에 대해서는 "너무 방대하여 표현할 수 있는 방법, 표현 능력이 이 아버지에게는 없다. 하나님은 보이지 않지. 여기 이 나라에서도 하나님은 안 보여. 그러나 저 태양의 광채보다 더 밝은 이 찬란한 빛, 황홀한 빛은 인간의 두뇌, 지성, 이성으로는 표현할 방법이 없다."라고 강조합니다.

그러고 나서 "그 밝은 광채 속에서 적나라한 나의 삶이 하나님 앞에 그대로 나타나니…. 마치 아기가 엄마의 젖꼭지를 물고 엄마와 함께하고 있다는 안도감, 평안함, 행복감이랄까. 이 속에서는 대장장이가 대장간에 쇠를 녹여 내는 것 같은… 사랑의 용광로라 하면 표현이 될까?"라고 덧붙였습니다. 이 선생은 또 "오, 하나님! 어찌 이 세계가 우리 앞에 있었는지요. 감당할 길 없는 그윽한 향취, 어디에서부터 흘러나온 것인지 알 수 없는 아름다운 멜로디…."라면서 감탄합니다.

하나님에 대한 이러한 증언은 그동안 영적 체험을 한 사람들의 주장과 맥을 같이하지만, 다른 체험자들보다 실감 나게 표현하고 있습니다. 지상에서 느끼는 영적 체험과는 달리 인간의 사고를 뛰어넘고, 그 내용도 구체적입니다.

이 선생의 메시지 가운데 주목할 부분은 하나님의 모습을 구체적으로 알려주고 있다는 점입니다. 우리 인간이 도저히 느낄 수 없는 부분까지 감지해 하나님의 실상을 자세히 설명하고 있습니다.

각양각색으로 나타나는 하나님

이상헌 선생은 하나님으로부터 "여기저기 이모저모를 잘 연구하라."라는 명을 받고 자신이 머무르고 있는 곳보다 먼 곳까지 가서 자연 현상과 실상을 살펴보게 됩니다. 그런데 그 모습이 너무 신기해 "하나님! 정말 신기하고 아름답습니다. 이 모든 것을 하나님께서 직접 창조하신 것입니까? 우리 인간에게 너무 위대하고 놀라운 축복입니다."라고 기도를 올리고자 하는 순간이었습니다. 하나님은 바로 그때 불꽃의 형체로 나타나 이 선생의 전신을 휘감으며, "상헌아! 그렇게도 기쁘냐."라고 하며 부르셨습니다.

하나님은 동일한 장소에서 동일한 음성으로 부를지라도 누구나 그 음성을 한결같이 들을 수 있는 것도 아닙니다. 사람마다 그 음성이 다르게 느껴진다는 것입니다. 휘황찬란한 광채 속에서 어떤 때에는 엄격한 위엄의 실체로 나타나고, 어떤 때에는 전신이 녹아버릴 것 같은 사랑으로, 어떤 때에는 나긋나긋하고 부드러운 음성의 주인공으로도 나타납니다.

때로는 고요하고 은은한 불빛, 잠잠한 모습으로도 현현합니다. 또 때로는 아름다운 불빛이 사르르 사라지면서 불꽃 파도로 나타나고, 그것은 다시 파노라마로 펼쳐지다가 각양각색의 청아한 노랫소리로 드러내기도 합니다. 그러한 경우 그 불꽃 속에 있는 사람은 지상생활에서는 도저히 볼 수도 없고 표현할 수도 없는 황홀하고 청아한 자태로 변신하고 맙니다.

이와 같이 하나님은 각양각색으로 나타나시니 온 천지에는 하나님의 형상과 모습으로 충만합니다. 이러한 하나님의 모습을 지성으로는 도저히 표현할 수 없다는 것이 이 선생의 고백입니다. 하나님은 우리가 찬란한 빛을 잡을 수 없는 것같이 만질 수도, 잡을 수도, 카메라에 담을 수도 없다는 것입니다. 따라서 하나님을 두뇌로 판단할 수 있다고 생각한다면 그는 세상에서 가장 어리석은 자가 될 것이요, 하나님을 보았다고 한다면 그는 대단히 교만한 자가 될 것이라고 말합니다.

특별히 유의해야 할 것은, 하나님이 우리 인간에게 찾아올 때는 개개인에게 동일한 모습으로 현현하지 않는다는 것입니다. 하나님이 휘황찬란한 빛으로 나타난다고 해도 어떤 사람에게는 따뜻하게, 어떤 사람에게는 온화하게, 어떤 사람에게는 상냥하게, 어떤 사람에게는 정답게, 어떤 사람에게는 화려하게 보인다는 것입니다. 하나님은 인간의 지성으로 규명될 수 있는 분이 아니고, 인간의 이성과 이론으로 판단할 수 있는 분도 아닙니다. 천지만물에 편재하면서도 모든 것을 초월해 존재하는 대우주의 주인입니다.

이 선생은 하나님의 사랑에 대해서도 새로운 발견을 합니다. 지상세계에서 경험할 수 없는 놀라운 사랑입니다. 사랑이란 단어가 얼마나 엄청난 것인가를 터득했다고 합니다.

"하나님의 사랑이란 방대하게 널려 있었다. 경험한 것을 적어 보면 '상헌아!' 부르시는 그 소리에 모든 것이 녹아내릴 것 같은 사랑의 감정을 느끼는 것이다. 어떤 흉악범도 용서할 수밖에 없는 감성을 갖게 하는 것이며, 사랑의 체취나 향내가 모든 것을 다 잊어버리게 할 것 같은 평안함, 포근함, 안도감의 음성을 느끼는 것이다. 한마디로 사랑이라는 단어 자체가 어울리지 않는다. 좀 더 좋은, 더 부드러운 글귀가 없을까 하는 느낌을 갖게 하는 것이다. 걸음을 걸을 때, 말을 할 때, 옷을 입을 때 사랑이란 그 단어가 못마땅해서 생각하고 또 생각하고, 사랑보다 더 진하고 아름답게 표현할 글귀가 없을까 생각하니 하나님이 말씀하시기를 '상헌아! 그것이 사랑이다.' 라고 하신다. 사랑 하나만 그 뜻을 완벽하게 안다면 지상에는 싸움도 고난도 없을 텐데…. 사랑이란 글귀는 완벽해서 해석하는 이가 없더라. 이것이 사랑이다."

계층별로 나타나는 하나님

하나님은 계층에 따라 다른 모습으로 나타납니다. 상층 영계는 하나님의 자유스러운 활동무대라고 할 수 있습니다. 그곳 사람들은 하나님의 광채 속에서 서로 소통할 수 있기 때문에 포근한 사랑을 느끼며 삽니다. 마치 잔칫날 엄마 앞에서 아기가 마음껏 재롱을 부리듯이 하나님도 마음 놓고 당신의 뜻대로 표현하시는 것입니다. 환경에 따라 찬란한 광채로, 화려한 빛깔로, 아름다운 무지개로, 반짝이는 별빛으로, 크고 웅장한 불덩어리로, 때로는 넓고 고요하고 잔잔한 호수로 나타납니다. 그래서 이곳에서 생활하는 사람들은 항상 기쁘고 행복합니다. 하나님의 편안한 안식처요 보금자리라고 할 수 있습니다.

상층에서 그렇게도 다양하게 당신의 모습을 마음 놓고 나타내는 하나님도 중간영계에서는 마치 자식 집에 찾아가서 "내가 어디에 앉을까? 여기에 앉아도 될까?"라고 하는 초조하고 긴장하는 모습을 감추지 못합니다. 하나님의 모습은 마치 빛을 발산하지 못하고 어둠 속에서 다만 불만 뿜어내는 대장간과 같다는 것입니다. 연기 속의 불빛처럼, 구름에 가린 햇빛처럼 하나님은 침울한 모습으로 여기저기를 두둥실 떠다닙니다. 그러다가 완전히 사라지기도 하고, 다시 밝은 빛으로 모습을 드러내기도 합니다. 하나님은 이곳에서 당신 자녀들을 껴안아보려고 가슴을 크게 열어놓은 채 기다리고 있습니다. 모든 자녀가 다 함께 당신의 보금자리에서 살기를 바라면서 자녀를 기다리고 또 기다리고 있다는 것입니다.

하나님의 사랑은 상층과 중층, 그리고 하층 어느 곳에서나 한결같습니다. 그러나 그 어느 곳보다 하나님의 가슴을 에고 쓰리게 하는 것은 하층의 자녀들입니다. 하나님은 당신의 사랑을 전혀 분간할 줄 모르는 무지한 자녀들에게 수없이 사랑의 끈을 던져주지만, 그들은 그 사랑을 조금도 헤아릴 줄 모른다는 것입니다.

이곳은 한마디로 칠흑 같은 흑암의 세계입니다. 하나님은 당신의 모습이 시커먼 먹구름 속에 가려질지라도 자녀들이 보고 싶어 이곳을 찾아오는 것입니다. 이 선생은 하나님이 하층 영계를 수없이 찾아가는 것을 확실히 목격했고, 지금도 그 모습을 진지하게 주시하고 있다고 말합니다.

하나님은 인간의 이성으로는 규명할 수 없는 분입니다. 그래서 이 선생은 "오! 나의 하나님, 당신은 과연 창조주요, 유일무이한 하나님입니다. 그리고 당신은 인간의 분석 대상이 결코 아닙니다."라는 결론을 내렸다는 것입니다.

또 마음속에 근거 없이 떠오르는 하나님에 관한 궁금증을 완전히 지워버리기로 했다고 토로합니다. 그리고 누군가 어떤 형용사를 붙여 하나님을 설명한다면 그는 자신의 무식함을 스스로 입증하는 결과를 초래할 것이라고 강조합니다.

3. 하나님과 성인, 세계 지도자들의 증언

지상인들은 영계에서 어떤 일이 일어나는지를 알 수 없습니다. 그리고 하나님을 어떻게 만날 수 있으며, 이 땅에 살다가 영계에 간 성인들, 세계 지도자들의 동정도 알 길이 없습니다. 그러나 이상헌 선생은 2001년 1월 13일 문선명 선생 주관으로 '하나님왕권즉위식'을 거행한 이후 영계에서 지도급 인사들을 대상으로 통일원리 특별세미나를 개최하고 소감을 보내왔습니다.

그리고 하나님도 선생에게 감사의 메시지를 전달했습니다. 하나님왕권즉위식을 통해 하나님의 한을 풀어드리고, 만왕의 왕으로 즉위시켜 드린 것은 물론, 인간의 타락으로 사탄으로부터 포위된 것과 다름없는 상황에서 해방시켜 드린 것에 대해 감사의 뜻을 전한 메시지였습니다.

문선명 선생에 대한 감사 메시지

이상헌 선생은 하나님왕권즉위식을 거행한 이후 3년에 걸쳐 성인과 아우구스티누스, 불교 유교 이슬람교 힌두교 등 영계 5대 종단 대표 각 12인, 공산권 대표 12명, 그리고 역대 미국 대통령 5명을 대상으로 통일원리 세미나를 개최하고 그 보고서 190편을 보내왔습니다.

문선명 선생은 세계를 순회하며 선포한 평화메시지와 부록으로 190편의 통일원리 세미나 보고서를 합본하여 《평화훈경(平和訓經)》을 발간하고, 평화이상세계 실현을 위해 온 인류의 생애 지표로 삼으라고 당부했습니다. 그 후 2008년 7월 26일에는 '하나님의 뜻으로 본 환태평양 시대 Ⅱ'와 '참평화세계와 참부모유엔세계의 안착' 등 2개의 강연문을 추가하여 《평화신경(平和神經)》으로 개명했습니다.

여기에는 무엇보다 하나님이 선생에게 감사하는 메시지가 담겨 있습니다. 하나님은 "기독교와 기타 종단이 결의문을 채택하고, 참부모를 모시고 갈 것을 만장일치로 결의하고 선포했으므로 참부모는 인류의 참부모 자리에 등극함이 마땅하니 그 뜻을 이루기를 만군의 여호와는 바라노라."라고 하면서 승리의 기준을 세운 선생을 '참부모'의 자리에 추대한다고 밝히셨습니다.

"나는 만군의 여호와라, 나는 만군의 여호와라, 나는 만군의 여호와라! 내 사랑하는 자식아, 내 사랑하는 자식아, 내 사랑하는 자식아!

나 만군의 여호와는 참부모를 사랑하노라, 지극히 사랑하노라, 지극히 아끼노라! 무엇으로 자식의 고마움과 위로의 말씀을 할 수 있으리오. 사랑한다는 말보다 더 좋은 말이 있다면 그 술어를 빌리고 싶지만 생각나지 않는구나!

참부모는 내 심중 깊은 곳에 자리 잡고 있지만 그 사랑은 표현이 안 되오. 참부모는 이제 모든 것에 승리하고 모든 것 궤도에 올렸으니 이제 인류의 구세주요, 메시아요. 그 자리가 곧 왕의 자리가 아니겠는가!

기독교와 기타 종단이 결의문을 채택하고 참부모를 모시고 갈 것을 만장일치로 결의하고 선포했으므로 참부모는 인류의 참부모 자리에 등극함이 마땅하니 그 뜻을 이루기를 만군의 여호와는 바라노라, 원하노라! 물론 뭇 세인들이 이해 못 할지라도 내적 자리는 채워야 할 것이므로 만군의 여호와는 사랑하는 참부모를 왕의 자리에 추대하오!

그 숱한 옥고의 자리, 수난의 자리, 만군의 여호와를 대신하여 다 치러주었으니, 만군의 여호와 심정은 감사와 감격과 흥분과 고마움을 이제 참부모께 모든 것 다 물려주고 싶소. 다 상속하고 싶소!

내 사랑하는 참부모! 하나님은 많은 날을 마음으로 하소연하였지만, 수 없는 날 속에 이 기회를 만날 수가 없었소! 이제 만군의 여호와 심정을 헤아려 주었소. 그러기에 이 소중하고 이 귀한 시간을 내가 사랑하는 참부모에게 감사한 마음을 전하고자 하는 바이오.

참부모, 내 사랑하는 참부모! 나의 품속에 품고 안고 놓고 싶지 않은 참부모! 두 발로 바닥을 걷는 것이 아깝고 안쓰럽소! 밤이 새도록 붙들고 하소연하고 싶소! 만군의 여호와는 믿어요. 참부모를 믿어요. 그간의 가슴 아픈 사연, 뼈저리게 겪어온 고난과 서러움들….

여호와는 아노라, 기억하노라, 다 보았노라! 모두가 다 하나님의 죄인 것을. 참부모가 참아내고 승리의 기준을 세웠으니, 어찌 만군의 여호와가 참부모를 잊으리오. 고맙소. 감사하오. 정말 수고했소! 내 사랑하는 참부모 만세! 인류의 구세주 만세! 만왕의 왕, 참부모 만세! 만군의 여호와가 내 사랑하는 참부모에게 간절히 전하노라." (2001.12.28)

성인과 각계 지도자들의 소감

4대 성인과 아우구스티누스가 통일원리 세미나에 참석한 후에 소감을 보내왔고(2001.4.4.10), 영계 5대 종단 대표 결의문(2001.12.25)도 전달됐습니다. 그리고 각 종단 대표 12명도 통일원리 세미나에 참석한 뒤 소감문을 발표했습니다. 예수는 "오늘날 메시아 사명을 완수하기 위하여 다시 오신 분은 문선명 선생님이시다."라면서 다음과 같이 종교인들에게 당부했습니다.

"여러 기독교인이여, 불교인이여, 그리고 여러 종교인이여! 예수, 석가, 공자, 무함마드 등 4대 성인과 소크라테스, 성 아우구스티누스 등 성현들, 그리고 그 외 종교 지도자들이 여러 차례 세미나를 했으며 지금도 하고 있다. 세미나의 주제는 '하나님은 인류의 부모'이며, 지상에 강림하신 문선명 선생께서 밝혀 놓으신 《원리강론》을 놓고 분석하며 토론하고 있다.

그것은 하나님께서 우리에게 내려주신 숙제이기도 하며, 지상의 문선명 선생님의 활동을 샅샅이 관여하고 관찰하시며, 우리에게 인류 해방을 위해서는 이곳 종단 대표들이 먼저 하나되어 지상을 협조하라고 명령하시기 때문이다.

우리(4대 성인)에겐 종파의 장벽이 없다. 우리 모두는 하나되어 지상에 현현하신 성약시대의 메시아를 통하여 인류를 하나님의 자녀로 거듭나게 함으로써 하나님을 중심한 하나의 세계가 이루어지길 기도하고 발표하며 담소하고 있다. 지상에서 흔히 볼 수 있는 종교인들의 대립과 갈등은 이곳에서는 모두 해소되었다. 그렇게 되기까지 상당한 시간이 흘렀다. 인간의 창조주는 오직 하나님뿐이라는 궁극적 진리를 밝히는 데 그만한 시간이 요구되었기 때문이다. 지상에서도 모든 종교의 장벽이 무너져야 인류의 평화가 실현될 것이다."

다음은 기독교 대표 12인 가운데 마르틴 루터는 "하늘의 천비를 이처럼 논리 정연하게 밝혀주시니 감사합니다. 이제 비로소 인간의 구제 길이 열렸다는 확신을 갖게 됩니다."라면서 다음과 같이 소감을 밝혔습니다.

"통일원리는 모든 사상과 종교적 가르침을 수용할 수 있는 절대 진리입니다. 이처럼 체계적으로 이루어진 통일원리가 루터 당시에 나타났다면 종교개혁이란 것이 필요하지 않았을 것입니다. 그리고 수많은 생명도 희생되지 않았을 것입니다. 종교인들이 통일원리만 알게 되면 종교의 장벽, 인종의 장벽, 사상의 장벽이 모두 무너질 것입니다. 그런데 왜 이러한 진리가 이제야 인류에게 주어졌는지…. 수많은 분쟁과 마찰 등으로 병들어 간 인류를 회고해볼 때 안타깝기만 합니다."

공산권 대표 12명도 영계에서 메시지를 보내왔습니다. 그들은 지상 생애 동안 하나님을 부정하고 영적으로 어두운 생활을 한 것에 대해 깊이 회개했습니다. 지상에 있는 무신론자나 공산주의 신봉자들이 그릇된 사상에서 벗어나서 하나님을 섬기는 자녀가 되어 진정으로 행복한 생활을 하다가 승리자의 모습으로 영계에 올 것을 간절히 호소하고 있습니다. 특히 카를 마르크스는 "이상헌 선생의 하나님주의 강의를 차근히 들을 때 나는 나의 사상적 패러다임이 서서히 무너지기 시작함을 실감하였다."라면서 다음과 같이 소회를 피력했습니다.

"천상천하의 사상가들이여! 나 마르크스는 하나님을 만났습니다. 하나님은 우리 인류의 부모였습니다. 너무도 엄청난 하나님의 사랑을 느꼈습니다. 마르크스는 여러분에게 전합니다. 하나님은 누구이신가? 하나님은 인류의 참부모님이십니다. 이것을 지상에 계시는 문선명 선생님이 밝히셨습니다. 통일원리와 통일사상은 온 인류에게 구제의 길을 열어준 천리원칙이니 여러분은 이것을 반드시 읽어보아야 합니다."

미국 대통령 대표 5명도 영계 메시지를 보내왔습니다. 그들은 결의문을 채택하고 선언식을 하면서 선생을 증거하는 데 앞장설 것을 다짐했고, 하루속히 세계 인류가 하나님을 부모로 섬기는 인류 대가족 이상세계를 창건해 줄 것을 부탁했습니다.

4. 지상인에 대한 당부

영계는 과연 어떤 곳일까요? 하나님은 인간을 지으실 때 육체를 가지고 사는 유형세계와 영혼이 사는 무형세계를 창조했습니다. 그리고 유·무형 두 실체세계는 몸·마음과 같이 분리할 수 없는 관계를 맺게 했습니다. 그런데 대부분의 인간은 지상에서 살 때 무형세계의 본질적 가치를 실감하지 못하기 때문에 유형세계에만 집착함으로써 하나님의 영원한 세계에서의 삶을 준비하지 못합니다. 그러다가 예기치 않게 다른 세계를 접할 때는 이미 육신을 벗은 상태이므로 자신의 잘못된 삶을 정리할 기회를 놓치고 맙니다. 그러한 인간은 무형세계에서도 어려움을 겪으며 살게 되는 것입니다.

인간이 이렇게 된 것은 하나님과 인간의 관계가 단절됐기 때문입니다. 이것이 역사적 비운입니다. 인간은 지상생활을 통해 영혼을 온전히 성숙시킨 뒤 무형세계에서 하나님과 더불어 영원히 살게 돼 있습니다. 그러나 타락으로 말미암아 인간은 하나님과 상관없는 세계에 떨어지게 된 것입니다. 하나님과 인간이 영원히 함께 사는 보금자리요, 기쁨의 자리요, 평화와 행복과 소망과 광명의 세계인 본연의 무형세계가 복귀되는 날을 하나님은 고대하시는 것입니다. 무형세계가 창조 본연의 모습으 복귀되기 위해서는 지상인들이 먼저 지상세계의 삶을 철저하게 정리하고 영원한 삶을 위해 준비해야 합니다. 이것이 이상헌 선생이 보는 영계론의 골자입니다.

무형세계는 어떤 곳이냐?

　상층 무형세계는 하나님의 생각과 인간의 생각이 같은 흐름 속에서 움직입니다. 그러므로 항상 평화와 행복이 충만합니다. 하나님과 인간은 부자관계이기 때문에 부모인 하나님이 원하는 것을 자녀인 인간에게 직접 말하지 않아도 서로 느끼며 생활할 수 있도록 돼 있습니다. 이곳에서는 불평과 불만, 갈등과 투쟁 등이 전혀 일어나지 않습니다. 항상 하나님의 빛 속에서, 하나님의 품속에서 저마다 마음이 풍성하고 여유롭고 평안하기 때문에 개인적인 욕심이 일어나지 않습니다. 하나님과 인간이 영원한 행복과 평화를 맛보며 함께 살도록 지은 곳입니다.

　하나님이 원했던 본연의 무형세계는 상층 하나이지만 지상에서 살아온 인간의 삶 때문에 무형세계에는 여러 층이 생겨났습니다. 중층 무형세계는 하나님의 사랑과 사정을 체휼하기 어려우며, 인간끼리도 심정과 사정이 잘 통하지 않습니다. 지상생활처럼 여러 유형의 삶의 공동체가 모여 있으며, 무형세계 본연의 모습을 교육하며 깨우쳐줍니다. 이곳에서 상층의 실상을 철저하게 교육한다 하더라도 하나님의 광채는 나타나는 빈도가 적고 광도가 약하기 때문에 하나님과 인간, 인간과 인간 사이 사랑은 물론, 각기 사정의 흐름은 상층의 그것과는 확연한 차이가 있습니다.

　"하나님이 누구인가? 하나님은 계시는가? 하나님은 보이지도 않는다. 하나님과 내가 무슨 상관이 있는가? 하나님이 계신다면 우릴 이런 곳에 가둬 놓지 않을 것이다."

이러한 삶의 넋두리가 끊임없이 흘러나오는 곳이 하층 무형세계입니다. 부모인 하나님이 자식을 찾아가도 자식이 그 부모를 몰라볼 뿐만 아니라, 부자관계가 완전히 망가지고 끊어져버린 세계입니다.

이 선생은 영계에 대해 천국과 지옥으로도 설명합니다. 천국은 보석보다 더 밝은 광채가 항상 주위에 있는데, 그 광채 때문에 서로의 어려움을 가릴 수 없고, 서로가 눈으로 마음으로 사정을 다 알게 된다는 것입니다. 그리고 마음이 화평할 수밖에 없는 곳, 어려움이 없고 불편함도 없고 배고픔도 없는 곳, 인간의 표현으로는 다 형용할 수 없는 곳입니다.

이와 달리, 지옥은 배고프고 고달프며 시기와 질투, 불평이 너무 많은 곳입니다. 항상 고달프니까 싸울 수밖에 없습니다. 천국은 마음대로 다닐 수 있는 자유가 있지만, 지옥은 자기 뜻대로 되는 것이 하나도 없습니다. 마음대로 안 되니까 남의 것을 빼앗고 훔쳐 먹는다는 것입니다.

이 선생은 천국과 지옥의 개념을 다음과 같이 정리합니다.

"천국이란 사랑으로 한 덩어리가 된 채 어울려 살아가니까 온갖 근심 걱정이 있을 수 없는 곳이다. 지옥이란 사랑을 다 까먹고서는 그것이 무엇인지도 알지 못한 채 살아가니까 싸움과 근심 걱정, 불평불만의 테두리에서 맴돌고 있더라. 요약하면 천국은 사랑의 지성소요, 지옥은 사랑을 등진 곳이다. 쉽게 말하면 천국은 사랑밖에 없고 지옥은 사랑이란 글귀가 싹도 트지 않은 곳이다. 그러므로 지옥 해방은 사랑의 싹을 틔워 사랑의 열매를 맺어야 가능하다."

영원한 세계를 위해 준비하라

결국 하층 무형세계, 즉 지옥에 오지 않는 방법은 지상의 바른 삶뿐입니다. 이 선생은 "언젠가 여러분은 그 어느 누구도 예외 없이 이곳 영계로 와야 할 것이다. 이곳에서 하나님 앞에 항상 떳떳한 모습으로 생활할 수 있는 참 자녀의 위상을 지니고 있는지를 매일매일 점검해 나가자."라고 당부합니다.

그리고 지상생활의 마지막 길은 인생 황혼기에만 맞이하는 것이 아닙니다. 전혀 예기치 않고 어떤 준비도 없이 갑자기 이곳에 올 수도 있으므로 항상 자신의 모습을 점검하자는 것입니다.

이 선생은 우리가 아무런 준비 없이 갑자기 영계를 왔을 때, 영원한 세계에 지낼 처소가 한 치도 마련돼 있지 않다면 어떻게 할 것인가 반문합니다. 결국 유리방황할 수밖에 없다는 것입니다. 영원한 세계에서 자기 처소 없이 떠도는 영혼은 지상생활의 걸인과 같다고 합니다. 지상생활에서 무질서하고 비원리적으로 살아온 영혼은 영원한 세계에서 한 치의 처소도 허용되지 않는다는 것입니다.

영계는 보이지 않지만 영원한 세계입니다. 그 영계는 우리와 관계없는 곳이 아니고 우리 모두가 함께 살아야 할 종착지라는 점을 명심하라고 이 선생은 권고합니다. 그리고 자신의 마지막 처소가 어느 곳에 마련돼 있는지 하나님께 매일매일 보고하며 살아야 한다고 말합니다.

인간은 영과 육을 가지고 세상에 태어났습니다. 그래서 두 세계의 주인공은 바로 우리 인간입니다. 그렇게 창조된 이유는 지상생활은 육신을 성장시키기 위함이고, 그와 더불어 사는 속사람은 영적 세계에서 살아가도록 성숙시키기 위함입니다. 그래야만 인간의 완전한 삶이 실현되는 것입니다.

그런데 대부분의 인간은 그것을 깨닫지 못하고 지상에서 육신의 성장만을 위해 살고 있습니다. 그러니 속사람은 당연히 가야 할 길도, 머무를 처소도 모르기 때문에 육신 생활이 끝나면 어쩔 수 없이 당황하거나 방황할 수밖에 없습니다. 속사람이 그것을 깨닫게 될 때는 이미 늦은 것입니다. 육신 생활의 궁극적 목적은 속사람이 살아야 할 영원한 세계를 준비하는 데 있습니다.

가을에 겨우살이를 준비하지 않으면 추운 겨울에 추위에 떨며 배를 곯게 마련입니다. 따뜻한 겨울을 지내기 위해 가을에 땀 흘려 일하지 않으면 안 됩니다. 그러지 않으면 겨울에 고생하게 마련입니다. 이 선생은 "속사람이 성숙되지 않았는데 어떻게 영혼의 안식처가 결정되겠는가."라고 반문하며 영혼이 영원히 안식할 처소를 마련하기 위해 지상생활에서 항상 준비하면서 살아갈 것을 권고합니다. 그리고 마지막 종착지에서 낙오자가 되지 않기를 간절히 바란다고 말합니다.

5. 영인과 지상인은 어떻게 다른가?

영계의 모습은 너무 방대하여 필설로 표현하기란 도저히 불가능합니다. 그래서 장님이 코끼리 만지듯이 영계의 일부를 보고 전체인 양 이야기하는 사람도 많습니다. 자신이 하나님을 만나 계시를 받았다느니 영계를 체험했다느니 하면서 특별한 사명자처럼 행세하는 사람도 있습니다. 이러한 상황에서 이상헌 선생의 영계보고서는 지상인이 내세우는 영계 체험과는 상당히 다른 점이 많습니다. 그 내용이 방대할 뿐만 아니라 상당히 구체적이고 실감나게 증언하고 있습니다.

이 선생은 지상에서 올바로 살아갈 것을 강조합니다. 지상의 삶이 대단히 중요하다는 것입니다. 항상 영원한 세계에 초점을 맞춰 생활하라고 합니다. 어차피 영계는 누구나 피할 수 없이 오게 되는 세계인 만큼 지상의 한순간을 잘못 사는 어리석은 사람이 되지 않기를 바란다면서 영원을 위해 잘 살아야 한다고 강조합니다.

또 영인들은 지상인의 협조 없이는 자기 위치에서 벗어날 수 없다고 합니다. 영인들은 지상에 있을 때 자기 삶의 기준을 가지고 영계에서 영원히 살기 때문에 지상생활이 중요할 뿐만 아니라 후손이 기도를 해주거나 탕감조건을 세워줄 때 영급을 높여 더 좋은 곳으로 갈 수 있다는 것입니다.

천국의 관문, 지상의 삶으로 판단

이상헌 선생은 영계 법이 대단히 엄격하다고 말합니다. 검열이 컴퓨터처럼 정밀하고 까다롭다는 것입니다. 천국은 자기가 살아온 삶의 열매를 거두어들이는 창고나 다름없습니다. 이곳에서는 상금을 얼마만큼 받을 수 있는 보따리가 되느냐는 중량감을 달아본다고 합니다. 즉 선과 악의 무게를 비교하는 것입니다. 지상에서의 삶이 누구를 위한 것이었느냐는 것입니다. 하나님을 위한 삶이었는가, 아니면 나 개인을 위한 삶이었는가, 지상에서 무엇을 남기고 왔는가 하는 것이 문제가 된다고 합니다.

천국에 들어오기까지는 통과할 관문이 많을 뿐만 아니라 세부적으로 검사한다고 합니다. 마치 한강 물이 먹는 물로 식탁에 오르기 위해서는 수없이 걸러지고 소독 처리를 거치는 과정을 거치듯이 천국의 관문도 그렇다는 것입니다. 자석에 끌리듯이 자기 자신이 이리저리 다니며 관문을 통과하게 됩니다. 그런데 자기가 지은 죄 때문에 관문 통과를 거부당할 때면 말로 형용할 수 없을 정도로 괴롭고 불안하고 창피하다는 것입니다. 우리가 지상에서 천국과 낙원, 지옥으로 구분하듯이 그 단계가 단조로운 것이 아니라 다단하다고 합니다. 자기 죄 때문에 통과하지 못하는 계층이 있다면 그곳에서 치러야 할 탕감 기간이 지나야 하나님의 특혜, 후손의 공로, 기도, 헌금, 봉사 등의 조건으로 통과할 수 있다고 합니다.

특히 스웨덴의 영성 신학자 에마누엘 스베덴보리가 주장하는, 천국과 지옥이 아닌 중간영계에 대해서도 새로운 사실을 증언하고 있습니다. 중간영계는 주로 국가나 세계에 대해 공은 세웠지만 하나님 섬기기를 멀리하고 종교에 대해 관심이 없던 사람, 지상 공동체에서 수고와 공적은 있으나 신앙과 관계없는 사람이 모이는 곳이라고 합니다. 이곳은 천국 같다거나 지옥과 같은 그런 곳은 아니며 지상생활과 비슷해 주방에 밥을 짓는 사람, 그릇을 씻는 사람, 음식을 장만하는 사람이 있는 것처럼 다 같이 수고하고 그 수고의 대가를 받고 있는 곳입니다.

또 천국은 밝고 지옥은 불안한 분위기라면 이곳에는 항상 쉬지 않고 열심히 일하는 모습을 볼 수 있습니다. 모두가 열심히 일하면 복을 받고 잘산다고 생각할 뿐, 하나님과 종교에 대해서는 관심이 없다는 것입니다. 그러나 낙원이나 천국에 갈 수 있다는 소망을 가지고 열심히 살아가는 사람들도 있습니다.

후손의 기도가 중요하다

지상생활은 영계에 그대로 기록됩니다. 자서전처럼 기록으로 남게 됩니다. 따라서 영인은 지상생활을 터로 하여 자기 삶의 위치가 결정된다고 이상헌 선생은 강조합니다.

그리고 육신의 생명이 끝난 후 적어도 40일은 지나야 완전한 영인이 된다고 합니다. 40일 동안 지상과 영계를 왕래하면서 자기 처소를 정하게 됩니다. 거기에 하나님은 개입하시지 않습니다. 조상들도 협조는 하지만 100% 협조하지는 못합니다. 마치 바람이 불면 바람결에 움직이듯이 자기 처소는 자기 스스로 찾아갑니다. 영계는 대통령이라든가 혹은 저 말단이라든가 하는 직위나 계층의 차이가 영적 기준을 좌우하는 곳이 아닙니다. 어느 정도 바른 삶을 살았는가 하는 도덕적 기준에 따라 그 사람의 가치를 평가합니다.

신앙을 한 사람과 하지 않은 사람의 차이는 엄청나다고 합니다. 그러나 신앙을 하면서 진실로 선한 사람은 정말 하나님으로부터 혜택을 받을 수 있지만, 신앙을 하면서도 비양심적인 사람은 신앙을 하지 않은 사람과 별 차이가 없다고 합니다. 하나님을 모르는 상태에서 삶을 산 사람은 공통적으로 하나님과 상관없는 처소에 머무르게 됩니다. 신앙을 하지 않은 자는 하나님이 특혜를 베풀 때 신앙한 자보다 늦어진다는 것입니다.

특혜는 지상인의 기도와도 관련이 있습니다. 지상인의 기도와 정성이 있으면 영계에 있는 조상이 허물을 씻는 탕감 기간이 짧아집니다. 영인은 지상에 있는 후손의 기도와 헌금, 봉사 등의 공적을 통해서 감옥 문이 열리면 나올 수 있게 된다는 것입니다. 영계에서 조상이 받는 고충의 기간이 길면 후손은 알게 모르게 자꾸 고장이 난다고 합니다. 조상이 불편하니 후손도 불편할 수밖에 없습니다. 쉽게 말하면 조상이 지은 죄 때문에 후손이 벌을 받게 된다는 것입니다. 반면에 영계에서 편안한 위치에 있는 사람들은 그 후손들도 지상에서 편안하게 산다고 합니다.

지상에서는 돈을 쓰거나 권력의 힘도 빌리지만 영계에서는 그럴 수 없습니다. 바람이 불고 꽃이 피고 새가 우는 것은 누가 명령해서 되는 것이 아니듯이, 영계에서도 본인 스스로 알아서 하게 돼 있다는 것입니다. 그러나 영계의 죄인도 후손들이 정성을 들이면 하나님의 특혜를 받을 수 있다고 합니다.

6. 성인들의 하나님 증거

이 땅에 살다 간 성인들은 하나님을 어떻게 볼까요? 지상에서 하나님을 믿지 않았던 성인들이 영계에 가서는 하나님을 만났을까요? 이상헌 선생은 지상에서 큰 족적을 남긴 성인과 역사적 인물들이 영계에서 어떻게 살고 있는지 관심을 가지고 그들을 만났습니다. 물론 그들에 대한 영계의 평가는 지상에서와 달랐습니다. 지상에서는 공적이나 직위 등을 기준으로 외면적인 평가를 하지만, 영계에서는 선과 악 등 가치적 평가를 한다는 점에서 영계의 삶은 일반적인 척도로는 바라볼 수 없습니다.

즉 지상에서 수많은 사람의 추앙을 받은 사람도 영계에서는 상당히 초라하게 살 수 있다는 것입니다. 따라서 그들의 삶을 들여다보면 지상인이 영계의 삶을 위해 어떻게 살아야 하는가에 대한 교훈을 얻을 수 있습니다.

지상에서의 책임 달성 여부가 중요한 잣대

성인들에게서 눈여겨보아야 할 것은, 그들이 과연 지상에서 책임을 다했느냐가 중요한 평가의 잣대가 되고 있다는 점입니다. 즉 지상에서 소명을 받고 하나님의 뜻을 성사시키기 위해 얼마만큼 정성을 다했느냐가 중요하다는 것입니다.

그리고 지상에 많은 추종자가 있지만, 성인들은 그것을 그리 달가워하지 않는다고 합니다. 예수, 석가, 공자 등 성인들은 종교의 배경이 되고 있지만, 그들은 지상에 머무를 때 종교를 창시하거나 그 많은 추종자를 거느리지 않았습니다. 후대에 종교란 이름으로 추종자들이 모여들었기 때문에 그들로서는 곤혹스러울 수 있다는 것입니다. 그들은 자신의 이름을 내걸고 온갖 이권을 챙기고 전쟁을 벌이는 것을 볼 때 마음이 개운하지만은 않다고 합니다.

예수 그리스도는 낙원에서 천상천하유아독존의 삶, 외로운 삶을 살고 있다고 합니다. 그의 주변에는 기독교인들이 많고, 지상인 중에는 주님 섬기기를 삶의 최고 목표로 삼고 있는 사람들이 많은데 왜 외롭게 계시는가 하는 것입니다.

영계에서는 예수가 사명을 다 완수하지 못했다는 것을 알기 때문에 수많은 기독교인 앞에 외롭고 동정받는 자리에 있다는 것입니다. 이곳은 낙원이란 이름이 붙어 있긴 하지만 천국처럼 그렇게 행복한 자리가 아니며, 수많은 기독교인이 천국문을 바라보며 예수에게 "주님이시여! 당신과 더불어 같이 갑시다."라고 간청한다고 합니다.

그때마다 "나 예수는 주님의 자격으로 와 있는 것이 아니라 하나님 아들의 자격으로 와 있으나 이곳도 나는 행복하오."라고 대답한다고 합니다. 물론 하나님이 예수와 행차하시는 모습을 여러 번 보았지만, 주위의 많은 기독교인은 그것을 알지 못하더라고 이 선생은 증언합니다.

석가모니는 높은 산기슭에 홀로 앉아 긴 한숨의 나날을 보내고 있습니다. 이 선생이 "왜 그리 한숨과 근심이 많습니까?"라고 여쭤봤더니 "당신은 나를 만나러 온 것이 아니고 나를 분석하러 온 분이 아니오? 하나님의 사랑 속에 사는 사람이 왜 내가 이렇게 한숨 속에 사는지 몰라서 물으시오?"라고 말하더라는 것입니다.

그리고 "지상에 있는 수많은 불교 신도가 4월 8일만 되면 내 생일이라고 연등을 들고 길거리에서 축제 분위기를 연출하는데, 나는 그것이 그리 기쁘지 않소. 하나님 앞에 송구스러우며, 지상에 있을 때 하나님을 섬기는 법을 가르치지 못한 것이 무척 후회스럽소. 나 또한 하나님에 대해 모르고 살았으니 수많은 사람을 죄인의 길로 인도한 것밖에 더 되오?"라고 한탄하면서 하소연하더라는 것입니다.

그는 항상 얼굴빛이 밝지 않고 높은 산 속을 거닐기를 좋아했습니다. 사람 만나기를 싫어하니 사람이 없는 곳을 찾아다녔습니다. 그러면서 항상 하나님께 기도하며 지극한 정성으로 경배하기를 계속한다고 합니다. 고개는 항상 45도 정도 숙인 자세이며 자애로운 모습으로 대화한다고 합니다. 그는 직접 하나님을 만나지 못하고 고급 영계권에서 심부름하는 이를 통해 하나님의 전달 사항을 가끔씩 받는다고 합니다. 이 선생은 석가모니가 하나님 없이 스스로 완성할 수 있다고 가르쳤기 때문에 하나님 앞에 도저히 나아갈 수 없는 것 같다고 말합니다. 그러나 하나님은 용서하고 위로하신다고 합니다.

하나님 중심의 질서와 뜻으로 평가

공자도 석가모니와 그리 멀지 않은 중간영계 상위권에 살고 있다고 합니다. 이분은 엄동설한의 북풍 속에서도 갓 쓰고 두루마기를 입은 채 눈 위에 앉아서 명상의 자세로 몇 시간이고 꼼짝하지 않는다고 합니다. 사전에 연락하고 가야 만날 수 있습니다. 존함은 물론 말 한마디 한마디와 쓰는 용어 모두가 예의와 범절로 꽉 차서 이야기를 섣불리 꺼낼 수가 없다는 것입니다.

여러 차례 갔는데, 갈 때마다 갓을 쓰고 대님을 매고 조용조용히 걸어 나온다고 합니다. 공자의 성품은 한마디로 돌부처와 같으며, 인간의 갖가지 예절, 품성, 규범을 가르치는 분입니다.

하나님이 석가모니보다 공자를 더 가깝게 대할 수 있는 것은 당신 스스로 신적 존재는 아니라고 가르쳤기 때문입니다. 이 선생은 공자가 머무르는 곳에 하나님의 사랑이 어떻게 전달되는지 궁금했다고 합니다.

하나님이 석가모니에겐 심부름하는 사람을 통해서 전달하는 모습을 보았는데, 공자의 경우는 좀 달랐습니다. 하나님은 공자를 직접 부른다는 것입니다. 그리고 이 선생이 공자의 사상 속에 하나님의 사상을 가르치라고 전하니 엎드려 절했습니다. 절을 정중하게 하다 보니 일어나는 시간이 꽤 오래 걸렸다고 증언합니다.

무함마드는 지옥보다는 훨씬 고급스럽지만, 낙원에 비해 그렇게 좋아 보이지 않는 곳에 머무르고 있습니다. 그와는 어둠침침한 지하실 같은 곳에서 만났습니다. 그는 자신이 머무르고 있는 곳이 과분하다면서 지상에서의 삶이 잘못됐음을 깨우쳐주기 위해 하나님이 보내주신 것으로 알고 있다고 말했습니다. 그리고 "내가 육신을 가졌을 때 연구한 하나님에 대한 이론은 기존의 어떤 이론과도 견줄 수 없는 체계적이고 치밀한 이론이었다고 생각하고 살았지만, 지금 생각하면 그것이 얼마나 부끄러운 것이었는지 모릅니다. 하나님 곁에서 감히 고개를 들 수가 없습니다."라고 말했습니다.

옷차림은 머리부터 발끝까지 덮고 있었으며, 자기 피부를 거의 내놓지 않고 있었습니다. 이 선생은 전 이슬람권의 막강한 지도자가 어찌하여 이런 영계에 와 있을까 생각하면서 하나님의 뜻을 헤아려보았다고 합니다. 그는 자연스럽게 사랑과 선을 추구하기보다 힘을 앞세워 신자들을 이끌어왔습니다.

하나님을 섬긴다는 것은 마음의 본성에서 자동적으로 우러나야 합니다. 강압적인 방법으로 많은 사람에게 주입하는 신앙은 형식에 불과합니다. 하나님의 방법과는 너무 먼 것이었으니 그 위치에 거할 수밖에 없지 않을까 하는 느낌이 들었다는 것입니다.

소크라테스는 만나보기 쉽지 않았다고 합니다. 중간영계에서도 아주 낮은 곳에 머물러 있었습니다. 그가 만나기 싫어하는 것은 상대방과 사상에 대해 토론하기 싫어하기 때문이라고 합니다. 그것은 지금까지 생각해온 모든 지성의 열매가 그릇되지 않았다는 것을 고집하는 것이기도 하고, 상대방의 사상을 들을 필요가 없다는 것이기도 합니다.

이 선생은 '철인의 사상은 하나님 앞에 상당히 장애물이 된다.' 라는 생각도 들었다고 합니다. 하나님의 사랑 속에서 모든 꽃이 피고 지는 피조물의 조화도, 인간의 삶과 죽음도 하나님 능력의 조화로움에 기인한다는 사실도, 하나님의 존재에 대해서도 관심을 가지려 하지 않았다고 합니다.

이 선생이 만난 성인들도 하나님에 대한 시각은 크게 달라지지 않았음을 발견하게 됩니다. 영계도 지상과 마찬가지로 하나님에 대한 체험은 자신의 생각이 달라지지 않는 한 불가능하기 때문입니다. 우리가 영계의 사정에 관해 확인할 길은 없지만, 이 선생이 전하는 전후 사정을 들어볼 때 분명 영계에도 새로운 변화의 바람이 불고 있음을 감지할 수 있습니다.

| 제4장 |

아우구스티누스가 만난 하나님

◆◆◆

　이상헌 선생의 영계 교신 내용 가운데 주목할 것은 기독교의 철학자인 성 아우구스티누스의 눈으로 영계 모습을 전해주는 것입니다. 물론 이 선생은 예수 그리스도·석가모니·무함마드·공자·소크라테스 등 성인을 비롯해 성경 속 인물과 근세의 유명인들을 만납니다. 특히 성 아우구스티누스를 만나 그가 전하는 '참회록'을 김영순 여사를 통해 기록하게 했습니다. '참회록'에는 영계로 향하는 과정을 자세히 들려주고 있고, 하나님을 만나는 장면 등이 생생하게 기록돼 있습니다.

1. 이곳이 지상세계일까, 영계일까?

지상에 사는 사람들이 영계에 대해 가장 궁금하게 여기는 것은 영인들은 어떻게 살아가는가 하는 것입니다. 이러한 궁금증은 이상헌 선생에게도 마찬가지였습니다. 그래서 그는 지상에서 큰 족적을 남기고 간 인물들을 만나 삶의 모습과 메시지를 전달했습니다. 예수 그리스도·석가모니·무함마드·공자·소크라테스 등 성인과 아담·해와·아브라함·이삭·가룟 유다·세례 요한 등 성경 속 인물, 카를 마르크스·레닌·히틀러·김일성 등 근세의 유명인 등이 포함돼 있습니다.

기독교인들에게는 충격적인 내용일지 모르나, 기독교의 대표적 신학자인 성 아우구스티누스를 만나 그가 전하는 참회록을 김영순 여사를 통해 기록하게 했습니다. 참회록에는 아우구스티누스의 서문과 이상헌 선생의 추천서가 붙어 있습니다.

아우구스티누스의 생애

아우렐리우스 아우구스티누스는 초대 그리스도교 교회가 낳은 위대한 철학자이자 사상가이며 가톨릭에서 성인으로 추앙받고 있습니다. 주요 저서로 《고백록》을 남겼습니다. 그의 파란만장한 생애는 이 책에 자세히 기술돼 있습니다. 아버지 파트리키우스는 이교도의 하급관리였고 어머니인 모니카는 열성적인 그리스도교인이었습니다. 카르타고 등지로 유학하고 수사학 등을 공부하는 등 당시로서는 최고의 교육을 받았습니다.

그는 로마제국 말기 청년 시절을 보내며 한때 타락 생활에 빠지기도 했으나, 19세 때 마르쿠스 툴리우스 키케로의 《철학의 권유(Hortensius)》를 읽고 지적 탐구에 강렬한 관심이 쏠려 마침내 선악 이원론을 주장하는 마니교로 기울어졌고, 신플라톤주의에서 기독교에 이르기까지 정신적 편력을 하게 됩니다. 그 후 그리스도교로 개종해 사제의 직책을 맡게 됩니다. 아우구스티누스는 고대문화 최후의 위인인 동시에 중세의 새로운 문화를 탄생하게 한 선구자였습니다.

그의 사상은 단순한 이론을 위한 이론이 아니라 참된 행복을 찾고자 하는 탐구였습니다. 그 체험을 통한 결론은 《고백록》의 "주여, 당신께서는 나를 당신에게로 향하도록 만드셨나이다. 내 영혼은 당신 품에서 휴식을 취할 때까지 편안하지 못할 것입니다."라는 말 속에 잘 나타나 있습니다. 즉 인간의 참된 행복은 신을 사랑하는 그 자체에 있다는 것입니다. 신을 사랑하려면 신을 알아야 함은 물론 신이 잠재한다는 우리 영혼도 알아야만 한다는 것입니다.

그 때문에 아우구스티누스가 철학의 대상으로 특히 관심을 가졌던 것은 신과 영혼이었습니다. 신은 우리 영혼에 내재하는 진리의 근원이므로, 신을 찾고자 한다면 굳이 외계로 눈을 돌리려 할 것이 아니라 자기 영혼 속으로 통찰의 눈을 돌려야 한다고 주장했습니다. 인간은 결코 사랑하지 않고는 견딜 수 없는 존재이며, 선악은 그 사랑이 무엇으로 향했는가에 따라 결정되는데, 마땅히 사랑해야 할 신을 사랑하는 자가 의인이고 신을 미워하면서까지 자신을 사랑하는 자는 악인이라고 했습니다.

아우구스티누스는 영계에서 보낸 '참회록'에서 자신의 유년기와 청년기, 장년기의 삶을 자세히 기록하고 있습니다. 그는 삶의 모든 것을 신앙생활에 쏟는 어머니에게서 많은 감명을 받으면서 유년 시절을 보내지만, 청년기에는 하나님 섬기기를 눈물로 호소하는 어머니의 기도를 경시한 채 방탕의 길을 걸었다고 고백했습니다. 장년기에는 오로지 하나님만을 섬기면서 하나님의 존재와 섭리, 그리고 하나님에 대한 도리를 기록해 인간들에게 알려주는 것을 가장 큰 보람으로 생각했다고 강조했습니다.

영계로 가는 과정

아우구스티누스는 '참회록'을 통해 육체적 삶이 끝나고 영적 삶으로 이행하는 과정을 자세히 기록했습니다. 그는 하나님에 대한 절대적 믿음과 소망을 가졌기에 인간이 죽어서 가야 할 세계를 확실히 보지는 못했지만, 임종을 편안히 맞이했다고 말했습니다. 당시 그는 육체의 죽음을 인식하지 못했으나 영적으로 신비스러운 현상이 자기 몸속에서 일어나는 것을 느꼈습니다.

그는 마음의 환희와 기쁨 가운데 많은 사람이 줄지어 있는 어떤 곳에서 두세 명의 여자 안내자의 인도를 받으면서 조용히 그 대열에 서 있었습니다. 그 여인들은 엷은 감색 옷을 입었는데, 그 옷의 찬란한 빛에 눈이 너무나 부셨습니다. 그 여인들은 그에게 아무 말도 하지 않고 조용히 행렬을 따라 대기하고 있으라고 말하고 어디론가 사라졌습니다.

그 후 앞에 있던 무리는 어디로 갔는지 전혀 볼 수가 없었습니다. 아우구스티누스의 뒤에도 많은 사람이 서 있었으나 대단히 조용하고 온화한 모습이었습니다. 옆에 있는 무리는 어디로 갔는지 알 수 없지만 그의 행렬은 점점 줄어들면서 아우구스티누스 차례가 됐습니다.

아우구스티누스는 '나는 어디로 가야 하는가?'라며 망설이고 있을 때 갑자기 바람처럼 휙 끌려 올라가 어느 곳에 정착했습니다. 안내자의 인도 없이 그는 그곳까지 온 것입니다. 수많은 사람이 회의하거나 예배를 드리고, 학교에서 공부하거나 아이들과 어른들이 여기저기 웅성거리면서 걸어 다니는 모습을 보았습니다. 그는 도대체 여기가 어딘가 알고 싶었지만 알 수가 없었습니다. 그리고 어디로 가야 할지도 알 수 없었습니다. 한 여인에게 물어보았지만 아직은 몰라도 된다고 했습니다. 그는 어디에 머물러야 할지 몰라 계속 헤매고 있었습니다. 그곳에서 며칠을 지냈는지 알 수가 없었습니다.

그런데 이상한 현상이 벌어졌습니다. 알 수 없는 광채가 나타나 그를 감싸 안고 어디로 가는지 모르지만 공중을 향해 날아갔습니다. 그럴 때마다 그는 낙하산으로 뛰어내리는 것처럼 공중에서 뛰어내렸습니다. 그때 그의 마음속에서 알 수 없는 기쁨과 평화가 솟아나면서 '하나님!'을 부르기 시작했습니다. 그때 "너는 오늘부터 이곳에 머물러라!" 하는 하나님의 음성이 들려왔습니다.

그때부터 그에겐 신비스러운 일이 벌어졌습니다. 어떤 의문을 가지면 마음에서 그 해답이 나오고, 어떤 것을 생각하는 동시에 금세 그 모습이 눈앞에 나타나는 것이었습니다. 그리고 '어디를 가볼까?' 하고 생각하면, 그의 몸이 그 생각에 따라 움직이고 있었습니다. 그때서야 비로소 그는 지상의 삶이 아니라는 것을 깨달았습니다. 당시 무형세계에서 본 현실은 지상생활에서의 경험과 거의 같았기 때문에 육신의 삶과 영적 삶을 분별하기가 어려웠던 것입니다.

2. 황홀하고 평화로운 경지를 맛보다

아우구스티누스는 어느 정도의 시일이 지났는지 모르지만, 지상에서 생활할 때처럼 일정한 자리에서 하나님께 기도할 공간을 마련했습니다. 그는 하나님께 "제가 여기서 무엇을 해야 하며, 어떻게 생활해야 합니까?"라고 여쭈었습니다. 그러자 갑자기 사방에서 눈부신 광채가 나타나 "너는 너야. 그러니 네가 내가 되기를 기도하라."라는 음성이 잠시 들려왔습니다. 그는 그 뜻을 알 수 없어 반복해 기도를 드렸습니다.

그러던 어느 날 또다시 환한 빛 속에서 "너는 너야. 아우구스티누스야. 너 아우구스티누스는 여호와 하나님이 되기를 기도하라. 너는 너 자신일 뿐이야. 아우구스티누스는 하나님이 함께하는 자가 되라."라는 음성이 들린 후 주위가 갑자기 깜깜해졌습니다.

그는 자신도 모르는 사이에 눈물로 범벅이 됐습니다. 마음속 밑바닥으로부터 회개의 눈물이 흐르기 시작했습니다. 그리고 지난날 자신의 하나님 섬김은 그의 지나친 교만에서 비롯된 것임을 깨닫게 됐습니다. 하나님을 섬기는 자로서의 교만과 이기심으로 말미암아 자신이 하나님과 하나되지 못했다는 갖가지 생각들이 마음속 깊은 곳에서 용솟음치는 것을 억누를 수 없었습니다. 그는 "하나님, 여호와여! 제 잘못을 용서하소서. 용서하소서!"라고 절규하기 시작했습니다.

그는 하나님이 함께하실 때까지 계속 기도하고 회개하리라고 다짐했습니다. "너는 너야. 너는 너일 뿐이구나. 나는 내 일생을 통해 하나님을 모셨지만, 하나님께서 나와 함께하시지 못했다."라는 뼈저린 회개의 기도를 계속 올렸습니다.

빛으로 감싸주시는 살아 계시는 하나님

아우구스티누스는 하나님의 뜨거운 사랑과 광채 속에서 지내긴 했으나 하나님이 바라시는 뜻을 분명히 깨닫지 못해 그것을 온전히 실현하지 못하는 경우가 적지 않았습니다. 그럼에도 하나님에게 합당한 기준과 모습을 갖추기 위해 노력했고, 그 노력이 어느 정도 진척됨에 따라 하나님이 매우 가까이 계시는 분임을 깨닫게 됐습니다. 그리고 하나님은 여러 측면으로 그의 모습을 성숙시켜 주셨습니다.

하나님은 어떤 때에는 오색찬란한 빛으로 나타나시기도 하고, 회오리처럼 불어닥치는 빛으로 현현하시기도 했습니다. 그리고 어떤 때에는 먼 곳에서 비치는 저녁노을 같은 빛으로 나타나셔서 그가 "하나님!"하고 반겨 부를 때까지 기다려주시기도 했습니다.

아우구스티누스는 하나님을 사랑 덩어리 그 자체로 느끼게 됐습니다. 그가 하나님을 미처 깨닫지 못할 뿐 하나님은 늘 그와 함께 계셨습니다. 그는 어느 날 "하나님, 감사합니다. 어째서 저를 이토록 사랑하십니까? 어째서 이토록 둔한 모습 앞에 사랑만 주십니까?" 하고 감사의 기도를 올리자, 하나님은 한 줄기 따사로운 햇빛이 비치듯이 그의 온몸을 감싸주시면서 "나는 오래전부터 너와 함께하였지만 너는 항상 너였다. 이제 너는 내 뜻을 깨닫게 됐으니 네 사명을 다하라. 네 사명이 무엇인지 기도해봐라."라고 말씀하시는 것이었습니다.

그는 너무도 감사하고 기뻐서 어찌할 바를 몰랐습니다. 연일연야 자신의 사명이 무엇인지를 알려 달라고 기도했습니다. 그러나 하나님은 직접 알려주시지 않았습니다. 그가 기도할 때마다 느끼는 것은, 자신의 모습을 하나님 앞에 완전히 비우지 않으면 하나님의 뜻과 가르침을 깨달을 수 없다는 것이었습니다.

마침내 그는 자신의 사명이 무엇인지를 깨달았습니다. 하나님은 분명히 살아 계신다는 것과 인간이 하나님께 가까이하기를 간절히 원하면서 기도하면 하나님은 여러 형태의 빛으로 감싸준다는 것을 알리는 것이 자신의 사명임을 깨닫게 된 것입니다.

여러 모습으로 나타나시는 하나님

아우구스티누스는 지상에서나 영계에 와서나 하나님에 대한 궁금증이 사라지지 않았습니다. 그러나 하나님의 전체적 모습은 인간의 관념과 개념으로 포착하기 어렵다는 것을 깨닫게 됐습니다. 인간 생활에서 사용하는 언어로 이렇게 저렇게 표현한다고 해도 그것은 정확하지 않다는 것입니다. 그래서 그는 그 자신이 경험한 하나님의 모습을 일일이 표현한다는 것은 불가능한 일이며, 그것이 가능하다 할지라도 지상인이 그 관념을 포착할 수 있는 범주가 없기 때문에 이해하기 어려울 것이라고 말합니다. 그러면서 자신이 발견한 하나님의 모습을 몇 가지 사례를 들어 설명합니다.

그는 어느 날 기도하는 중에 하나님이 보고 싶어서 계속 기도하는데, 갑자기 천둥 번개가 사방에서 울려 퍼지면서 공포 분위기가 엄습해왔습니다. 그는 너무도 무서워서 떨고 있는데, 천둥 번개가 갑자기 사라지고 봄날 먼 들판의 아지랑이처럼, 그리고 보석처럼 영롱하게 반짝이는 불빛이 따사롭게 비치고 있었습니다.

그 불빛이 너무도 아름답고 신기해 만져보고 싶었는데, 순식간에 영롱한 불빛은 달팽이처럼 동글동글 돌면서 사라졌다가 다시 나타나곤 했습니다. 이러한 현상이 몇 번 계속되다가 다시 오색 빛깔로 변화해 회오리처럼 빙글빙글 돌고 있었습니다.

이와 동시에 한쪽에서는 찬란한 불꽃놀이가 계속되고, 한쪽에서는 화려한 무지개로 변해 아름답게 빛나고 있었습니다. 온 천지에는 휘황찬란한 광채가 가득 차 있었습니다. 한편에서는 어여쁜 뭉게구름 사이에서 빗줄기와 같은 광채가 도란도란 피어났습니다. 사실 하나님의 이러한 모습을 언어로 표현하려는 시도 그 자체가 불가능한 것임을 그는 잘 알고 있었습니다.

그는 눈이 부셔서 이러한 광경을 제대로 바라볼 수가 없어 넋을 잃고 있을 뿐이었습니다. 그때 갑자기 "고개를 숙여라!"라는 큰 음성이 들려왔습니다. 그리고 "이제 하나님의 모습을 보았느냐? 하나님은 너처럼 그렇게 고개를 들고 바라볼 수 있는 분이 아니다."라는 음성이 또다시 들려왔습니다. 그는 고개를 숙이고 무릎을 꿇어 엎드려 "하나님, 죄송합니다."라는 말을 연발하면서 자신의 모습을 더듬어보기 시작했습니다.

아우구스티누스는 전 생애를 통해서 그렇게 황홀하고 평화로운 경지를 처음 경험했습니다. 그리고 그 광채 속에서는 지난날의 과오, 슬픔, 수치심, 증오, 좌절, 불신, 그리고 어떤 고통도 녹여낼 수 있을 것 같았습니다. 그것은 모든 것을 녹여내는 용광로라고 표현하면 좋을 것 같다고 말합니다.

그는 그러한 경험을 표현력이 부족해 자세하게 설명할 수는 없지만 "내가 경험한 하나님의 모습은 수천만 볼트의 아름답고 영롱한 불빛으로 우리 인간을 감싸고 계신다는 사실만을 확인할 수 있었다. 그리고 인간 개개인의 모습에 따라 하나님은 여러 가지 유형으로 우리에게 찾아오신다는 사실을 깨달았다."라고 강조합니다.

3. 하나님이 함께할 심전을 계발하라

아우구스티누스는 지상에서 생각했던 것과는 차원이 다른 하나님을 발견하게 됩니다. 무소부재하고 전지전능하신 하나님은 인간의 일반적인 사유 형식에 따라 판단할 수 있는 분이 결코 아니라는 것입니다. 하나님은 항상 우리 인간의 마음속에 내재해 인간의 모든 생활 영역에 함께하기를 원하지만, 인간이 하나님과 하나되지 못함으로써 그 염원은 실현되지 않았습니다.

그리고 하나님은 부모의 심정으로 항상 인간을 찾아오셨지만, 인간은 하나님을 모시지 못했고, 하나님이 항상 인간 곁에서 보호하고 사랑하는데도 인간은 그러한 사랑을 체휼하지 못했습니다. 기나긴 세월 동안 하나님은 지극한 사랑으로 인간을 품어 안고 쓰다듬고 보살펴왔지만, 인간은 그 사랑을 체험하지 못하고 살아가고 있다는 것입니다. 아우구스티누스는 이것이 하나님의 슬픔과 인간 비극의 뿌리라고 증언합니다.

언제나 함께하는 하나님

아우구스티누스는 지상에서 육신을 가지고 살 때 하나님의 사랑을 어느 정도 체험한 적이 있지만, 그 당시 체험한 하나님의 사랑은 육감적인 것으로서 영계에서 체험한 하나님의 사랑과는 차원이 전혀 다른 것이었다고 말합니다.

어느 날 하나님께 기도를 올리면서 '나는 항상 하나님과 함께할 수 있으면 좋겠다.' 라는 생각을 하고 있었는데, 평온하고 은은한 불빛과 함께 "아우구스티누스는 들어라!"라고 하는 음성이 들려왔습니다. 그리고 "나 하나님은 지금까지 너와 함께 있었고, 앞으로도 항상 너와 함께할 것이다. 그런데 너는 항상 내 곁에 있으면서도 나를 찾고 있었다. 그것은 네가 나와 일체가 되지 못했기 때문이다."라고 말씀하셨습니다.

아우구스티누스는 "어떻게 하면 하나님과 일체를 이룰 수 있습니까?"라고 여쭈었습니다. 하나님은 대답하시지 않은 채 아름다운 불빛으로 그를 잠시 감싸주신 후 어디론가 가버리셨습니다.

그는 다시 하나님의 답변을 얻기 위해 상당한 기간 기도하면서 기다렸습니다. 어느 날 하나님은 또다시 휘황찬란한 불빛으로 홀연히 나타나셔서 "너는 너야. 너는 내가 되기를 얼마나 노력했느냐?"라고 말씀하셨습니다.

그는 "하나님, 저는 그러기 위해 적지 않게 노력했지만, 제가 하나님같이 되는 것이 어떤 경지인지 쉽게 느낄 수 없습니다."라고 대답했습니다. 하나님께서 "아우구스티누스, 너 자신을 버려라. 그리고 네 마음을 비워라. 그리고 언제든지 네 마음속에 하나님이 함께할 수 있도록 너의 심전(心田)을 계발하라."라고 당부하셨습니다.

하나님은 모든 인간의 마음 마음에 머물러 있으면서 인간과 함께 생활하기를 원합니다. 그렇지만 인간의 마음, 즉 기도하는 마음에, 생각하는 마음에, 상대방을 기억하는 마음에 자기를 중심한 욕망, 즉 이기심이 가득 차 있기 때문에 하나님이 머무르고 싶어도 머무를 수 없었던 것입니다.

아우구스티누스는 영계에서 이 점을 너무도 절실하고 절박하게 체험하였습니다. 마음속에서 이기적인 욕망을 모두 비우고 버릴 때 인간은 비로소 하나님을 만날 수 있는 것입니다.

하나님이 인간을 직접 만나실 수 없는 이유

인간은 육신의 부모를 통해 이 세상에 태어나서 일생 동안 부모의 사랑을 받으며 살아갑니다. 하나님의 사랑은 육체적 감각으로는 거의 체험되지 않기 때문에 인간은 하나님의 사랑에는 관심을 두지 않고 살아갑니다. 실은 인간의 전 생애에서 육신 부모의 사랑보다 하나님의 사랑이 훨씬 더 크게 작용하고 있음에도 대부분의 인간은 하나님의 사랑을 거의 감지하지 못하고 살아가고 있습니다.

아우구스티누스는 지상생활에서 하나님의 사랑을 어느 정도 깨닫기는 했지만, 하나님은 인간이 생각하는 것보다 훨씬 더 깊고도 넓은 사랑을 인간에게 주고 있다는 사실을 깨닫지는 못했습니다. 그는 육신을 벗고 영계에 온 이후 하나님의 사랑을 수없이 체험하였지만, 그 사실을 확실하게 깨닫지 못해서 오랜 기간 계속 회개했던 것입니다. 당시 그 심경을 글로 표현하기가 매우 어렵다고 고백합니다.

하나님은 인간이 필요한 모든 것을 미리 알고 인간이 기도하는 것을 예비해 놓고 기다리십니다. 마치 아기가 "엄마, 이것을 해주세요."라고 말하지 않아도 엄마는 아기가 필요한 모든 것을 알고 준비해 놓고 기다리는 것과 같습니다.

그는 이곳에 와서 하나님의 음성을 들은 후 그 자신도 알 수 없는 부족함과 그릇됨을 느끼고 계속 기도한 적이 한두 번이 아니었습니다. 그때마다 하나님은 "아우구스티누스!" 하고 부르신 뒤 아무 말씀도 하시지 않았습니다. 그가 아무 말씀도 올리지 못하고 엎드려 회개의 눈물을 흘리고 있으면, 하나님은 "너의 눈물은 하나님의 마음을 아프게 하노라."라고 말씀하신 후 떠나셨습니다.

그 이후 그는 하나님 앞에서 울지 않기로 결심했습니다. 그것은 하나님의 마음을 아프게 하지 않기 위함입니다. 아우구스티누스는 하나님의 사랑을 여러 차원으로 체험했습니다.

어느 날 그는 자신이 체험한 하나님의 모습을 어떤 사람에게 열심히 설명했습니다. 그리고 그에게 "당신도 하나님을 직접 만날 수 있다."라고 말했습니다. 그런데 며칠이 지난 후 하나님이 아우구스티누스에게 "하나님을 만날 수 있다고 네가 이야기한 그 사람을 직접 만날 수 없다. 네가 나 대신 그에게 하나님의 모습을 증언해주어라. 그를 만나기엔 아직도 좀 먼 거리에 있다. 네가 너 자신을 사랑하듯이 그를 사랑으로 인도하라. 그러나 '하나님이 그를 직접 만날 수 없다.' 라는 이야기를 전하지 말라."라고 당부하셨습니다.

기나긴 세월 동안 하나님은 인간과 동거동락하기를 원하셨지만, 인간이 그 기준에 미치지 못함으로써 인류의 복귀섭리가 계속 연장됐습니다. 이러한 사실을 상기해볼 때마다 아우구스티누스의 마음은 한없이 쓰리고 아팠습니다.

그는 인간이라면 누구나 하나님을 직접 만날 수 있는 심적 기준을 세워야 한다고 말합니다. 아우구스티누스는 자신뿐만 아니라 모든 인류가 스스로 자신의 심전을 계발하고 신앙 자세를 바로 세우는 그날이 하루속히 오기를 간절히 기도하겠다고 다짐했습니다.

4. 아우구스티누스가 만난 성현들

영계는 지상처럼 무리 지어 살고 있습니다. 지상에서 가졌던 신념과 사상, 종교 등에 따라 끼리끼리 모여 산다는 것입니다. 아우구스티누스는 하나님이 인간을 창조할 때는 하나님 한 분만이 창조주로 있었지만, 삶의 환경과 생활 방식 등의 변화에 따라 인간은 여러 신을 모시게 됐고 무신론자까지 등장했다고 말합니다. 다양한 사상과 종교가 그러한 기반에서 생겨났고, 그것을 믿다가 영계로 와서도 그 테두리에서 벗어나지 못하고 있다는 것입니다.

아우구스티누스는 지상생활을 정리하고 영계에 와서 보니 지상에 남긴 저서들은 지극히 좁은 시각에서 쓴 부분적인 내용이었음을 확인하였습니다. 그처럼 지상의 삶에 대한 반성과 새로운 발견을 통해 본연의 세계로 나아가는 사람이 있는가 하면, 지상에서처럼 자기 고집대로 살아가는 사람도 있다는 것입니다.

아우구스티누스는 성현들을 만나 그들은 지금 무슨 생각을 하고 있는지 알아보았습니다. 그러나 그들은 생전에 종교를 직접 만들었다거나 오늘날처럼 여러 사람의 모심을 받는 처지가 아니었기 때문에 수많은 신도가 자신을 모시는 것을 무척 곤혹스러워하고 있다고 전합니다.

해탈과 신의 만남을 말하는 석가모니

불교의 기반이 된 석가모니는 영계에서 어떻게 살고 있을까요? 아우구스티누스는 석가모니를 만나 우선 석가모니가 섬겨온 신에 대해 듣고 싶다고 했습니다. 석가모니는 지상생활에서 험난한 수도 생활을 수없이 겪어왔으나 인간은 생로병사 문제를 해결할 수도 없고 그러한 고뇌에서 벗어날 수도 없는 미완성적 존재임을 깨달았다고 말했습니다.

그리고 수많은 나날 동안 육신을 치며 정신통일을 이루어 인생문제를 해결하기 위해 몸부림쳤지만, 속 시원하게 해결되지 않았다고 덧붙였습니다. 인간이 지상에서 살아가는 것은 한순간에 불과하거늘 희로애락이나 부귀영화가 무슨 의미가 있느냐고 반문했습니다. 그러고서 다음과 같이 이야기를 이어갔습니다.

"오늘날 불교인들이 이토록 부족한 저를 추앙하고 있지만, 저 역시 그들과 조금도 다를 바 없는 미완성적 존재에 불과합니다. 다만 그러한 자신의 모습을 그들보다 먼저 깨달았을 뿐입니다. 그리고 저 자신의 부족하고 모순적인 모습을 완성해보려고 그들보다 먼저 몸부림쳤습니다. 이러한 과정에서 알 수 없는 여래의 도움으로 저의 정신이 빙글빙글 돌면서 무아지경(해탈)을 체험했습니다. 그 결과 인간이 어떤 존재로부터 부여받은 지극히 작은 모습임을 깨닫게 됐습니다."

석가모니는 "인간이 어떤 신으로부터 부여받은 작은 존재라면, 저는 저의 이 모습을 청산하고 갈고닦아 자기 자신을 버리는 경지에 들어갈 수 있을 것입니다. 그때 부여해주신 신으로부터 다시 나눔을 받으면 저의 모습은 신의 작은 분야로 나타날 수 있다고 생각합니다."라고 말했습니다. 이어 누구나 자신처럼 해탈의 경지에서 신을 만날 수 있다고 강조했습니다.

"그 해탈 속에서 저의 인생문제를 해결한 것이 있다면, 저는 그러한 경지에서 신의 도움을 받는 분신임을 체험한 자라고 표현할 수 있을 것입니다. 그러므로 인간은 누구나 신을 모실 수 있고 신의 도움을 받는 분신임을 체험할 수 있다고 생각합니다. 그러한 체험을 하게 되면 인간의 마음에서 세속적인 욕망은 감소하고, 개인적 욕심도 없어지며, 내세를 생각할 수 있는 여유가 생기게 됩니다. 그렇기 때문에 인간은 자기 성찰이 반드시 필요하다고 생각합니다."

공자, 인간 본성은 하나님과 연결

아우구스티누스는 모든 인간이 본능적으로 느끼는 공통적 사실로, 인간은 신을 추구하면서 항상 불완전한 상태로 살아가는 한정된 모습임이 틀림없다고 강조합니다. 그리고 인간이 본심이 추구하는 바에 따라 신을 찾고 신과 함께 살아간다면 영원한 행복이 깃들 것이라고 말합니다. 그는 공자를 만나 인간은 하나님과 떼려야 뗄 수 없는 불가분의 관계를 갖고 살도록 창조된 존재라는 것을 확인하게 됩니다.

공자는 아우구스티누스에게 인간은 태어날 때부터 자의적으로 태어난 것이 아니기 때문에 자신을 있게 한 부모와 조상을 공경해야 한다고 강조했습니다. 그리고 아랫사람은 자신의 모든 것을 전수해야 할 소중한 존재이므로 자애롭게 대해야 한다고 했습니다.

공자는 인간의 종적·횡적 관계는 소중한 사랑을 나눠줘야 하는 관계이기 때문에 믿음과 신의로 의지하고, 허물과 아픔도 서로 덮어주고 나눠 가지면서 우애를 돈독히 해야 한다고 말했습니다. 자연 만물과 모든 환경도 조상과 부모가 물려준 것이기에 천지간에 소중하지 않은 것이 하나도 없다고 강조합니다.

모든 신앙인이 신을 추구하고 추앙하는 것은 조상을 섬기는 것과 다름없다는 것이 공자의 결론입니다. 아우구스티누스는 유교의 가르침에서는 보이지 않는 소중한 무엇이 있다고 결론을 내렸습니다. 자기 멋대로 살지 않고 일정한 규범 속에서 자유를 누리며 살아가려는 인간 본성도 따지고 보면 궁극적으로 하나님을 섬기고 사랑하는 본성의 발로라는 것입니다.

아우구스티누스가 만난 가톨릭 신부의 이야기입니다. 그는 가족으로부터 적지 않은 종교적 멸시와 천대를 받으면서 성직자의 길을 택했습니다. 그는 세속적인 일에는 조금도 관심을 두지 않고 오직 수행의 길만을 걸었습니다. 어느 날 너무나 아름다운 여인이 전라의 모습으로 자기를 찾아와 동침하기를 간청하는 것이었습니다. 같은 성당의 수녀원에서 함께 성직자의 길을 걷고 있는 동정녀였습니다. 천주님 앞에 죄를 범한 그는 결국 좌절과 허탈감에 휩싸였습니다. 그때 하나님의 사랑을 체험하게 됩니다. 정신과 육체가 온통 만신창이가 된 채로 깜깜한 방 안에 있는데, 어디선가 찬란한 불빛이 홀연히 나타나서 그의 몸과 마음을 감싸주었습니다.

"여호와 하나님은 너를 사랑하노라. 그러니 여호와 하나님이 너를 사랑하는 것처럼 너도 인류를 사랑하라. 아담이 에덴동산에서 독처하는 것이 좋지 않아 해와를 그의 배필로 주었노라. 여호와 하나님이 항상 너와 함께하며 사랑하리라."

그는 하나님의 인자한 음성을 듣고 새사람으로 변화했습니다. 그가 지상 생활을 마감하고 영계에 와서 하나님의 영원하고 무한한 사랑, 그리고 하나님과 인간의 숙명적인 관계를 체험하게 됩니다. 그리하여 인간이 홀로 사는 것은 하나님 본연의 뜻이 아님을 깨달았습니다.

하나님이 인간을 창조한 목적은 인간 아담과 해와가 부부가 돼 자녀를 번식하여 가정과 사회, 국가, 세계를 이루는 것이라는 사실을 확연히 깨달았습니다. 그래서 그는 오늘날 수많은 수도자가 인간 창조의 목적을 진심으로 헤아렸으면 얼마나 좋을까 하는 간절한 마음을 지니고 있습니다. 즉 "수도자의 길은 결코 쉬운 길이 아니다. 그러나 인생에 이처럼 험난하고 어려운 길이 있는 것은 하나님 본연의 뜻이 아니다."라는 것이 그 신부의 결론입니다.

아우구스티누스는 이 신부의 이야기를 통해 잘못된 교파 분열에 대해 지적합니다. 교파 분열은 하나님 앞에 해괴망측한 일이 아닐 수 없다는 것입니다. 영계에서는 신앙의 대상이 오직 하나님뿐이라는 것입니다. 그 신부는 인류의 여러 종교가 하나로 통일될 때 비로소 여호와 하나님은 편안하게 지낼 수 있으며, 모든 인류가 오직 한 분 하나님만을 섬길 때 인류 평화는 실현될 것이라고 결론지어 말합니다.

아우구스티누스는 이 이야기를 듣고 "인간의 능력이 아무리 훌륭해도 하나님 앞에 지극히 작은 일부분에 불과한데 그것을 깨닫지 못하는 경우가 많다. 인간은 육체를 가졌을 때 자신의 타고난 능력을 과신하지 말고 남을 도와가며 바른 신앙을 해야 하나님 앞에 현명한 자녀가 될 수 있다."라고 생각했습니다.

| 에필로그 |

아름다운 삶, 아름다운 영혼을 위해

인간이 죽어서 가게 된다는 천국과 지옥은 우리에겐 아직도 영원한 미스터리인가? 영계는 볼 수도 없고 또 만질 수도 없다고 해서 아무런 준비 없이 죽음을 맞이할 것인가?

사후세계에 대한 논란은 지금도 끊임없이 계속되고 있습니다. 각자의 종교적 신념과 세계관에 따라 사후세계에 대한 인식은 다양할 수밖에 없습니다. 그러나 대부분의 종교인은 죽음이 '존재의 끝'이 아니라 '또 다른 시작'이라고 보고 있습니다.

즉 생물학적인 사망 이후에도 의식이나 생명이 어떤 형태로든 지속된다고 믿습니다. 유대교 기독교 이슬람교 등 중동의 종교나 힌두교 불교 자이나교 등 인도의 종교 전통이 이와 같은 믿음을 갖게 한 것입니다. 물론 유교를 비롯한 중국의 종교들은 죽음이란 말 그대로 '존재의 소멸'로 간주합니다.

내세에 대한 각 종교의 관점

특히 기독교인은 하나님에 대한 충실한 신앙의 보상으로 천국에서 영생을 누리거나, 아니면 불신의 대가로 지옥의 유황불에서 고통을 받게 된다고 믿습니다. 불교에서는 극락왕생과 지옥, 윤회를 강조합니다. 이 세상의 한정된 삶이 끝나면 천국 또는 지옥에서 영원한 삶이 이어질 것으로 믿습니다.

이 두 종교의 내세관은 궁극적으로 선만이 존재하는 이상향에서 영생을 추구한다는 점에서, 그리고 죽음을 존재의 소멸로 받아들이지 않고 죽음 이후에도 생명이 지속된다고 믿는다는 점에서 서로 닮았습니다.

내세 신앙의 밑바탕에는 영원히 없어지지 않는 영혼의 존재에 대한 믿음이 깔려 있습니다. 곧 시간과 공간의 제약에서 벗어나지 못하는 육체와는 달리, 결코 없어지지 않는 영원한 생명이 있기 때문에 인간의 현실적 죽음을 넘어서 또 다른 세계로 갈 수 있다고 믿고 있습니다.

여기서 물질적 요소와 정신적 요소를 철저히 구분해 육체와 영혼을 대비시키면서 육체의 한계를 초월할 수 있는 영혼을 근거 삼아 내세를 긍정하는 하나의 전형을 볼 수가 있습니다. 결국 삶은 영혼이 육체를 빌려 이 세상에서 존재하는 현상이요, 죽음은 영혼이 육체를 떠나는 현상이라고 볼 수 있습니다.

무속에서도 영혼의 불멸성이 강조되고 있습니다. 무가(巫歌)에 바리공주의 저승여행 묘사가 전승된다든가, 굿에서 죽은 사람의 영혼(귀신)이 다양한 모습으로 등장하는 것은 사후세계나 영혼 불멸성에 대한 나름의 신념 체계를 갖고 있기 때문입니다.

영계는 우리 인간에겐 아직 미지의 세계입니다. 영계의 비밀이 밝혀진다면 지상세계에 중요한 변화가 오게 될 것입니다. 우선 교리적 차이나 이해타산에 따라 분열을 거듭해온 종교의 혼란이 수습될 뿐만 아니라, 인간의 생활 태도에 엄청난 변화를 가져올 것입니다. 즉 많은 사람이 증언하듯이 지상생활이 영계의 삶을 준비하는 기간이라는 사실이 확인된다면, 세상에 이만한 구속력을 가진 것도 없을 것이기 때문입니다. 그러나 지금 중요한 것은 생과

사, 혹은 사후세계에 대한 시각은 다를 수 있지만, 죽음을 앞둔 사람은 물론 지상의 삶이 아직 많이 남아 있는 사람까지도 모두가 사후에 전개될 세계에 대한 준비를 서둘러야 한다는 점입니다.

뿌린 대로 거둔다

영계는 먼 곳에 있는 것이 아니라 우리 가까이에 있습니다. 모든 인간이 언젠가는 육신의 탈을 벗고 시공을 초월하는 그곳으로 갈 수밖에 없기에 관심을 갖지 않을 수 없습니다. '인생은 고해(苦海)'라는 말처럼 한평생 고생만 하다가 가는 것이 우리의 삶이라면 너무 허무할 것입니다. 대부분 인생의 마지막 순간 사랑하는 가족과 일생 동안 애써 모은 재산, 그리고 그동안 쌓아 올린 생의 업적들을 고스란히 두고 떠난다고 생각하기 때문입니다.

인생은 그렇게 아무런 의미가 없는 것일까요? 인생이 그것으로 끝난다면 물론 허무할 수도 있지만, 인간이 그렇게 단순한 존재는 아닐 것입니다. 한평생 허무하게 살다가 가는 존재라면 인간에게 삶에 대한 욕망은 처음부터 존재하지 않았을 것입니다. 그런 점에서 인간이 단순히 죽으면 모든 게 끝나는 것이 아닙니다. 내세가 있기 때문입니다.

사후세계에 대한 증언에는 몇 가지 공통점이 있습니다. 첫째, 영계는 천리 법도와 원리원칙에 의해 움직이는 세계입니다. 물론 정도나 정직과 같은 원리원칙이 인격의 잣대가 된다는 것은 영계나 지상계 모두 마찬가지입니다. 예를 들면, 가난과 병마로 수많은 사람이 죽어가며, 전쟁으로 죽고 죽이는 세상이 된 것은 천리 법도가 무너진 결과입니다. 그런데 우리는 우주나 인간의 육체에서 원리원칙의 극치를 보게 됩니다. 영계는 이보다 더 원리원칙이 적용되는 세계일 것입니다. 이 사실은 많은 영통인이 증언하는 내용입니다. 그 세계에 적응하기 위해서는 지상에 있을 때 일탈된 삶이 아니라 원리원칙에 충실한 삶을 살아야 한다는 것입니다.

둘째, 영계는 사랑의 세계입니다. 인간 생활에서 사랑만큼 중요한 것이 없습니다. 남녀의 사랑이든 이웃 간의 사랑이든 하나님의 사랑이든 간에 사랑은 늘 강조돼왔습니다. 성인들도 물론 사랑을 최고의 덕목으로 꼽아왔습니다. 영계에서도 사랑은 영인들이 머무르게 될 단계를 가늠하는 최고의 기준입니다. 따라서 하나님을 지극히 사랑했던 사람은 하나님과 가까이할 수 있을 테고, 이웃을 위해 사랑했던 사람은 그만한 수준의 세계에 살 수 있습니다. 마찬가지로 남을 괴롭혔던 사람, 자기만을 위해 산 사람은 사랑의 세계에서는 도저히 양심의 가책 때문에 살 수가 없다는 것입니다. 결국 사랑이 넘치는 곳, 살맛 나는 세상이 천국이라고 할 수 있습니다.

셋째, 영계는 자율적으로 통제되는 세계입니다. 누구나 임종 후에 자기 스스로 심판하고 자신의 영적 기준에 맞춰 거처를 찾아가게 됩니다. 물론 이것은 영계가 원리원칙이 강조되는 세계이기 때문입니다. 본래 인간은 지상생활에서 영혼을 성장시킨 후에 영계에 가도록 돼 있습니다. 육신의 허물을 벗고 보이지 않는 에너지의 세계, 영혼의 세계에서 어느 곳으로 가느냐 하는 것은 육신 생활을 통해 만들어진 영혼의 반응에 따라 결정된다는 것입니다.

그래서 하나님은 지옥을 만들거나 인간을 지옥으로 보내는 것이 아니라 영인이 스스로 자기 살 곳을 찾아가게 됩니다. 다음과 같은 영인(《영계에서의 삶》에서 등장하는 로저)의 증언이 이를 뒷받침합니다.

"영계에는 판사들이 없다. 세상에서 말하는 그러한 대심판관도 없다. 누구나 심판을 받아야 할 사람이 있으면 스스로 처리한다. 자신에 대해 굉장히 비판적이 된다. 그러한 심판은 이전에도 없었고 지금도, 앞으로도 없을 것이다."

우리는 누구나 지상에서 한정된 삶을 살아갑니다. 그 기간에 인격의 성숙을 위해 온 정성을 쏟아야 합니다. 그리고 사람은 누구나 성장 과정을 거치게 됩니다. 성장은 육체와 정신의 성숙을 의미합니다. 즉 지상생활은 참인간으로 성숙되기 위한 훈련기간이라고 보면 됩니다. 참인간으로 성숙될 때만이 행복을 누릴 수 있는 것이요, 삶의 목표와 의미가 제대로 드러난다고 볼 수 있습니다. 이것은 모든 종교가 추구해왔고, 성인들이 한결같이 주장해온 내용입니다.

영원한 삶, 영계생활을 위한준비

인간이 발을 딛고 사는 이 땅이나 사후에 가야 할 영계는 자신만 사는 곳이 아니라 여럿이 모여 사는 공동체 사회입니다. 공동체 사회에서는 자기가 아닌 상대방을 중심으로 움직여야 화합이 가능합니다. 상대방을 위한다는 것은 자기를 비운다는 것이고, 사랑한다고 말할 수 있습니다. 모든 존재는 연체적 관계로 되어 있기 때문에 서로 돕지 않으면 생존 자체가 어렵다는 것은 자연과 인간, 인간 서로 간에도 적용됩니다. 성인들이 부르짖은 사랑이나 자비, 인(仁) 등도 같은 맥락에서 이해할 수 있습니다.

종교의 길은 흔히 고난의 길, 희생의 길로 표현합니다. 예수가 대표적으로 그 길을 갔고, 그 길을 따르는 신도들도 마찬가지였습니다. 그러나 그 길을 통해 신앙은 더욱 성숙는 것입니다. 그런 점에서 자기를 부정함으로써 자아에서 해방되기를 가르치는 종교의 길은 엄격한 의미에서 결코 희생의 길이 아닙니다.

'나'라는 자기중심에서 벗어나야만 욕심, 증오, 질투, 교만, 기만, 고집 등 온갖 비윤리적인 것에서 벗어날 수 있습니다. 그래서 나를 진정으로 사랑하는 것은 진정으로 자기를 비우는 것입니다. 진정으로 자기를 비우고 사랑할 때 우리는 진정한 자아, 하나님을 만나게 될 것입니다. 하나님과 본래적인 나 사이를 가로막고 있던 모든 장애물이 제거할 때만이 하나님과 하나가 되는 경지에 이를 수 있기 때문입니다.

사도 요한도 "사랑 안에 있는 사람은 하나님 안에 있고, 하나님도 그 사람 안에 계십니다."(요한일서 4장 16절)라고 했습니다. 자기를 비우고 하나님과 하나된 사람이 영계에서 좋은 자리에 이를 수 있다는 것이 영계 체험자들의 한결같은 증언입니다.

그러면 영혼을 어떻게 해야 올바르게 성장시킬 수 있을까요? 영계는 지상생활을 통해 성장한 영혼이 생활하는 곳입니다. 따라서 영계의 삶이 행복하려면 지상생활에서 자신의 영혼을 올바르게 성장시키는 길밖에 없습니다. 영계의 삶을 준비하고 영혼의 올바른 성장을 위해서는 특히 다음 세 가지 원칙을 지켜야 합니다.

첫째는 인간과 자연의 조화, 즉 자연 순응적인 삶을 살아야 합니다. 이 거대한 삼라만상의 존재 목표가 있다면 그 뜻에 맞게 살아야 한다는 것입니다. 자연 순응적인 삶, 환경친화적 삶은 본래 지구상의 모든 존재가 서로 돕고 살게 돼 있는 천리 법도 때문이기도 합니다.

둘째는 인간과 인간의 조화, 즉 상대방을 위한 삶을 살아야 합니다. 모든 존재는 연체적 관계로 되어 있기 때문에 서로 돕지 않으면 생존 자체가 어렵다는 것은 인간 사이에도 그대로 적용됩니다.

셋째는 인간 본연의 모습대로 살아야 합니다. 즉 하나님의 창조목적에 따른 창조 본연의 삶을 통해 영혼을 올바르게 성장시켜야 한다는 것입니다. 그러나 인간은 타락한 이후 한 번도 그러한 삶을 살지 못했습니다. 그래서 지상에서 온전한 삶을 살아갈 때만이 영계의 삶에 적응할 수 있기 때문입니다.

영계의 실상이 드러나고 있습니다. 특히 21세기에 들어와 과학이 급속하게 발전하면서 영계의 신비를 밝혀줄 날도 머지않았습니다. 우리가 관심만 갖는다면 불가능한 일도 아닙니다. 지금 안타깝게도 지상인들이 아무런 준비 없이 영계에 가고 있습니다. 그래서 영계에서 전개되는 모든 생활이 생소할 수밖에 없습니다.

이제 영계에 대한 교육을 시작해야 합니다. 세상의 모든 타락성을 벗어버리는 교육, 영혼을 올바로 성장시키는 교육이 필요합니다. 천국 생활을 위해 영계의 구조와 규범, 영인의 자세 등을 담은 교과과정을 만들어 교육해야 합니다.

결론적으로 개인을 위한 삶은 생존 중심의 1차원적 삶입니다. 여기서 자신의 정체성을 올바로 정립한 터 위에 2차원적 삶으로 옮아가야 합니다. 즉 누구나 행복을 누릴 수 있는 공동체적 삶을 살아가는 것입니다. 이어서 3차원의 삶인 영적 세계와 조화를 이루는 입체적 삶을 살아가야 할 것입니다. 따라서 우리는 지상에서 살아가는 동안 정말 인간다운 삶, 영원한 세계를 위해 영혼을 올바로 성장시킬 수 있는 삶을 살아야 합니다.

우리 인간이 이 세상을 살아가는 궁극적인 목적은 이 지상에 있는 것이 아니라 영생을 누리게 될 영계에 있습니다. 지상에 머무르는 짧은 인생은 영원한 삶의 기반이 된다는 점에서 지상 삶이 중요한 것입니다. 우리는 이제 어차피 한 번뿐인 인생, 후회 없이 살아야 합니다.

영계론, 사후세계를 말한다

1판1쇄 인쇄 | 2024년 11월 7일
1판1쇄 발행 | 2024년 11월 12일

지은이 | 권오문
펴낸이 | 권오문

펴낸곳 | 울림과세움   **출판등록** | 제2024-000051호
주소 | 서울특별시 은평구 연서로46길 7, 1103동 1005호
홈페이지 | https://unspub.com
이메일 | omk2000@gmail.com
전화 | 010-6213-5875

ISBN | 979-11-989441-1-5(03200)

※ 무단 전재 및 복제는 금합니다.
※ 잘못된 책은 바꾸어 드립니다.